# 心一堂術數古籍珍本叢刊

書名：易元會運
系列：心一堂術數古籍珍本叢刊　其他類　星命類　第二輯　226
作者：馬翰如
主編、責任編輯：陳劍聰
心一堂術數古籍珍本叢刊編校小組：陳劍聰　素聞　梁松盛　鄒偉才　虛白盧主

出版：心一堂有限公司
通訊地址：香港九龍旺角彌敦道六一〇號荷李活商業中心十八樓〇五—〇六室
深港讀者服務中心·中國深圳市羅湖區立新路六號羅湖商業大廈負一層〇〇八室
電話號碼：(852)67150840
網址：publish.sunyata.cc
電郵：sunyatabook@gmail.com
網店：http://book.sunyata.cc
淘寶店地址：https://shop210782774.taobao.com
微店地址：https://weidian.com/s/1212826297
臉書：https://www.facebook.com/sunyatabook
讀者論壇：http://bbs.sunyata.cc/

版次：二零一八年二月初版
平裝

定價：港幣　二百六十八元正
　　　新台幣　九百九十八元正

國際書號：ISBN 978-988-8317-96-7



香港發行：香港聯合書刊物流有限公司
地址：香港新界大埔汀麗路36號中華商務印刷大廈3樓
電話號碼：(852)2150-2100
傳真號碼：(852)2407-3062
電郵：info@suplogistics.com.hk

台灣發行：秀威資訊科技股份有限公司
地址：台灣台北市內湖區瑞光路七十六巷六十五號一樓
電話號碼：+886-2-2796-3638
傳真號碼：+886-2-2796-1377
網絡書店：www.bodbooks.com.tw
台灣國家書店讀者服務中心：
地址：台灣台北市中山區松江路二〇九號一樓
電話號碼：+886-2-2518-0207
傳真號碼：+886-2-2518-0778
網絡書店：http://www.govbooks.com.tw

中國大陸發行　零售：深圳心一堂文化傳播有限公司
深圳地址：深圳市羅湖區立新路六號羅湖商業大廈負一層〇〇八室
電話號碼：(86)0755-82224934

心一堂微店二維碼

心一堂淘寶店二維碼

# 心一堂術數古籍 珍本整理 叢刊 總序

## 術數定義

術數，大概可謂以「推算（推演）、預測人（個人、群體、國家等）、事、物、自然現象、時間、空間方位等規律及氣數，並或通過種種『方術』，從而達致趨吉避凶或某種特定目的」之知識體系和方法。

## 術數類別

我國術數的內容類別，歷代不盡相同，例如《漢書・藝文志》中載，漢代術數有六類：天文、曆譜、五行、蓍龜、雜占、形法。至清代《四庫全書》，術數類則有：數學、占候、相宅相墓、占卜、命書、相書、陰陽五行、雜技術等，其他如《後漢書・方術部》、《藝文類聚・方術部》、《太平御覽・方術部》等，對於術數的分類，皆有差異。古代多把天文、曆譜、及部分數學均歸入術數類，而民間流行亦視傳統醫學作為術數的一環；此外，有些術數與宗教中的方術亦往往難以分開。現代民間則常將各種術數歸納為五大類別：命、卜、相、醫、山，通稱「五術」。

本叢刊在《四庫全書》的分類基礎上，將術數分為九大類別：占筮、星命、相術、堪輿、選擇、三式、讖諱、理數（陰陽五行）、雜術（其他）。而未收天文、曆譜、算術、宗教方術、醫學。

## 術數思想與發展——從術到學，乃至合道

我國術數是由上古的占星、卜筮、形法等術發展下來的。其中卜筮之術，是歷經夏商周三代而通過「龜卜、蓍筮」得出卜（筮）辭的一種預測（吉凶成敗）術，之後歸納並結集成書，此即現傳之《易

經》。經過春秋戰國至秦漢之際，受到當時諸子百家的影響、儒家的推崇，遂有《易傳》等的出現，原本是卜筮術書的《易經》，被提升及解讀成有包涵「天地之道（理）」之學。因此，《易・繫辭傳》曰：「易與天地準，故能彌綸天地之道。」

漢代以後，易學中的陰陽學說，與五行、九宮、干支、氣運、災變、律曆、卦氣、讖緯、天人感應說等相結合，形成易學中象數系統。而其他原與《易經》本來沒有關係的術數，如占星、形法、選擇，亦漸漸以易理（象數學說）為依歸。《四庫全書・易類小序》云：「術數之興，多在秦漢以後。要其旨，不出乎陰陽五行，生尅制化。實皆《易》之支派，傳以雜說耳。」至此，術數可謂已由「術」發展成「學」。

及至宋代，術數理論與理學中的河圖洛書、太極圖、邵雍先天之學及皇極經世等學說給合，通過術數以演繹理學中「天地中有一太極，萬物中各有一太極」（《朱子語類》）的思想。術數理論不單已發展至十分成熟，而且也從其學理中衍生一些新的方法或理論，如《梅花易數》、《河洛理數》等。

在傳統上，術數功能往往不止於僅僅作為趨吉避凶的方術，及「能彌綸天地之道」的學問，亦有其「修心養性」的功能，「與道合一」（修道）的內涵。《素問・上古天真論》：「上古之人，其知道者，法於陰陽，和於術數。」數之意義，不單是外在的算數、歷數、氣數，而是與理學中同等的「道」、「理」--心性的功能，北宋理氣家邵雍對此多有發揮：「聖人之心，是亦數也」、「萬化萬事生乎心」、「心為太極」。《觀物外篇》：「先天之學，心法也。……蓋天地萬物之理，盡在其中矣，心一而不分，則能應萬物。」反過來說，宋代的術數理論，受到當時理學、佛道及宋易影響，認為心性本質上是等同天地之太極。天地萬物氣數規律，能通過內觀自心而有所感知，即是內心也已具備有術數的推演及預測、感知能力；相傳是邵雍所創之《梅花易數》，便是在這樣的背景下誕生。

《易・文言傳》已有「積善之家，必有餘慶；積不善之家，必有餘殃」之說，至漢代流行的災變說及讖緯說，我國數千年來都認為天災，異常天象（自然現象），皆與一國或一地的施政者失德有關；下至家族、個人之盛衰，也都與一族一人之德行修養有關。因此，我國術數中除了吉凶盛衰理數之外，人心的德行修養，也是趨吉避凶的一個關鍵因素。

## 術數與宗教、修道

在這種思想之下，我國術數不單只是附屬於巫術或宗教行為的方術，又往往是一種宗教的修煉手段——通過術數，以知陰陽，乃至合陰陽（道）。「其知道者，法於陰陽，和於術數。」例如，「奇門遁甲」術中，即分為「術奇門」與「法奇門」兩大類。「法奇門」中有大量道教中符籙、手印、存想、內煉的內容，是道教內丹外法的一種重要外法修煉體系。甚至在雷法一系的修煉上，亦大量應用了術數內容。此外，相術、堪輿術中也有修煉望氣（氣的形狀、顏色）的方法；堪輿家除了選擇陰陽宅之吉凶外，也有道教中選擇適合修道環境（法、財、侶、地中的地）的方法，以至通過堪輿術觀察天地山川陰陽之氣，亦成為領悟陰陽金丹大道的一途。

## 易學體系以外的術數與的少數民族的術數

我國術數中，也有不用或不全用易理作為其理論依據的，如揚雄的《太玄》、司馬光的《潛虛》。也有一些占卜法、雜術不屬於《易經》系統，不過對後世影響較少而已。

外來宗教及少數民族中也有不少雖受漢文化影響（如陰陽、五行、二十八宿等學說。）但仍自成系統的術數，如古代的西夏、突厥、吐魯番等占卜及星占術，藏族中有多種藏傳佛教占卜術、苯教占卜術、擇吉術、推命術、相術等；北方少數民族有薩滿教占卜術；不少少數民族如水族、白族、布朗族、佤族、彝族、苗族等，皆有占雞（卦）草卜、雞蛋卜等術，納西族的占星術、占卜術，彝族畢摩的推命術、占卜術……等等，都是屬於《易經》體系以外的術數。相對上，外國傳入的術數以及其理論，對我國術數影響更大。

## 曆法、推步術與外來術數的影響

我國的術數與曆法的關係非常緊密。早期的術數中，很多是利用星宿或星宿組合的位置（如某星在某州或某宮某度）付予某種吉凶意義，并據之以推演，例如歲星（木星）、月將（某月太陽所躔之宮次）等。不過，由於不同的古代曆法推步的誤差及歲差的問題，若干年後，其術數所用之星辰的位置，已與真實星辰的位置不一樣了；此如歲星（木星），早期的曆法及術數以十二年為一周期（以應地支），與木星真實周期十一點八六年，每幾十年便錯一宮。後來術家又設一「太歲」的假想星體來解決，是歲星運行的相反，週期亦剛好是十二年。而術數中的神煞，很多即是根據太歲的位置而定。又如六壬術中的「月將」，原是立春節氣後太陽躔娵訾之次而稱作「登明亥將」，至宋代，因歲差的關係，要到雨水節氣後太陽才躔娵訾之次，當時沈括提出了修正，但明清時六壬術中「月將」仍然沿用宋代沈括修正的起法沒有再修正。

由於以真實星象周期的推步術是非常繁複，而且古代星象推步術本身亦有不少誤差，大多數術數除依曆書保留了太陽（節氣）、太陰（月相）的簡單宮次計算外，漸漸形成根據干支、日月等的各自起例，以起出其他具有不同含義的眾多假想星象及神煞系統。唐宋以後，我國絕大部分術數都主要沿用這一系統，也出現了不少完全脫離真實星象的術數，如《子平術》、《紫微斗數》、《鐵版神數》等。後來就連一些利用真實星辰位置的術數，如《七政四餘術》及選擇法中的《天星選擇》，也已與假想星象及神煞混合而使用了。

隨着古代外國曆（推步）、術數的傳入，如唐代傳入的印度曆法及術數，元代傳入的回回曆等，其中我國占星術便吸收了印度占星術中羅睺星、計都星等而形成四餘星，又通過阿拉伯占星術而吸收了其中來自希臘、巴比倫占星術的黃道十二宮、四大（四元素）學說（地、水、火、風），並與我國傳統的二十八宿、五行說、神煞系統並存而形成《七政四餘術》。此外，一些術數中的北斗星名，不用我國傳統的星名：天樞、天璇、天璣、天權、玉衡、開陽、搖光，而是使用來自印度梵文所譯的：貪狼、巨門、祿存、文曲，廉貞、武曲、破軍等，此明顯是受到唐代從印度傳入的曆法及占星術所影響。如星命術中的《紫微斗數》及堪輿術中的《撼龍經》等文獻中，其星皆用印度譯名。及至清初《時憲曆》，置閏之法則改用西法「定氣」。清代以後的術數，又作過不少的調整。

此外，我國相術中的面相術、手相術，唐宋之際受印度相術影響頗大，至民國初年，又通過翻譯歐西、日本的相術書籍而大量吸收歐西相術的內容，形成了現代我國坊間流行的新式相術。

## 陰陽學——術數在古代、官方管理及外國的影響

術數在古代社會中一直扮演着一個非常重要的角色，影響層面不單只是某一階層、某一職業、某一年齡的人，而是上自帝王，下至普通百姓，從出生到死亡，不論是生活上的小事如洗髮、出行等，大事如建房、入伙、出兵等，從個人、家族以至國家，從天文、氣象、地理到人事、軍事，從民俗、學術到宗教，都離不開術數的應用。我國最晚在唐代開始，已把以上術數之學，稱作陰陽（學），行術數者稱陰陽人。（敦煌文書、斯四三二七唐《師師漫語話》：「以下說陰陽人謾語話」，此說法後來傳入日本，今日本人稱行術數者為「陰陽師」）。一直到了清末，欽天監中負責陰陽術數的官員中，以及民間術數之士，仍名陰陽生。

古代政府的中欽天監（司天監），除了負責天文、曆法、輿地之外，亦精通其他如星占、選擇、堪輿等術數，除在皇室人員及朝庭中應用外，也定期頒行日書、修定術數，使民間對於天文、日曆用事吉凶及使用其他術數時，有所依從。

我國古代政府對官方及民間陰陽學及陰陽官員，從其內容、人員的選拔、培訓、認證、考核、律法監管等，都有制度。至明清兩代，其制度更為完善、嚴格。

宋代官學之中，課程中已有陰陽學及其考試的內容。（宋徽宗崇寧三年〔一一零四年〕崇寧算學令：「諸學生習……並曆算、三式、天文書。」「諸試……三式即射覆及預占三日陰陽風雨。天文即預

定一月或一季分野災祥，並以依經備草合問為通。」

金代司天臺，從民間「草澤人」（即民間習術數人士）考試選拔：「其試之制，以《宣明曆》試推步，及《婚書》、《地理新書》試合婚、安葬，並《易》筮法，六壬課、三命、五星之術。」（《金史》卷五十一・志第三十二・選舉一）

元代為進一步加強官方陰陽學對民間的影響、管理、控制及培育，除沿襲宋代、金代在司天監掌管陰陽學及中央的官學陰陽學課程之外，更在地方上增設陰陽學課程（《元史・選舉志一》：「世祖至元二十八年夏六月始置諸路陰陽學。」）地方上也設陰陽學教授員，培育及管轄地方陰陽人。（《元史・選舉志一》：「（元仁宗）延祐初，令陰陽人依儒醫例，於路、府、州設教授員，凡陰陽人皆管轄之，而上屬於太史焉。」）自此，民間的陰陽術士（陰陽人），被納入官方的管轄之下。

至明清兩代，陰陽學制度更為完善。中央欽天監掌管陰陽學，明代地方縣設陰陽學正術，各州設陰陽學典術，各縣設陰陽學訓術。陰陽人從地方陰陽學肄業或被選拔出來後，再送到欽天監考試。（《大明會典》卷二二三：「凡天下府州縣舉到陰陽人堪任正術等官者，俱從吏部送（欽天監），考中，送回選用；不中者發回原籍為民，原保官吏治罪。」）清代大致沿用明制，凡陰陽術數之流，悉歸中央欽天監及地方陰陽官員管理、培訓、認證。至今尚有「紹興府陰陽印」、「東光縣陰陽學記」等明代銅印，及某某縣某某之清代陰陽執照等傳世。

清代欽天監漏刻科對官員要求甚為嚴格。《大清會典》「國子監」規定：「凡算學之教，設肄業生。滿洲十有二人，蒙古、漢軍各六人，於各旗官學內考取。漢十有二人，於舉人、貢監生童內考取。附學生二十四人，由欽天監選送。教以天文演算法諸書，五年學業有成，舉人引見以欽天監博士用，貢監生童以天文生補用。」學生在官學肄業、貢監生肄業或考得舉人後，經過了五年對天文、算法、陰陽學的學習，其中精通陰陽術數者，會送往漏刻科。而在欽天監供職的官員，《大清會典則例》「欽天監」規定：「本監官生三年考核一次，術業精通者，保題升用。不及者，停其升轉，再加學習。如能黽勉供職，即予開復。仍不及者，降職一等，再令學習三年，能習熟者，准予開復，仍不能者，黜退。」除定期考核以定其升用降職外，《大清律例》中對陰陽術士不準確的推斷（妄言禍福）是要治罪的。《大清律例·一七八·術七·妄言禍福》：「凡陰陽術士，不許於大小文武官員之家妄言禍福，違者杖一百。其依經推算星命卜課，不在禁限。」大小文武官員延請的陰陽術士，自然是以欽天監漏刻科官員或地方陰陽官員為主。

官方陰陽學制度也影響鄰國如朝鮮、日本、越南等地，一直到了民國時期，鄰國仍然沿用着我國的多種術數。而我國的漢族術數，在古代甚至影響遍及西夏、突厥、吐蕃、阿拉伯、印度、東南亞諸國。

## 術數研究

術數在我國古代社會雖然影響深遠，「是傳統中國理念中的一門科學，從傳統的陰陽、五行、九宮、八卦、河圖、洛書等觀念作大自然的研究。……傳統中國的天文學、數學、煉丹術等，要到上世紀中葉始受世界學者肯定。可是，術數還未受到應得的注意。術數在傳統中國科技史、思想史，文化史、社會史，甚至軍事史都有一定的影響。……更進一步了解術數，我們將更能了解中國歷史的全貌。」（何丙郁《術數、天文與醫學中國科技史的新視野》，香港城市大學中國文化中心。）

可是術數至今一直不受正統學界所重視，加上術家藏秘自珍，又揚言天機不可洩漏，「（術數）乃吾國科學與哲學融貫而成一種學說，數千年來傳衍嬗變，或隱或現，全賴一二有心人為之繼續維繫，賴以不絕，其中確有學術上研究之價值，非徒癡人說夢，荒誕不經之謂也。其所以至今不能在科學中成立一種地位者，實有數因。蓋古代士大夫階級目醫卜星相為九流之學，多恥道之；而發明諸大師又故為惝恍迷離之辭，以待後人探索；間有一二賢者有所發明，亦秘莫如深，既恐洩天地之秘，復恐譏為旁門左道，始終不肯公開研究，成立一有系統說明之書籍，貽之後世。故居今日而欲研究此種學術，實一極困難之事。」（民國徐樂吾《子平真詮評註》，方重審序）

現存的術數古籍，除極少數是唐、宋、元的版本外，絕大多數是明、清兩代的版本。其內容也主要是明、清兩代流行的術數，唐宋或以前的術數及其書籍，大部分均已失傳，只能從史料記載、出土文獻、敦煌遺書中稍窺一鱗半爪。

## 術數版本

坊間術數古籍版本，大多是晚清書坊之翻刻本及民國書賈之重排本，其中豕亥魚魯，或任意增刪，往往文意全非，以至不能卒讀。現今不論是術數愛好者，還是民俗、史學、社會、文化、版本等學術研究者，要想得一常見術數書籍的善本、原版，已經非常困難，更遑論如稿本、鈔本、孤本等珍稀版本。在文獻不足及缺乏善本的情況下，要想對術數的源流、理法、及其影響，作全面深入的研究，幾不可能。

有見及此，本叢刊編校小組經多年努力及多方協助，在海內外搜羅了二十世紀六十年代以前漢文為主的術數類善本、珍本、鈔本、孤本、稿本、批校本等數百種，精選出其中最佳版本，分別輯入兩個系列：

一、心一堂術數古籍珍本叢刊

二、心一堂術數古籍整理叢刊

前者以最新數碼（數位）技術清理、修復珍本原本的版面，更正明顯的錯訛，部分善本更以原色彩色精印，務求更勝原本。并以每百多種珍本、一百二十冊為一輯，分輯出版，以饗讀者。

後者延請、稿約有關專家、學者，以善本、珍本等作底本，參以其他版本，古籍進行審定、校勘、注釋，務求打造一最善版本，方便現代人閱讀、理解、研究等之用。

限於編校小組的水平，版本選擇及考證、文字修正、提要內容等方面，恐有疏漏及舛誤之處，懇請方家不吝指正。

心一堂術數古籍 珍本／整理 叢刊編校小組

二零零九年七月序

二零一四年九月第三次修訂

# 《易元會運》提要——兼論邵雍先天之學（術數）源流與《皇極經世》配卦法

## 《易元會運》

《易元會運》，馬翰如撰。據虛白廬藏一九五九年香港中華文化學社初版修復清理出版。

馬翰如，又名鎮清，號曰白、立德齋主人。廣東潮州棉陽人。生卒不詳。主要活動於民國初年，晚居香港，約於八十年代逝世。家學淵源，少習儒學，善詩文。著名中醫師。（其醫案輯入民初《當代全國名醫驗案類編續編》。）據云十八歲時遊山寺遇一沙姓異人傳其邵子皇極數正傳。亦精易學、皇極經世、太乙數、命理（子平、星宗、河洛理數、皇極數（鐵板神數）等）。著有《中國原子哲學》、《易世》、《易命》、《德教概説》、《命理闡微》、《中國原始宗教》、《易元會運》、《翰如詩文集》等。

馬氏本書《易元會運》，是根據【宋】邵雍《皇極經世》，推演清初至民初三百多年的卦辭及對應歷史，「以明易理變化與世事吉凶休咎之有定。」後附五個皇極數（鐵板神數）命例，長期以來是皇極數（鐵板神數）研究的珍貴資料。對香港、台灣等地研究皇極數（鐵板神數）影響很大。

## 邵雍及《皇極經世》

邵雍（一零一一——一零七七），生於北宋真宗四年，卒於北宋神宗十年。河南洛陽人，字堯夫，自號安樂先生，人稱百源先生。謚康節。北宋五子之一。精理學、易學、天文、術數、音律。著有《皇極經世》、《伊川擊壤集》、《漁樵問對》、《邵堯夫先生詩全集》等。傳子伯溫、門人王豫（天悅）、張岷（子望）等。

《宋史・邵雍傳》：「始為學，即堅苦自勵，寒不爐，暑不扇，夜不就席者數年。」「雍探賾索隱，妙悟神契，洞徹蘊奧，汪洋浩博，多其所自得者。及其學益老，德益邵，玩心高明，以觀夫天地之運化，陰陽之消長，遠而古今世變，微而走飛草木之性情，深造曲暢，庶幾所謂不惑，而非依仿象類、億則屢中者。遂衍宓羲先天之旨，著書十餘萬言行於世，然世之知其道者鮮矣。」「雍知慮絕人，遇事能前知……雍之前知，謂雍於凡物聲氣之所感觸，輒以其動而推其變焉。」宋代名儒如司馬光、程頤、程顥、張載等皆曾從遊。

邵雍之子邵伯溫《皇極系述》解「皇極經世」書名：「至大之謂皇，致中之謂極，至正之謂經，至變之謂世。」又曰：「《皇極經世》書凡十二卷。其一之二，則總元會運世之數，《易》所謂天地之數也。三之四以會經運，列世數與歲甲子，下紀帝堯至於五代歷年表，以見天下離合治亂之跡，以天時而驗人事者也。五之六以運經世，列世數與歲甲子，下紀自帝堯至於五代書傳所載興廢治亂得失邪正之跡，以人事而驗天時者也。自七至十，則以陰陽剛柔之數窮律呂聲音之數，以律呂聲音之數窮動植飛走之數，《易》所謂萬物之數也。其十一之十二，則論《皇極經世》之所以成書，窮日月星辰、飛走動植之數，以盡天地萬物之理，述皇帝王伯之事，以明大中至正之道。陰陽之消長，古今之治亂，較然可見。故書謂之「皇極經世」，篇謂之「觀物篇」。」。

## 「先天之學」及其「前知之術」（術數）

邵雍是一代大儒，其「先天之學」，則源自道家（教）陳摶（希夷）。《宋史・儒林五・朱震傳》：「陳摶以《先天圖》傳種放，種放傳穆修，穆修傳李之才，李之才傳邵雍。」邵雍云：「聖人之心，是亦數也」、「萬化萬事生乎心」、「心為太極」。《觀物外篇》：「先天之學，心法也……蓋天地萬物之理，盡在其中矣，心一而不分，則能應萬物。」邵認為心性本質上是等同天地之太極。天地萬物氣數規律，能通過內觀自心而有所感知，即是內心也已具備有術數的推演及預測、感知能力；這當是邵雍「先天之學」及所創之「梅花易數」（先天心易）之理論基礎。「先天之學」博大精深，其中又包含術數方面，即「前知之術」（下文簡稱「先天之學」（術數））。

邵雍之子邵伯溫《邵氏溫見錄》曾記其父「先天之學」前知之事（術數）：「治平間，與客散步天津橋上，聞杜鵑聲，慘然不樂。客問其故，則曰：『洛陽舊無杜鵑，今始至，有所主。』客曰：『何也？』康節先公曰：『不三五年，上用南士為相，多引南人，專務變更，天下自此多事矣！』客曰：『聞杜鵑何以知此』康節先公曰：『天下將治，地氣自北而南；將亂，自南而北。今南方地氣至矣，禽鳥飛類，得氣之先者也。《春秋》書『六鷁退飛』、『鸜鵒來巢』，氣使之也。自此南方草木皆可移，南方疾病瘴瘧之類，北人皆苦之矣。』至熙寧初，其言乃驗，異哉！」等多個例子。《二程外書·傳聞雜記》：「堯夫易數甚精。自來推長曆者，至久必差，惟堯夫不然。指一二近事，當面可驗……明道聞先生之數既久，甚熟，一日，因監試無事，以其說推算之，皆合。」《皇極經世緒言·卷首上》：「上蔡謝氏曰：『堯夫精易之數，事務之成敗始終，人之禍福修短，算得來無毫髮差錯，如指此屋便知起於何時至某年月日而壞，無有不准』」。可知邵雍「先天之學」（術數）之神。

## 「先天之學」（術數）的傳授與源流

雖然邵雍「先天之學」之「理」通過其子邵伯溫及後人整理結集的《皇極經世》、《觀物外篇》流傳後世。《皇極經世觀物外篇釋義》序：「邵子皇極之說，悉本之先天圖，精深玄微，妙及天人之際，惜其學不傳。間有能道之者，多彼此異同，不能盡合。」可知邵雍「先天之學」（術數）具體推算「前知」的方法，卻不在公開刊刻的書中，大部份門人也未有傳承下來。邵雍擇徒非常嚴格、慎重，特別是

「先天之學」的傳授，「非人勿傳」。《宋元學案》：「百家謹按：先生數學……蓋兢兢乎慎重其學，必慎重其人也。」「章惇作商州令，時從先生游，欲傳數學，先生語惇須十年不仕宦乃可學，蓋故難之也。而邢恕援引古今，亦欲受業，先生曰「姑置是。此先天之學，未有許多言語。」上蔡云：『堯夫之數，邢七要學，堯夫不肯，曰：徒長奸雄；章惇不必言衍矣。』」相傳得邵雍「先天之學」真傳的，唯王豫（天悦）一人。

「王豫，字悦之，又字天悦，大名人，瑰偉博達之士也，精於《易》。聞康節之篤志，愛而欲教之，與語三日，得所未聞，始大驚服，卒捨其學而學焉。」「宗羲案：『康節之學，子文之外，所傳止天悦，此外無聞焉。蓋康節深自秘惜，非人勿傳。』」（《宋元學案·張祝諸儒學案》）可惜王天悦并無傳人便去世。明宋濂《溟涬生贊》：「邵堯夫以先天學授王豫，王豫字天悦，天悦死，無所授，同葬玉枕中。」吳曦於開禧三年（一二零七）發動「武興之亂」，盜王豫塚，得《皇極經世體要》一篇、《內外觀象數》十篇、《無名公》手澤，可大賄盜而得之。」「可大」即蜀中道士杜可大。杜氏精通邵雍之學，而以術數名。在杜可大五十歲時，他偶遇廖應淮，便以邵氏學授之。

廖應淮（一二二九——一二八〇），字學海，號溟涬生，南城（今屬江西）人。【明】宋濂《溟涬生贊》：「抱負奇氣，好研摩運世推移及方技諸家學。年三十，遊杭，上疏言丁大全誤國狀。大全怒，中以法，配漢陽軍。生荷校行歌出都門，道傍觀者，嘖嘖壯之。抵漢江濱，遇蜀道士杜可大。揖曰：『子非廖應淮耶？』生愕然曰：『道士何自知之？』可大曰：『宇宙，太虛一塵爾。人生其間，為塵幾何？是茫茫者尚瞭然心目間，矧吾子耶？然自邵堯夫以先天學授王豫天悦，天悦死，無所授，同葬玉枕中。未百年而吳曦叛，盜發其塚，得《皇極經世體要》一篇，《內外觀象數》十篇，余賄盜得之。今餘五十年，數當授子，吾俟子亦久矣。』乃言於上官，脫其籍，盡教以塚中書。」

《宋元學案》：「授以邵子先天易數。其算由先天起數，先生神警，一授即了。自是能洞知未知，乃坐臨安市樓賣大衍卜」。《新元史》：「應淮有神悟……復至臨安，晝賣卜，夜飲輒大醉。當醉中，自語曰：『天非宋天，地非宋地，奈何？』賈似道遣門客問之，應淮曰：『毋多言。浙西地發白時，是其祥也。』似道復召至，問之，應淮曰：『明公宜自愛不久宋鼎移矣。』似道惡其言直，應淮之徑出不顧。及宋亡，應淮又曰：『殺氣將入閩廣，吾不知死所矣。』其言無一不驗。」【明】宋濂《溟涬生贊》：「生瀕死，語女曰：『吾死後一月，中朝命山姓鳥名使者，來徵吾及傅立。立當過予門，汝可出藏書示之，立當以此致大官。』後皆如其言，所謂「山姓鳥名」，崔鵬飛也。」廖應淮著有《皇極經世書卦玄玄集》、《曆髓》、《星野指南》、《象喻統會》、《聲譜》、《畫前妙用》等數十萬言。」廖應淮以其學傳祝泌，并預言彭復來其家，取其藏書傳其學。

祝泌字子涇，德興人，以進士授饒州路三司提幹，得傳邵氏《皇極》之學於廖應淮。年老乞休，御書「觀物樓」扁額賜之。元世祖詔征不赴。著有《觀物篇解》、《皇極經世解起數訣》、《六壬大占》等。

傅立又得彭復（復之）、祝泌二人之傳，「入元，累官集賢院大學士。謚文懿，學者稱為初庵先生。」傅立之傳，一如廖應淮得傳及傳學之神秘，也是預言將某人得其書而傳其學：「初庵垂死，謂其徒曰：『汝曹口耳之學，徒得吾膚。淑吾書而得吾髓者，其齊氏某乎。』」傅立又傳程直方、齊琦等。「齊琦者，字仲圭，饒之德興人也。別號易岩，時人咸稱之曰易岩先生。」《齊琦傳》：「蓋其為術，繇、聲、色、氣、味以起數，而推極乎元會運世，即其數之所見天地氣運之否泰，生人吉凶休咎之征，無不可以預定！純乎邵氏先天之學，皇極之理也。故其為人言，凡未至之事，如在目前，無一不驗者。」

以上是「先天之學」（術數）直至元代的大概傳承及源流情況。

## 《皇極經世》的版本與配卦

《皇極經世》在邵雍生前并未刊刻。最早的版本是邵雍之子邵伯溫集其祖及父的遺稿而成。不過此本早佚，未見傳世。《皇極經世》亦未有宋、元刊本傳世。今見《皇極經世》最早版本，乃《道藏・太玄部》所載《皇極經世》十二卷明刊本。此本內文〈元經會〉、〈會經運〉、〈運經世〉及律呂聲音等篇中，并無配卦。清乾隆年間修《四庫全書》收入善本《皇極經世》，為十四卷本，亦無配卦。

我們相信，原來邵雍子邵伯溫刊刻《皇極經世》時，書中的〈元經會〉、〈會經運〉、〈運經世〉及律呂聲音等篇，并無配卦。而未配卦的原因，很可能是因為配卦屬於「先天之學」的秘授部份，不宜公開。公開刊刻《皇極經世》主要保留了〈元經會〉、〈會經運〉、〈運經世〉的歷史年表等內容。

由宋代始，已經有多種不同的《皇極經世》元會經世配卦法出現。如【宋】牛無邪《易鈐寶局》、【宋】張行成《皇極經世索隱》、《皇極經世觀物外篇衍義》、《易通變》、【宋】王湜《易學》、【宋】廖應淮《皇極經世書卦玄玄集》、【宋】祝泌《觀物篇解》等。後又有【明】黃畿《皇極經世書傳》、【明】楊向春撰《皇極經世心易發微》、【清】王植《皇極經世書解》、【清】劉紹攽《皇極經世書發明》及【清】劉斯組《皇極經世緒言》等。

《皇極經世》中的元會運世，是一元十二會，一會三十運，一運十二世，一世三十年，總十二萬九千六百年。元會運世的配卦法有多種說法。現今最廣為人採用的是【明】黃畿《皇極經世書傳》中的配卦法。其法以先天圓圖伏羲六十四卦，去乾坤坎离四卦不用，用六十卦共三百六十爻，卦序是：復、頤、屯、益、震、噬嗑、隨、无妄、明夷、賁、既濟、家人、豐、革、同人、臨、損、節、中孚、歸妹、睽、兑、履、泰、大畜、需、小畜、大壯、大有、夬、姤、大過、鼎、恆、巽、井、蠱、升、訟、困、未濟、解、渙、蒙、師、遁、咸、旅、小過、漸、蹇、艮、謙、否、萃、晉、豫、觀、比、剝。一元有十二會，十二會共三百六十個變爻卦，即「運運卦」（統三百六十年）。三百六十個「運運卦」共統十二萬九千六百年，即一元之數。「運運卦」六變得「世卦」（統六十年，每二世配一卦）。世卦變出旬卦六卦體；由初爻起至上爻六變。每旬統十年。是為「旬卦」。（可參李光浦《皇極經世真詮——世運與國運》，心一堂出版）。

此法再經【清】王植《皇極經世書解》推崇及推廣，其後清代、民國及現代研究《皇極經世》學者大多沿用此法。如馬翰如《易元會運》（本書）、陳陽及添翼《皇極經世書中的中國大歷史觀》、李光浦《皇極經世真詮——世運與國運》等。

對照宋人有關《皇極經世》配卦的著述，可知【明】黃畿《皇極經世書傳》中配卦法與【宋】牛無邪、【宋】張行成、【宋】王湜《易學》、【宋】廖應淮、【宋】祝泌等諸家都不相同。

【宋】張行成《易通變》中記載邵子〈掛一圖〉之取卦法：「置通數以元會運世之總數除之，見卦。假令元之元，置二萬八千九百八十一萬六千五百七十六，抽中一萬布在右，鋪為十千、十百、十十、十，除卦身八千，遂除元之元數一，則餘二萬八千九百八十萬一千九百九十九，以中位左見八八屬坤，右見一一屬乾，左為外卦，右為內卦，則成地天泰卦也。他皆仿此。凡取卦若重，以陽進、陰退、消息、虛張、分布其數。」此與【明】黃畿《皇極經世書傳》中配卦法不同。

【宋】祝泌《觀物篇解》：「曰掛一卦以數取成二百五十六卦……元會運世，各列四序，如元，泰卦，元之元之元之元，得二萬兆數，至世之明夷，世之世之世之世，得八十一萬之數，此特第一位之分數耳。其下各有三十小位，自甲甲寅一而起，見位數若干，因而乘之方見真數，若便據二百五十六卦之分數而用之。」四庫存書提要：「祝泌氏鈐以泰為元，六十四卦皆用四爻。」《觀物篇解・卷一》將一元十二會之三百六十運，以配掛一圖二百五十六卦，第一運所直之元之元之元之元泰卦起，至第三百六十運所直之世之世之世之世明夷而終，此是直運卦。《觀物篇解・卷二》是直世卦是「六十四卦皆用四爻」的配卦法。如第二千一百五十六世，直既濟卦五、上爻、賁卦初、二爻。直年卦：「掛一圖二百五十六卦，一千五百三十六爻，每四爻管一年。則當三百八十四年，今每運三百六十年便周者，謂三年之閏，五年之再閏也。故每十五年而虛四爻以當閏。」此亦與【明】黃畿《皇極經世書傳》中配卦法不同。

不過，【宋】張行成、【宋】祝泌兩家雖不盡相同，不過系統卻比較接近，配卦法都據「掛一圖」二百五十六卦去配。張行成、祝泌兩家配卦法都有授受，而【明】黃畿在《皇極經世書傳》書中，未有交待授受師承。黃畿《皇極經世書傳》配卦法當是黃氏隱居羅浮山多年後自悟。

## 邵雍「先天之學」真傳配卦法及廖應淮《皇極經世書卦玄玄集》發現

相傳得邵雍「先天之學」真傳的，唯王豫一人。因王豫塚中遺書未見傳世，而得王豫塚中遺書筆記的廖應淮，其著作《皇極經世書卦玄玄集》等在明代已經流傳極稀，至清初紀曉嵐等　纂的《四庫全書・提要》中曾提及外，到今天二百多年間未見有文獻再提及其內容，當是清初流入大內後不復見於民間。

幸運的是，虛白廬主人向心一堂術數古籍整理編校小組展示其收藏的虛白廬藏明鈔本【宋】廖應淮《皇極經世書卦玄玄集》，并同意出版公開。此鈔本珍貴之處，除了重新發現廖應淮的著述外，更在書中發現了唯一得邵雍「先天之學」真傳的王豫（天悅）的遺書筆記內容。又發現此虛白廬藏鈔本後附《心易發明》《觀梅數》《後天軌數》《範圍生成數》《康節萬物數》等諸篇，這些篇章大部份與【明】楊士奇的文淵閣書目中所載相同，疑是現今已失傳的邵雍「先天之學」術數方面的佚書。文淵閣書目是明初內閣所藏書目，是明初以元代秘書監所藏宋、金、元三朝的珍本秘籍，加上明初之典籍而成，其中大部份是鈔本，大都是現今已失佚的明初以前古本。虛白廬藏明鈔本《皇極經世書卦玄玄集》及書後《心易發明》《觀梅數》《後天軌數》《範圍生成數》《康節萬物數》等諸篇的發現及出版（《皇極經世書卦玄玄集》附《心易發明》《觀梅數》《後天軌數》《範圍生成數》《康節萬物數》等，心一堂即將出版。）可補近千年來邵雍皇極經世配卦及邵雍術數傳承之空白。

虛白廬藏明鈔本《皇極經世書卦玄玄集》中，有「乃康節親傳與王天悦之文」語。後附《心易發明》《觀梅數》《後天軌數》《範圍生成數》《康節萬物數》等諸篇，又有「熙寧壬子沙麓山樵王豫天閱書」語。熙寧壬子即宋神宗熙寧六年（一零七二年）。按邵雍卒於宋神宗熙寧十年（一零七七年）。此當是王天悦得邵雍先天之學（包括術數方面）傳授後的筆記與心得，王天悦筆錄時邵雍仍在世。邵伯溫《易學辯惑》中記述了王天悦隨其父邵雍學習的情形：「每有所得，筆而書之，貯一錦囊中，出入起其居，須臾造次，必以自隨也。」

【元】宋濂《潛溪集．溟滓生贊》記載廖應淮從杜可大得到王天悦塚中遺書「《皇極經世體要》一篇、《內外觀象數》十篇、《無名公》手澤」。從虛白廬藏鈔本《皇極經世書卦玄玄集》中，有「乃康節親傳與王天悦之文」語看來，《皇極經世書卦玄玄集》可能是廖應淮從王天悦《皇極經世體要》發揮而成書，書中特意表明「乃康節親傳與王天悦之文」，以表示此書內的配卦法等內容的正統性。其附《心易發明》《觀梅數》《後天軌數》《範圍生成數》《康節萬物數》《三要靈應篇》等諸篇，有「熙寧壬子沙麓山樵王豫天閱書」語，則或是諸篇源自王天悦《內外觀象數》十篇及、《無名公》手澤，是王天悦學習邵雍「先天之學」（術數）筆記。

【明】莊昶《定山集．卷七》曾記載明代一則源自王天悦秘本的皇極經世「先天之學」（術數）的傳授：「浙友余中之，過我溪雲，以皇極經世之學授予，讀其書至王天悦：『所謂推以某甲之年月，必得某甲之時日，而後富壽，必先以某甲之年月，而後賤貧，以至水陸舟車之所產，東西南北之所居，精粗巨細之事，無不皆然。』」文中所記，與《皇極經世書卦玄玄集》書後附的《心易發明》《觀梅數》《後天軌數》《範圍生成數》《康節萬物數》等諸篇所載內容相似。

廖應淮《皇極經世書卦玄玄集》中皇極經世配卦之法，一如四庫存書提要所載，與祝泌之法基本相同：「祝泌氏鈐以泰為元，六十四卦皆用四爻……廖應淮《元元集》從之。」（有的文獻誤以祝泌傳廖應淮，四庫全書提要沿習其誤，以祝泌氏鈐成書在先，廖應淮《玄玄集》在後，實誤。）廖應淮《皇極經世書卦玄玄集》所述配卦法比祝泌《觀物篇解》中更清楚。《皇極經世書卦玄玄集》：「三百六十運，用二百五十六卦，係以運值運數，二億八千九百八十一萬六千五百七十六之數分布而取卦，故與先天圖及易之次序不同。」「以會經用【運】世卦：每三百六十，行卦一周，凡二百五十六卦，計三十運，世卦泰起於第三會月寅之中第七十六經星之己卯運。」又說明了置閏、分野等。強調「加一陪法。」其中又有明代人的加註，如書中元代、明初元會運世的配卦等。

《皇極經世書卦玄玄集》中篇首：「康節先生傳連山易于山林隱德之士，以天一地二，天三地四，天五地六，天七地八，天九地十，分十等曰元會運世歲月日時分秒，作皇極經世書，自元至時隸之卦，而分秒行乎八卦之間，有卦有數，天地人物皆囿於其中，而卦數則窮物之〔理〕、極物之變，雖鬼神不測，天地之無窮，亦不逃焉。玄之又玄，故曰《玄玄集》。」此段文字又見於【宋】祝泌《觀物篇解・卷一》及【明】楊體仁《皇極經世心易發微・大定神數心法》中。

## 邵雍「先天之學」術數的發展──梅花易數、皇極數（邵子神數、鐵板神數）

明清兩代以降，時至今天，梅花易數、邵子神數（鐵板神數）是兩門最為人熟悉，相傳由邵雍發明的術數。現存梅花易數、邵子神數（鐵板神數）的古籍版本最早只見於明代，學界一般相信是托名邵雍，并非真的由邵雍所創。有的認為兩門術數均出自【明】楊體仁。梅花易數源自【明】楊體仁《皇極經世心易發微》，皇極數（邵子神數、鐵板神數）源自【明】楊體仁的大定神數（見《皇極經世心易發微》、《大定神數新篇》）。

據《皇極經世心易發微》序：「乃敢折衷微詞，多述舊聞，以理為經，以易為緯，輯為六卷，名曰《心易發微》。」可知《皇極經世心易發微》是楊體仁將一些「舊聞」編輯而成，書中內容并不是楊氏發明。我們再讀虛白廬藏鈔本《皇極經世書卦玄玄集》以及其附《心易發明》《觀梅數》《後天軌數》

《範圍生成數》《康節萬物數》等諸篇中，比較內容，便可知《皇極經世心易發微》很多內容皆出自或整理自《皇極經世書卦玄玄集》及其附的《心易發明》《觀梅數》《後天軌數》《範圍生成數》《康節萬物數》等諸篇內容而成。

《皇極經世書卦玄玄集》後附諸篇中，有以年月日時起數（卦）法、配以先天策數、後天軌數、以易數推算天地萬物之數（康節萬物數）：萬物萬事飛走動靜無不在其內、觀梅數、易卦體例、體用秘訣玄黃克應歌、觀物洞玄歌等內容。原書鈔本似是在王豫（天悅）、廖應淮的原書外，又鈔入了宋、元、明流傳的另一些邵雍系統的術數資料，如牛無邪、高處士、劉湛然一系的《三要靈應篇》（坊本《梅花易數》亦有輯入，文字略異，【明】楊體仁《皇極經世心易發微》輯入作《三要元機》）。〈玄黃克應歌〉、〈觀物洞玄歌〉等篇也見於坊本《梅花易數》。《皇極經世書卦玄玄集》後附的《心易發明》《觀梅數》《後天軌數》《範圍生成數》《康節萬物數》等諸篇內容，也輯入了早期《梅花易數》的內容，也可能是今本《梅花易數》刻本的祖本。

而《皇極經世書卦玄玄集》後附諸篇中的另一些邵雍系統的術數如先天策數、後天軌數、《康節萬物數》、《範圍生成數》（推流年之法，有天干地支吉凶神：天祿、天官、印綬、血光等），通過【明】楊體仁的整理及發展成「大定神數」，即後來的皇極數（邵子神數、鐵板神數）。而根據清刻本《皇極經世心易發微·序》，楊體仁便是【明】袁了凡所撰著名的《了凡四訓》（《訓子文》）中傳授袁了凡《皇極數》的雲南孔道人。

通過虛白廬藏明鈔本【宋】廖應淮《皇極經世書卦玄玄集》附《心易發明》《觀梅數》《後天軌數》《範圍生成數》《康節萬物數》內容，可以知世傳梅花易數（明刻本《家傳邵康節先生心易卦數》，心一堂即將出版）、皇極數（邵子神數、鐵板神數）（《皇極數》、《鐵板神數（清刻足本）——附秘鈔密碼》、《八刻分經定數》、《蠢子數纏度》、《邵夫子先天神數》、本書《易元會運》等，心一堂經已出版。另有鈔本：《秘鈔本鐵板神數（三才八卦本）》、《邵子先天神數》、《邵夫子蠢子神數》、《邵子神數》、《後天神數》、《演禽先天神數》等，心一堂即將出版）之源流，可以從本書作者馬翰如的皇極數（鐵板神數），可上溯源至【明】楊體仁、【宋】廖應淮、【宋】王天悅等而至【宋】邵雍。

## 小結

《皇極經世觀物外篇釋義》序：「邵子皇極之說，悉本之先天圖，精深玄微，妙及天人之際，惜其學不傳……多彼此異同，不能盡合。」雖然元會運世的配卦法有多種說法，諸家不同。通過上文考證，【宋】廖應淮《皇極經世書卦玄玄集》當是傳世文獻中最接近邵雍原本的《皇極經世》配卦法。不過是否可以簡單總結只有這種配卦法才是唯一正確的配卦法，而其他配卦法是偽法？

在不同流派《皇極經世》配卦方便下，論及同一時間段（元會運世）的時往往又可以得出準確的結果。例如張行成、祝泌、黃畿三個系統的配卦法迴異，不過他們自身及得其真傳者能依其配卦法作出準確的演算及預測。這個情況與相傳邵雍發明的另二種術數：梅花心易（梅花易數）、皇極數（邵子數、鐵板神數）類似，不同人或門派可能起出、配出不同的卦（或象、或數），多於一種正解，得其傳者或能領悟者可作出準確的演算及預測。反之，起出、配出相同的卦（或象、或數），不同的人可能作出不同的演算及預測，包括不準確及錯誤的演算與預測。祝泌《觀物篇解》：「夫《皇極》用卦之法出於方外丹經火候之遺意。其歌曰：『用卦不用卦，須向卦中作。及其用卦時，用卦還是錯。』」「卦同而禍福無一年可同者，主運與主世之卦不同也。是則開物之後閉物之前九萬七千二百年中無一年之可同，宜皇帝王伯之跡無一事可合。」「今以數觀歷代之休戚，若據爻辭取義，猶刻舟求劍，非知皇極法者。然康節書有時摘爻辭立論，何也……是以摘爻明義，乃所得卦吉凶之所祖也。」祝泌已透露了其中玄機：邵雍先天之學的術數，無論是皇極經世，或梅花心易（梅花易數）、皇極數（邵子數、鐵板神數），是講究心、理、數、太極合一，修心之道。《皇極經世‧觀物外篇》：「先天之學，心也。後天之學，迹也。」「先天之學」是一種追求「聖人之心，是亦數也」、「心為太極」、「心一而不分，則能應萬物」境界的學問，而不是一種單純刻板的算法。心性本質上是等同天地之太極。天地萬物氣數規律，能通過內觀自心而有所感知，「先天之學」所謂卦象、卦數，當非刻板的某一卦象、卦辭、或一組數字，而是切入點，是活活潑潑的。只要內心的修養及與萬物的感知達到一定程度，心悟「先天之學」術數的原則和規律，當可達到邵子的境界：「事務之成敗始終，人之禍福修短，算得來無毫髮差錯」！

至於如何以《皇極經世》配卦以推演世運與國運，本書《易元會運》不單以白話註釋，也是近數十年來《皇極經世》配卦以推演世運與國運的權威著作。以【明】黃畿《皇極經世書傳》中配卦法取卦象、卦辭去印證自清初至民初三百多年的中國歷史。出版以來，在香港、台灣等地區影響深遠。

後來《皇極經世真詮——世運與國運》作者李光浦在本書《易元會運》基礎上，以【明】黃畿《皇極經世書傳》中配卦法取卦（同本書《易元會運》）、又以《焦氏易林》（可參《宋本焦氏易林》，心一堂出版）取（卦）辭、再以七政四餘術取（天）象、偶參以「河洛理數」，交織成一個立體的「卦」「辭」「象」「數」，活活潑潑，以「摘爻明義」。正如祝泌所說，《皇極》用卦之法，既要用卦，又不能執於卦。不論是本書《易元會運》、或是《皇極經世真詮——世運與國運》，所採用配卦法雖未必是邵雍《皇極經世》中原來的配卦法，不過，活活潑潑，「摘爻明義」，反倒接近邵雍「先天之學」術數的心法——「體無定用，惟變是用。用無定體，惟化是體。」（《皇極經世‧觀物內篇》）

作者的另一本著作《中國原子哲學》附《易世》《易命》，乃是《易元會運》的姊妹篇，以易理及卦辭印證中日戰爭、國父革命故事，以及闡釋易理與命理之要義。讀者與以《易元會運》、《中國原子哲學》附《易世》《易命》兩書同讀，方可深入了解作者的易學思想、易理推演世運與國運之理、易理與命理之要義。

本書是近數十年來《皇極經世》配卦以推演世運與國運、以及是皇極數（邵子數、鐵板神數）命例的權威著作。可惜初版原版已未見流傳。為令不致煙沒，特將原書用最新技術修復，精印出版，以供同道中人參考研究及收藏。

心一堂術數古籍珍本編校小組

二零一八年一月

馬翰如著

# 易元會運

鄭贊題

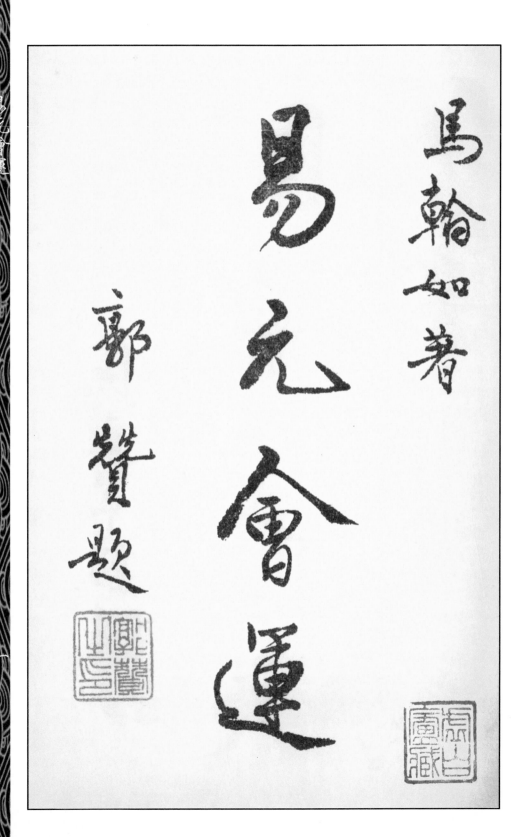

易元會運

洞徹人天

周坡年題

發揚國粹

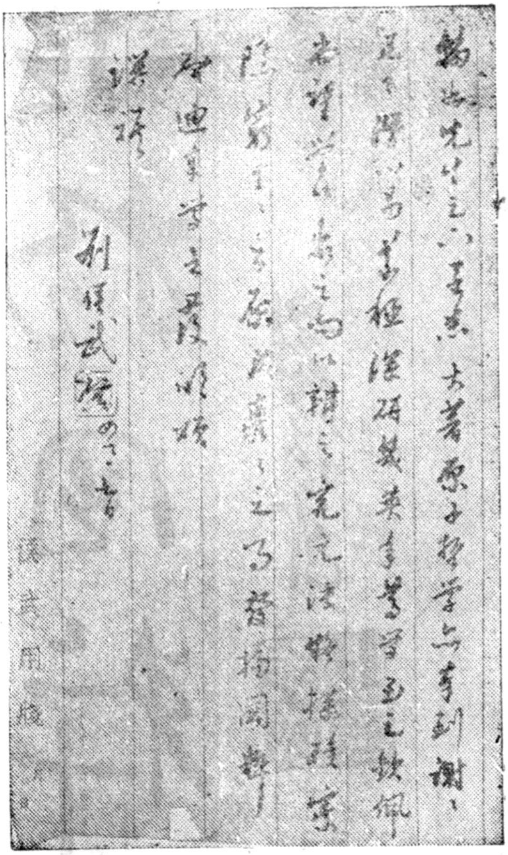

馬氏於民國三十四年間嘗著有中國原子哲學一書一時頗爲中央暨各省市政府所重視與函謝與論界亦深致好評右爲前廣東廣西省監察使復函足見馬氏對於哲學之研究有得也。

中華文化出版社謹誌

中國原子哲學審查函復文件

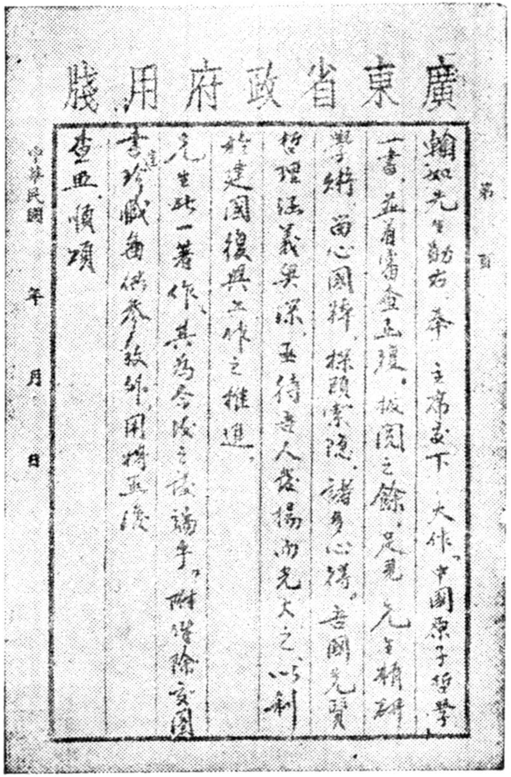
廣東省政府用牋

翰如先生勛右：奉 主席交下 大作「中國原子哲學」一書，並着審查具復。披閱之餘，足見 先生精研學術，苦心闡釋，探賾索隱，諸多心得。吾國先賢哲理經義宏深，亟待吾人發揚而光大之，以利於建國復興工作之推進。先生此一著作，其為今後之鎖鑰乎。附帶除交圖書館珍藏，備供參考，並致謝外，用特函復查照，順頌

中華民國 年 月 日

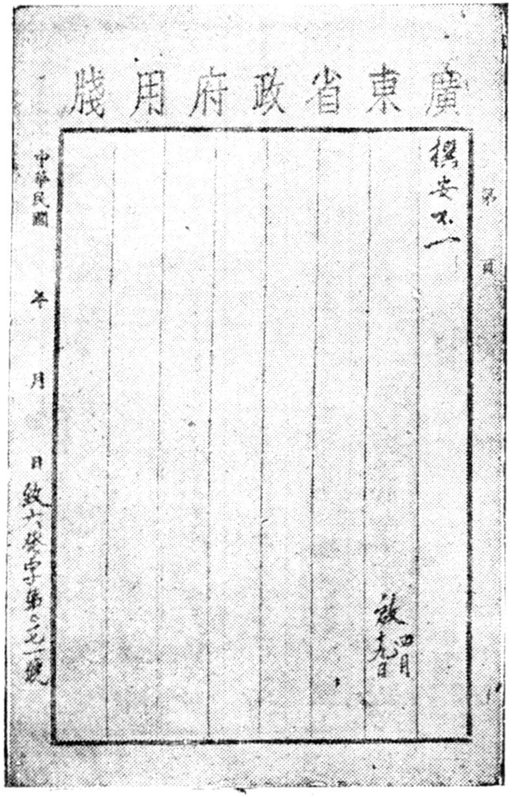
廣東省政府用牋

撰安 不一

啟 四月九日

中華民國 年 月 日 啟六發字第〇七一號

據呈送「中國原子哲學」一冊業經收到除
轉呈外特復
此致
馬翰如君
中央執行委員會秘書處
六月三日

南京市政府用牋

鎮清先生惠鑒承
惠賜大作「中國原子哲學」一書拜讀之餘覺精研易理
深得其奧闡揚固有文化不遺餘力貢献殊多良深欽
佩除珍藏以供參考外特此函謝并頌
撰安
馬超俊 啟

# 易元會運

目錄

馬翰如編著

政王多爾袞之淫亂宮廷。清室脩整國政之一般。孫延齡之反叛事件。鰲拜陷害大臣及自貽其咎的事。廢藩與藩王之反叛。（以上屬大過卦值卦行事）

## 卷三

大清與俄國外交事件。喀爾喀三汗部內江的平定事件。康熙帝之屢次親自行師安撫人民興利除弊及平定噶爾丹政績。皇太子之立而復廢。關於康熙帝傳位疑案。雍正帝之傾覆各公爵。定立儲法。乾隆帝之本來身份。雍正帝執政之振奮威嚴與暴卒情形。乾隆帝之嗣位。（以上屬鼎卦值卦行事）

## 卷四

和坤之引惑乾隆帝。皇后之蹈水死亡。大小金川之作亂。乾隆帝之遊江南與探訪陳閣老。乾隆帝之武功及平定天山南北路事件。烏什回人之亂。緬甸之入寇。金川復叛事件。殺新昌舉人王錫侯。戮已故浙江舉人徐述夔。四庫全書之編纂。千叟宴。封鄭華爲暹羅國王。緬甸遣使奉表入覲與詔示暹羅罷兵。平定臺灣之亂。封光平爲安南王。各國入貢及蠲免天下錢糧。與俄羅斯續開恰克圖市場。征復廓爾喀。御制十全碑記。英吉利使臣馬戛爾入覲。決心禪位的原因與立皇太子之事。禪位大典情形。白蓮教之亂。太上

皇帝崩。　大學士和坤有罪賜死及籍其家之事。（以上屬乾卦值卦行事）

**卷五**　李長庚之嚴勵追緝海寇蔡牽朱濆及殉職情形。　英艦至澳門事件。　天理教之作亂事件。　回疆之亂。　嚴禁鴉片事件。　大臣之昏庸無能包羞可恥故事。　皇貴妃鈕祜錄氏被太后鴆殺之疑案。　鴉片戰爭。　道光帝之立太子與咸豐帝之嗣位。　太平天國。　英法聯軍破北京及咸豐帝之逝世。（以上屬遯卦值卦行事）

**卷六**　穆宗之嗣位與兩宮垂簾訓政前之訟非。　同治帝之夭殤。　焚燬法國教堂。　光緒帝嗣位的故事。　朝鮮與日本之膠轕事件。　西太后之專政與光緒帝成臂下之情形。　甲午中日戰爭。　孫中山先生之革命運動。　義和團之亂與八國聯軍破北京。　孫中山先生之傳畧。　辛亥革命之成功與清帝之遜位。　民國之紛亂局面。（以上屬訟卦值卦行事）

**卷七**　外蒙古之成立人民共和國。　奉直之戰。　孫中山先生之入北京與逝世。　北伐之成功與日本之出兵山東。　國民黨與共產黨之鬥爭。　日本之侵畧中國與汪精衛之組織政權。　日軍投降後之中國政爭。　民心之渙散與政府之遠民。　包无魚與田獲三品之釋義。　先庚三日與後庚三日之預言。　周易經傳集解對於巽卦之解釋。　民主共和與國家紛亂結果前途之預言。（以上屬巽卦值卦行事）

# 卷八

自公元一九八四年甲子至二四四三年癸亥三百六十年中之皇極經世值卦預言。

附表一、午會一萬零八百年中之皇極經世值卦圖

附表二、公元一六二四年甲子至二三四三年七百二十年間皇極經世逐年值卦圖。

附皇極易數命譜五則。

## 洪範傳目圖

河圖之數四十有五洪範之經推而爲五十五事與河圖之數不期而暗合箕子之陳又推而爲八十一者九九之正數也

| | | |
|---|---|---|
| 貌言視聽思 恭從明聰睿 肅乂哲謀聖 狂僭豫急蒙 雨暘燠寒風 | 壽富康寧好德考終 凶短折 疾憂貧惡弱 | 歲月日星辰 曆數 |
| 貞 悔 | 皇極 | 司空 司徒 司寇 食貨祀賓師 |
| 高明柔克 沈潛剛克 平康正直 燮友柔克 彊弗友剛克 | 火水木金土 潤下炎上曲直從革稼穡 鹹苦酸辛甘 | 時雨時暘時燠時寒時風 常雨常暘常燠常寒常風 |

## 皇極經圖

即堯舜執中之傳人君爲治心法

所謂皇極之數言詩之體也

二章章二句　二章章六句

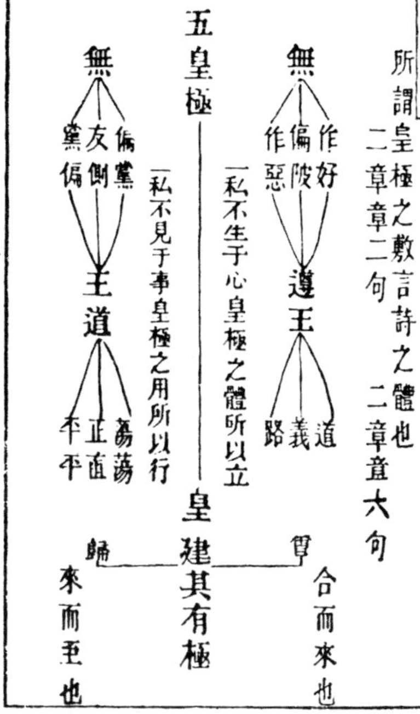


## 皇極經世總數圖

自夏王八年甲子會子午至景定甲子計三千四百八十年更二甲子方爲十運爲一會三之一

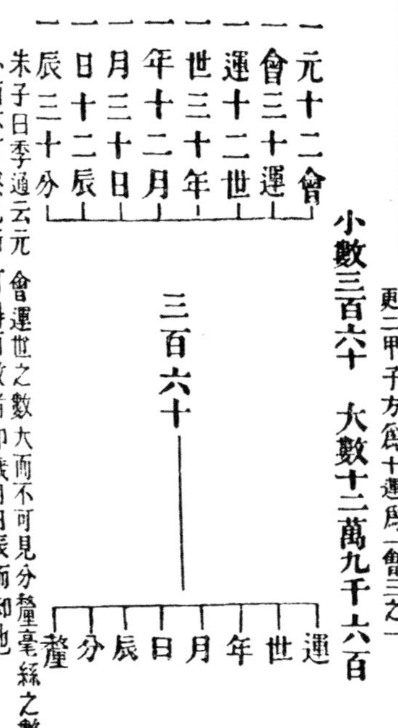


朱子曰季通云元會運世之數大而不可見分釐毫絲之數小而不可察也所可得而數者即歲月日辰而知也

元會運世歲月日辰皆三百六十以三百六十乘三百六十爲十二萬九千六百

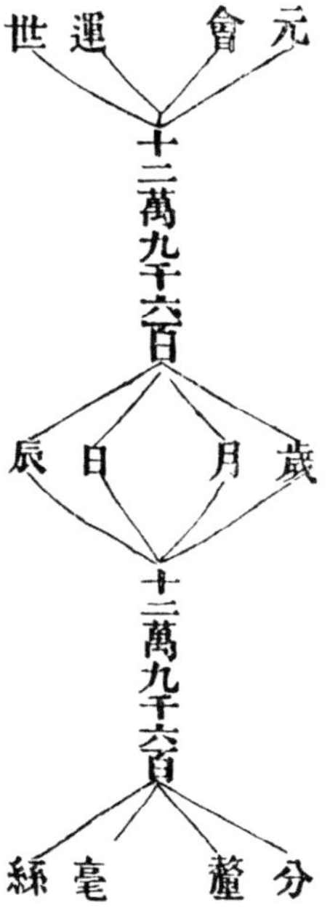


邵子曰易之生數十二萬九千六百總而爲四千三百二十世此消長之大數也

朱子曰昔天地之自然不假智營力索而天地之會日月之行氣朔之盈虛五星之伏見朓朒屈伸交食淺深之數莫不由此

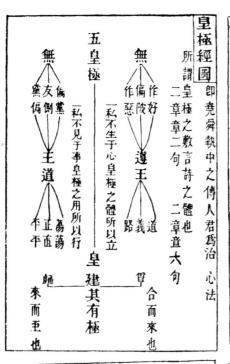

## 誠幾德圖

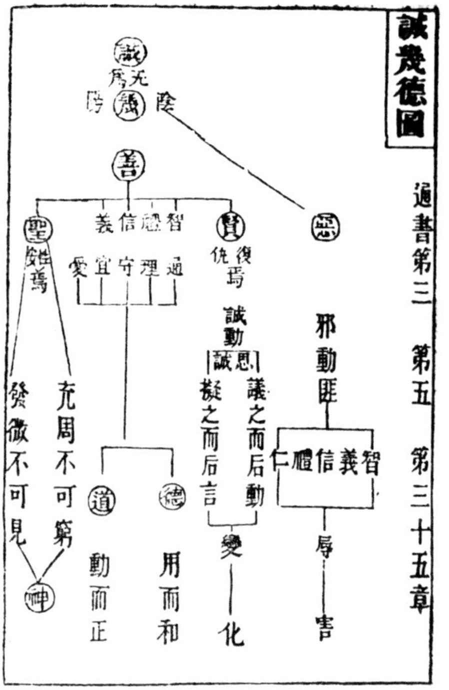


## 誠神幾圖

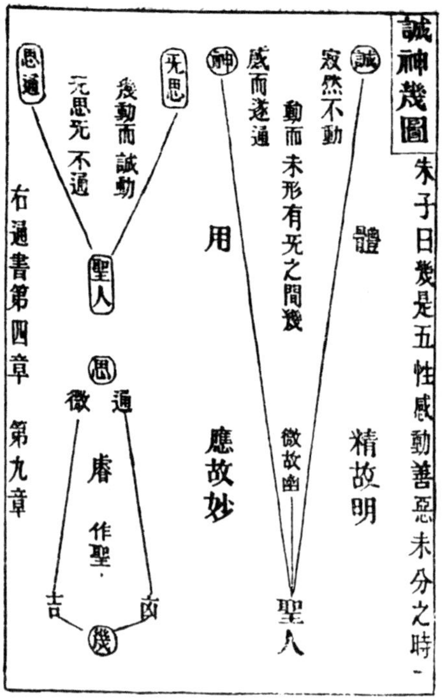


## 立極圖

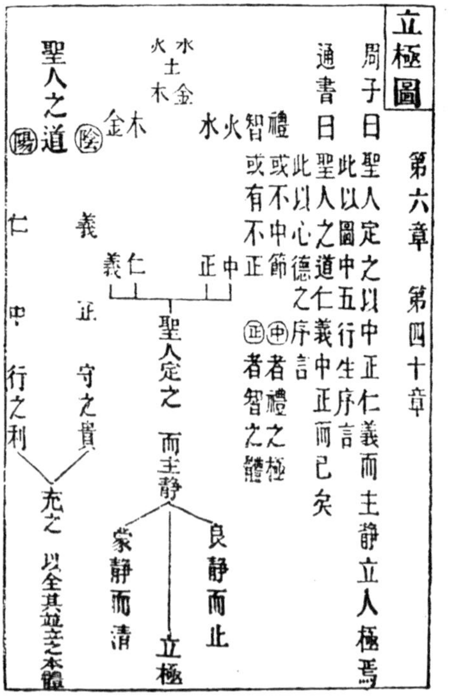


## 無欲圖

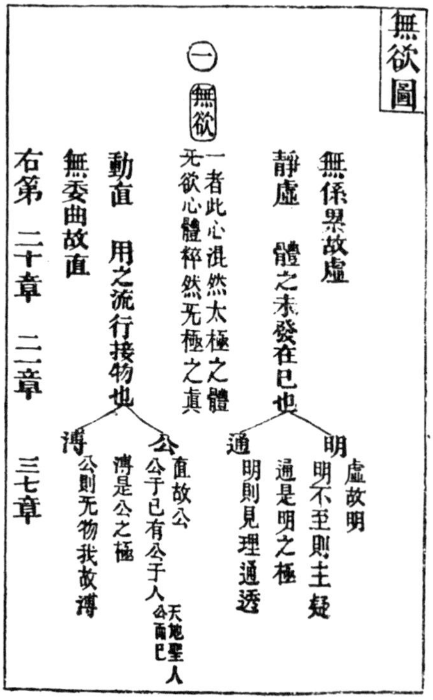

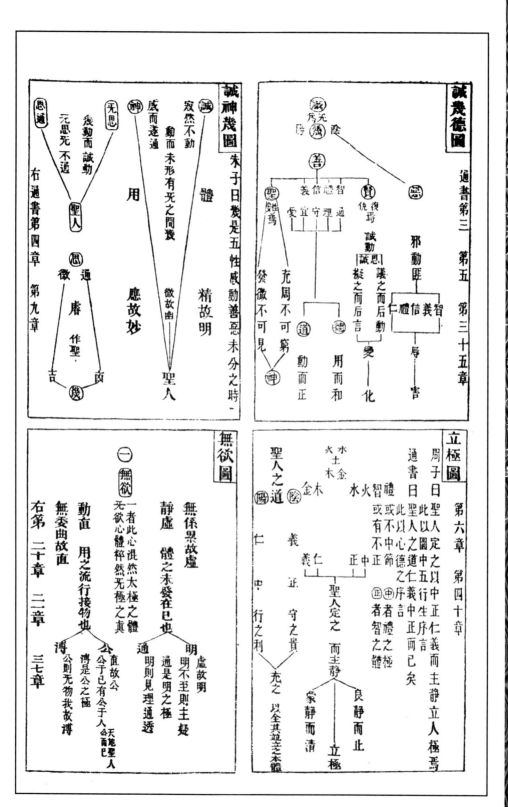

# 伏羲八卦次序　伏羲八卦方位

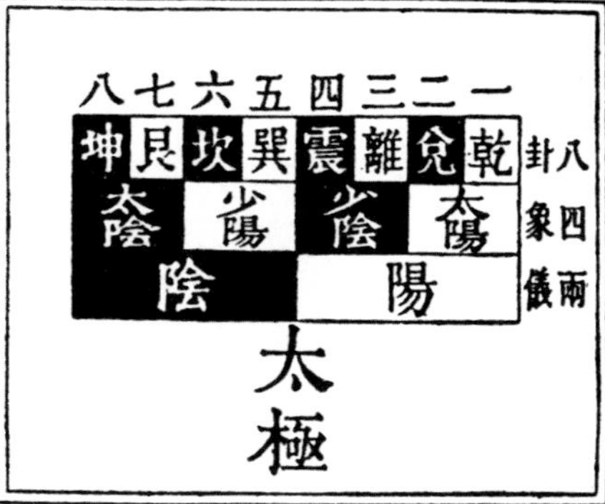


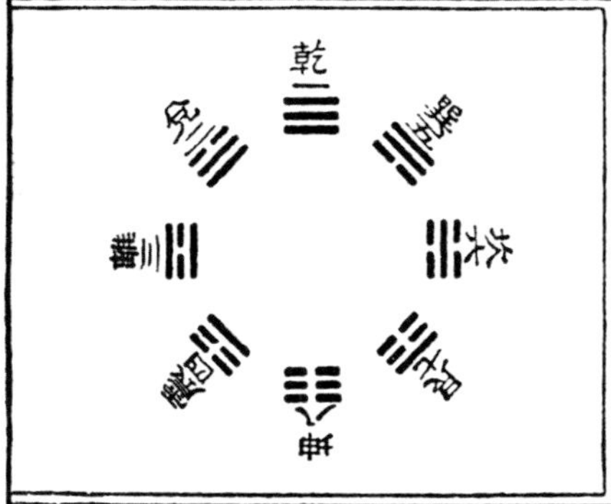


繫辭傳曰。易有太極。是生兩儀。兩儀生四象。四象生八卦。邵子曰。一分為二。二分為四。四分為八也。說卦傳曰。易逆數也。邵子曰。乾一。兌二。離三。震四。巽五。坎六。艮七。坤八。自乾至坤。皆得未生之卦。若逆推四時之比也。後六十四卦次序放此。

說卦傳曰。天地定位。山澤通氣。雷風相薄。水火不相射。八卦相錯。數往者順。知來者逆。邵子曰。乾南。坤北。離東。坎西。震東北。兌東南。巽西南。艮西北。自震至乾為順。自巽至坤為逆。後六十四卦方位放此。

# 伏羲六十四卦次序

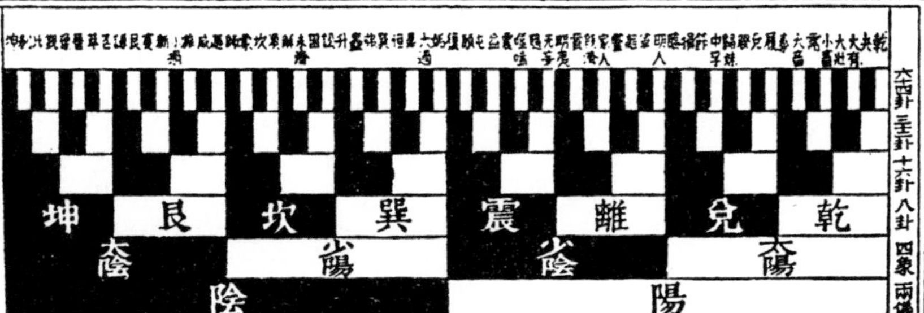


前八卦次序圖。即繫辭傳所謂八卦成列者。此圖即其所謂因而重之者也。故下三畫即前圖之八卦。上三畫則各以其序重之。而下卦因亦各衍而為八也。若逐爻漸生。則邵子所謂八分為十六。十六分為三十二。三十二分為六十四者。尤見法象自然之妙也。

# 伏羲六十四卦方位

伏羲四圖。其說皆出邵氏。蓋邵氏得之李之才挺之。挺之得之穆修伯長。伯長得之華山希夷先生陳摶圖南者。所謂先天之學也。此圖圓布者。乾盡午中。坤盡子中。離盡卯中。坎盡酉中。陽生於子中。極於午中。陰生於午。

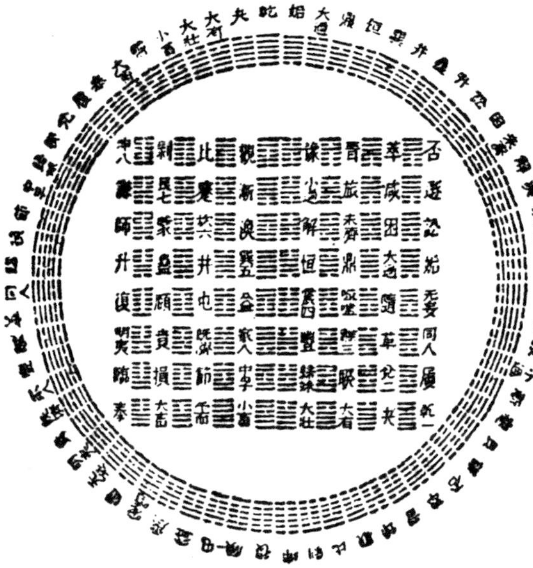

中。極於子中。其陽在南。其陰在北。方布者。乾始於西北。坤盡於東南。其陽在北。其陰在南。此二者。陰陽對待之數。圓於外者爲陽。方於中者爲陰。圓者動而爲天。方者靜而爲地者也。

# 文王八卦次序

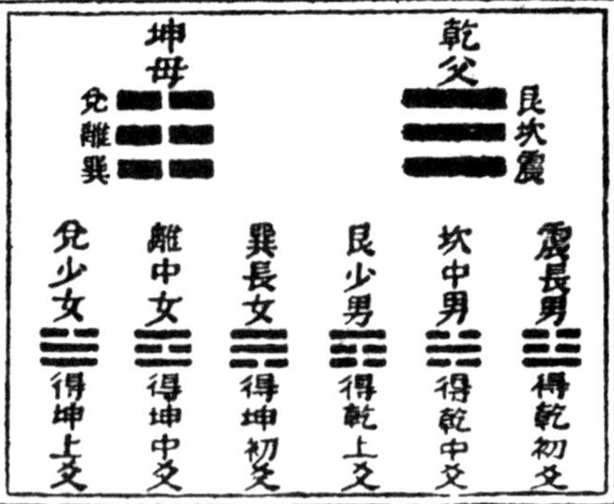


# 文王八卦方位

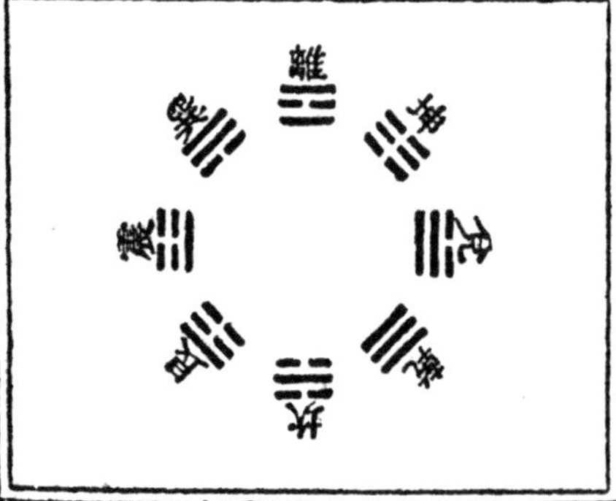


右見說卦。邵子曰。此文王八卦。乃入用之位。後天之學也。

讀易圖

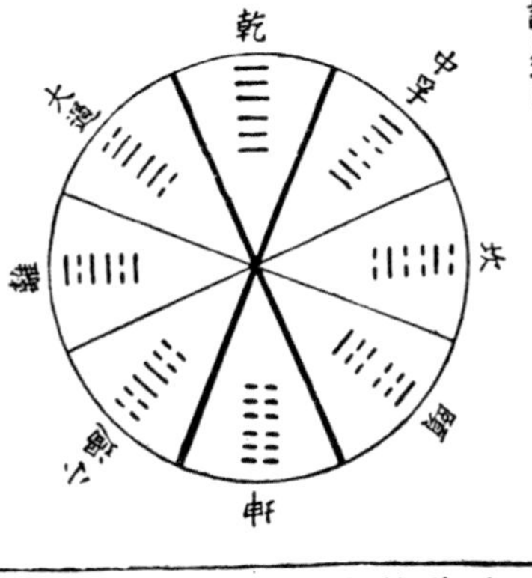


讀易圖

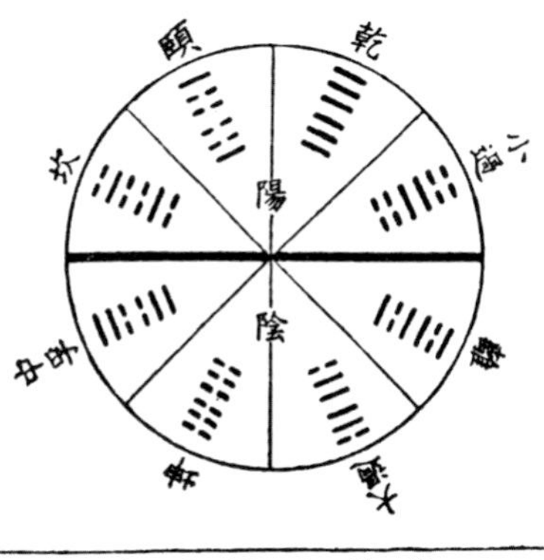


此以經內相錯八卦按伏義八卦方位繪圓圖然上卦按原圖乾一兌二離三震四巽五坎六艮七坤八定位下卦逆轉則乾一兌二坎三震四巽五離六艮七坤八可知陰陽順逆推移而坎離必以交互爲用生人成聖其義躍如惟未經人指破耳　上下反對數皆九

此以經內相錯八卦挨次繪圓圖則上下陽卦八均在上上下陰卦八均在下蓋陽氣輕淸而上浮陰質重濁而下凝其義固如此也　上下反對數俱九

讀易圖

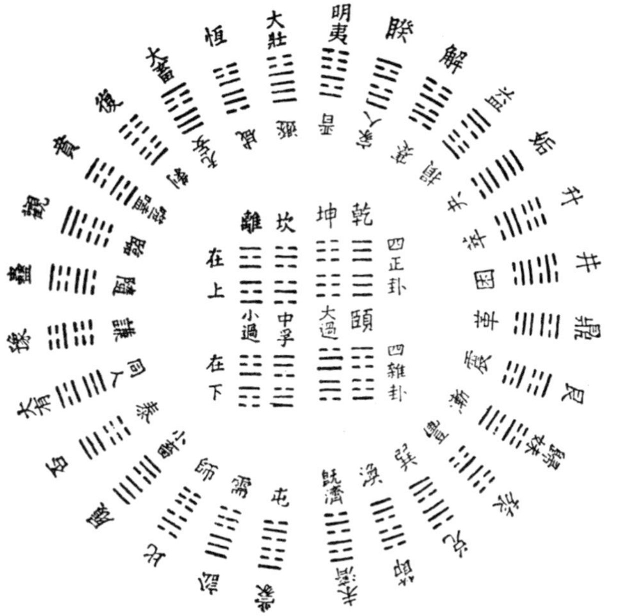

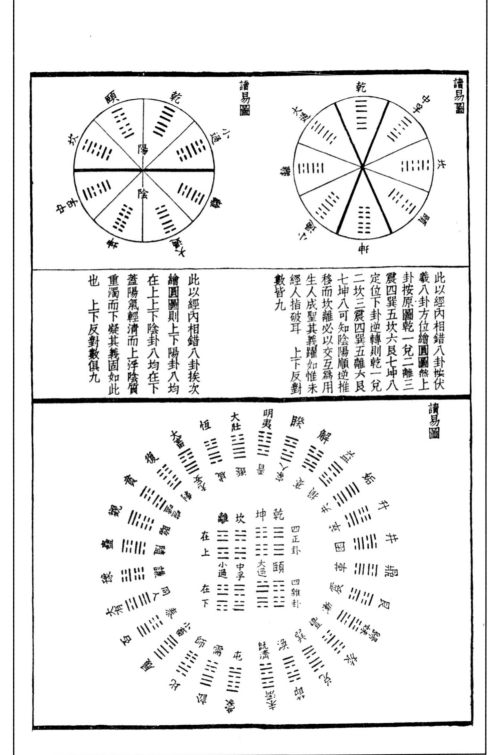

河圖

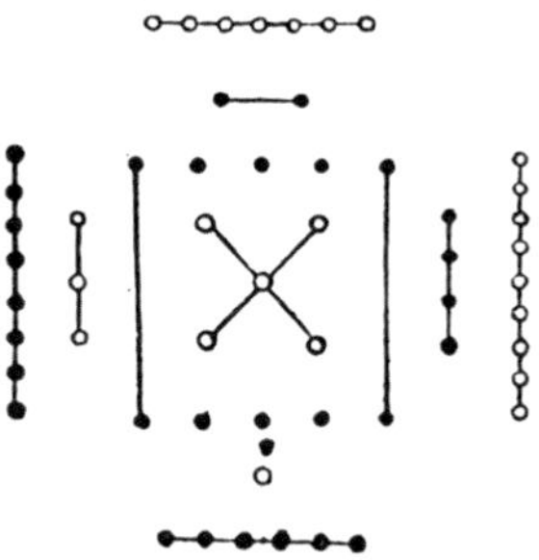

洛書

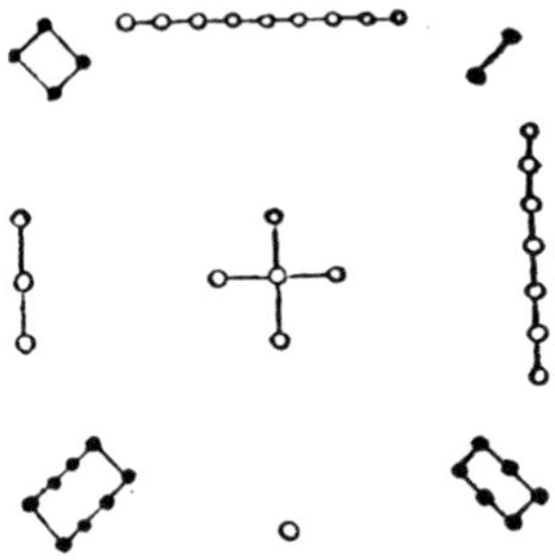

河圖後天卦位

洛書配卦位

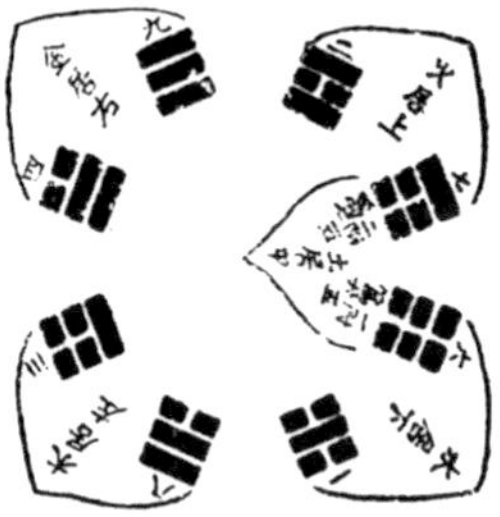

先天卦位

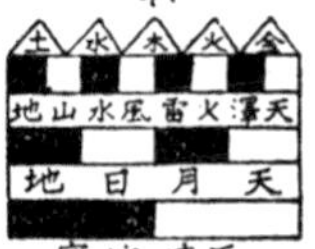


天清地寧

太極

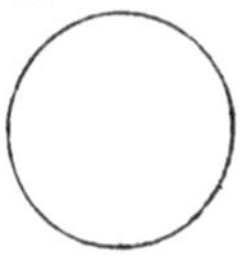

无極

採圖

此即瞿塘先生所繪之圖中即无極

聖人則河圖畫卦圖

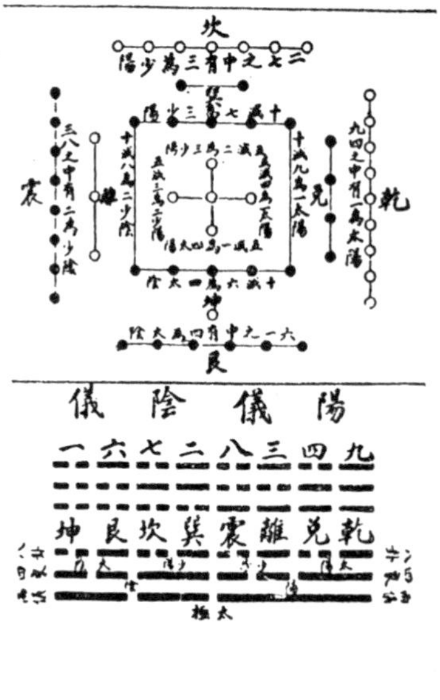

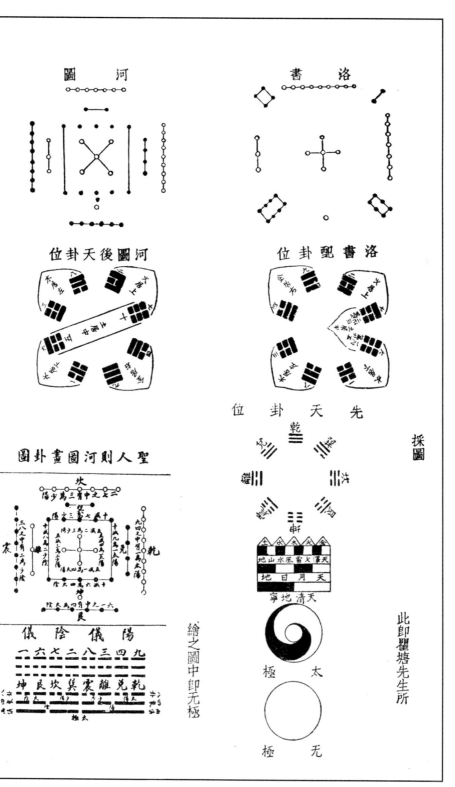

# 李序

以顯微鏡而照視微生物，則方寸之空氣，蠢蠢然而動者，不可勝計焉；以眼睛而窺視蟻洞，則方寸之穴隙，馳馳然而聚者，亦不可勝計焉。引申之，則方里之池沼，其包容而生存之魚、蝦水族，又不知凡幾焉。夫以微生物之比螞蟻，固螞蟻大矣；以螞蟻比魚蝦，則魚蝦大矣；以魚蝦比人類，則人類爲大矣。且螞蟻之有社會組織，猶人類之有國家組織；螞蟻之視河沼，猶人之視洋海；而宇宙之視日月，猶若螞蟻之環行於鼓磨之上；宇宙之於人類，猶人類之于微生物也，渺小乎人哉！然而人無日不在擾攘爭競中，爲名利與生活而不惜自尋煩惱，或至損人害己之行爲者，蓋亦不如魚、蝦、螞蟻、微生物，優遊自得，順受生命之正之義矣；人之聰明才智，稱爲萬物之靈者，反不若萬物之愚魯不靈，低微下賤也，此聖人之所以欲无言，而有悲天憫人之嘆也歟！

雖然，凡人固有良知之稟賦，而天地之生人，與人之進化，其善因善果，惡因惡果，亦有其不可易，而時時在變易之道理中焉。今有甲乙二人焉，苟同一方向而行之，則其遲速雖不同，而終於達目的地則同，苟其背道而行之，則南轅北轍，其愈久而距離愈遠矣！設甲乙二人，能于其中途而各有所變易方向，則其進止左右，又各有不同矣，蓋因果循環，富貴生驕奢，驕奢生淫泆，淫泆生浪蕩，浪蕩生懶怠，懶怠生貧窮，貧窮生困難，困難生刺激，刺激生奮鬬，奮鬬生功勞，功勞生富貴，此人生變化無常，而時時有更易之道焉。聖人本于天地陰陽變化之法則，以及人類生存之因果，以推論天地陰陽與人類生存之光亨悔冥，而生吉凶休咎焉。孔子曰：「殷因于夏禮，所損益可知焉，周因於殷禮，所損益可知焉，其或繼周者，雖百世可知也。」此卽以天地陰陽與人類進化，有其必經之道理，而其因果演變之發生，可以理窮，可以性盡，可以命至也。昔邵子之著皇極經世，以及前後四千二百世之演變沿革者，本於此義也。

方今物質文明，其發展已至於太空時代，正如易經中孚卦上九爻所云：「翰音登於天，貞凶。」象曰：「翰音登於天，何可長也。」之時，蓋以人類之急功好勝，以至於妄思覇及宇宙之太空，如羽箭之登天，不幾於貞凶而毀滅者鮮矣，何則？以微生物而滋生于螞蟻之穴，悉可爲螞蟻之食糧；以螞蟻而走入魚蝦之區，悉足爲河沼所滅亡；以魚蝦而入人類之掌握，悉足爲庖人所烹飪矣！人之脫離地球，以求征服太空，則用之于科學之進步，或戰爭軍事互相毀滅之途固有餘，用之于求人類生存之安全，則恐不足也。況大塊荒蕪之地尚多，入有拋棄之而不善爲開墾生產建設者弗少，奈何以有用之精神與物力，而不致力於實地之建設，以增益庶民，而以之發爲禍亂侵害，以至于毀滅人類之行爲，斯欲求其貞之不凶，志之可長，寧可得耶！關尹子曰：「人不明於急務，而從事於多務，奇務者，窮困災厄及之。殊不知道無不在，不可捨此就彼。」又曰：「天下之理，捨親就疏，捨本就末，捨賢就愚，捨近就遠，可暫而已，久則害生。」其此之謂歟！其此之謂歟？

易元會運一書，乃馬子繼中國原子哲學等書而續作者，其內容，一以邵子皇極經世午會值卦之滿清皇太極建元起，至公元一九八四年止，計三百六十年，合一運氣數之易象史實徵信，從而續演以後之三百六十年間之值卦吉凶休咎，以爲鑑往知來之典籍，一以發明中國固有文化哲學之價值，發揚人類道德觀念爲旨趣，而其研究之精微，闡敍之明確不虛，不特閱一字，知一字之意，閱一句，得一句之益，閱一段，明一段之旨，閱一篇，獲一篇之義也。讀者以研究哲學之書讀之固可，以歷史之書讀之亦無不可，以文學著作益智之書觀之固宜，以小說故事啓慧之書觀之亦無不宜也。至於發微尋奧，直探中國哲學之蘊秘，不止是啓蒙大衆，感化世道人心，抑且可爲世界偉大人物寡過修省之方焉，余讀是書，不止爲自己感覺興趣，幷且爲家庭訓導子弟之書珍之，世有同予好者，當有同予感者，因爲序焉。時

公元一九五九年十月十五日星洲李懷德謹序於南洋德教總會。

# 孫序

學自伏羲氏，設卦以觀象，周易繫辭焉而明吉凶，於是君子居則觀其象而翫其辭，動則觀其變而玩其占，是以自天佑之，吉无不利。孔子曰：「君子居其室，出其言善，則千里之外應之，況其邇者乎？」馬翰如先生，家學淵源，博通經史，精究歧黃，更得異遇，傳易經眞理，及邵康節皇極經書，錯綜其數，探賾研幾以通變，先生可謂彌綸天地之道，詳知幽明之故，原始反終，知生死之說也歟？先生慨天道之不行，世道之陵替，於治學之餘，與各方大德創立德教會，與辦各種慈善事業，每當籌辦之始，則殫慮擘劃，精粗密致；及其竟也，拱諸人以垂其業，而躬自退，優遊樂道，即所謂自天佑之，吉无不利；亦可謂君子居其室，出其言善，千里之外應之也。蓋惟先生能通其數，而其志能超其數，故淡泊名利，而无入而不自得焉。先生著作等身，尤以中國原子哲學，德教概說，命理闡微等書，爲世所推重，今又繼續梓行易元會運一書以溥於衆，而化世人，是蓋所謂存於德行者之所爲歟！夫卦者，象也。爻者，動也，爻象動乎內，吉凶現乎外，神而化之，使民宜之，先生之志，其在斯乎？其在斯乎？

公曆一九五九年九月二十九日旅港上海孫鏡陽序於九龍正德公司。

# 温序

有周至民元，已百世之遠矣，昔文王昭事上帝，懷柔百神，而聖聰以達天命，易經之作，乃本造化主宰之機，洩之象而形諸辭者也。周公本之，以輔周室焉，老子本之，以立道統焉，孔子本之，以成萬世師表焉；鬼谷子本之，以修成眞仙焉；孟子本之，以養浩然之正氣焉；子房本之，以昌明德敎焉；武鄉侯本之，以鼎足天下焉；李淳風本之，以製渾天儀焉；希夷本之，以修道明數焉；康節本之；以著皇極易數焉；誠意伯本之；以佐王業焉；新建伯本之，以致良知焉。易繫辭曰「：易有聖人之道四焉，以言者尙其辭，以動者尙其變，以製器者尙其象，以卜筮者尙其占，是以君子將有爲也，將有行也，問焉而以言，其受命也如嚮，无有遠近幽深，遂知來物，非天下之至精，其孰能與於此？參伍以變，錯綜其數，通其變，遂成天地之文，極其數，遂定天下之象，非天下之至變，其孰能於此？易无思也，无爲也，寂然不動，感而遂通天下之故，非天下之至神，其孰能與於此？夫易，聖人所以極深而研幾也，唯深也，故能通天下之志，唯幾也，故能成天下之務，唯神也，故不疾而速，不行而至。」子曰：「易有聖人之道四焉者，此之謂也。」又曰：「夫易，何爲者也，夫易，開物成務，冒天下之道，如斯而已者也。是故聖人以通天下之志，以定天下之業，以斷天下之疑。」今馬子本先聖之志緒，而發爲經世明命之說，因本邵子「皇極經世」之義，而有「易元會運」之著作，其抱懷之高超，立願之宏溥，蓋有希夷康節之風趣也，予與馬子固神交也，然讀馬子之書，益受其感，而知易經之偉大可傳焉，因序之。

公元一九五九年十一月九日八閩汀洲上杭温公良識於香港中國文化學院。

# 蕭序

昔者伏羲則河圖。爲六十四卦。是爲先天易。文王繫彖辭。周公繫爻辭。是爲後天易。孔子曰。易之興也。其於中古乎。作易者其有憂患乎。今觀泰、否、剝、復、損、益、夬、姤、之相次也。陰陽消長治亂存亡幾微矣。先儒傳註義理。不論禍福。慮人以卜筮淺易也。發明彖爻非不顯著。而取象之由則畧而不論。夫文周繫辭現象。以闡吉凶。占者玩辭稽象。以定趨避。朱晦庵張南軒善談易者。皆謂五體五行納甲飛伏之類。俱不可廢。豈不豁然於蓍變。而歉然於傳註哉。蓋文周彖爻。雖非後世緯數。瑣碎拘拘互體五行納甲飛伏也。而道則無不冒焉。傳註者。惟以虛玄之旨例之。有遺論矣。同鄉馬子鎮淸世好。家學淵源。成易元會運一集。於黃花猶存之後。郵以示余。余閉戶讀易。至中孚之二爻。曰、鳴鶴在陰。其子和之。子曰、君子居其室。出其言善。則千里之外應之。未有不孚於室。而能馳聲氣於千里之外者也。君子黃中通理。美在其中。而發於事業。美之至也。菊之爲重於君子也有以哉。乃有同嗜。同氣相求。同聲相應。爰書其簡端以訊主人。已亥孟冬，古棉樂道齋，一鳴蕭然序於香江寄寓草蘭香吟館。

# 自序

天下一治一亂，一亂一治，否極泰來，剝後見復，這是陰陽變化，盈虧消息所當然的事。有周八百年，入於春秋戰國紛亂的局面，幾乎占了一半時間。而西漢自高祖定鼎（公元前二〇二年。）後，歷二百〇二年，至公元元年，乃有王莽稱安漢公，繼而弒平帝，（公元五年）改國號爲新，歷二十五年，然後始見漢光武的倔起，定都洛陽，并大破赤眉的事。又歷一百八十四年（即公元一八四年。）東漢受黃巾之亂，演成三國鼎立之勢，迨公元二六五年，始歸司馬炎。（司馬昭子）國號爲晉，凡一百四十四年，更有十六國的競爭，又成南北朝（由公元四二〇年至五八八年爲南朝。公元三九六年至五八一年爲北朝。）對峙之局，既入隋朝，方三十八年，乃屬於唐，歷二百六十二年（起公元六一八年至八八〇年。）發生黃巢入寇，僭稱齊帝；繼而有後梁（十七年。）後唐（十四年。）後晉（十一年。）後漢（四年。）後周（九年）五代之亂，共八十年之久，至公元九五九年，趙匡胤受周禪。改國號爲宋，歷三百一十二年，公元一二七一年，蒙古入寇，建國稱元，越九十三年（計入關稱帝時起則爲八十六年。）至公元一三六四年，明太祖朱元章的興起，（初稱吳王，公元一三六八年定都金陵。）歷二百四十二年至公元一六一六年，竟有滿州汗努爾哈赤稱帝，建元天命的事，而明朝亦日見衰落，以至滅亡了！

然而，歷史的推進，正好像電光幻景般，一幕一幕和一齣一齣的演過，有清自太宗皇太極由滿州大舉入寇之後，中道殂亡，世祖福臨入關定鼎，中間經過康熙聖祖玄燁。雍正世宗胤禛乾隆高宗弘曆。嘉慶仁宗顒琰。道光宣宗旻寧。咸豐文宗奕詝。同治穆宗載淳。光緒德宗載湉。宣統溥儀凡二百六十九年，至公元一九一二年，又爲國父易元爲民主共和之中華民國了。世事滄桑，變化不已，所謂一朝一代的時間，恰如金剛經所云的「如夢幻泡影，如露亦如電，應作如是觀。」了。

邵子皇極經世，根據文王與子房易理，而推論大塊變化的原始以至終了，計一元十二會，一會三十運，一運十二世，一世三十年，總計十二萬九千六百年，以自公元前二二一七年甲子至公元八五八三年癸亥爲午會值運時間，而公元前二二一七年，乃夏禹受命後之第一甲子，中國之所以有華夏之稱與夏曆之義，當與此有因緣了，堯夫由唐堯甲子公元前三〇〇〇年。已會小畜卦時推起，至宋熙寧午會之需卦止，歷年史跡之離合治亂情形，皆列表演敍，以證明天時人事與易數之配合，以及大中至正的道德觀念與陰陽消長的原則。亦即易所謂：「窮理盡性以至於命」的道理，而宋之元豐以後至明朝終朝止，共五百五十年間之史跡，則由清西昌劉斯組斗田氏所繼敍。小子不敏，因審觀邵子易數推演之精微有徵，更本中庸百世以俟之感，知中國之有聖人，而國父遺敎之民主共和政治之當興，因繼斗田氏之義，而續自大清皇太極起至終朝止及民元以後之史跡，依照邵子觀物圖所推易序而闡明之，以爲王天下者寡過之方，君子居易俟命之驗，使人人能素富貴行乎富貴，素貧賤行乎貧賤，素夷狄行乎夷狄，素患難行乎患難，而無入而不自得焉。文王孔子與邵子悲天憫人之大德大仁思想，得能於其預言應驗之今日，果見太平盛世之實現，亦是小子所焚香默禱的事呢！

孔子云：「富貴在天，死生有命。」又云：「積善之家，必有餘慶，積不善之家，必有餘殃。」孟子云：「莫之爲而爲者天也，莫之致而至者命也。」這些說法，都是啓示人人皆有天命，人人皆賦有良知良行的天命，人人皆在天命中負責對於人類所應該盡的天賦才能，和所應作的命份。換言之，卽是人人有順天應命，尋求人類安全與安定的福利天職。

中國是世界文明開化最早的國家，由洪荒時代而進入石器；陶器；銅器的時代；由穴居野處而至構木爲屋，建造宮室，其他如衣（如繅絲織布等。）食（烹飪之法）行（舟車工具）醫藥、書契、以及火藥，指南針等等，皆是可以證明中國老早便有科學的研究和發明，而且已獲有很大的成績，貢獻於人類生存的需要了！不止這樣，中國的古聖，而且發明了天地進化的機妙，物質競爭的道理，卽如易經所云的「形而上者謂之道，形而下者謂之器，化而裁之謂之變，推而行之謂之通，舉而措之天下之民，謂之事業。」了！

但是，中國自三代文物開明之後，又由注重科學的究研而轉注重於哲理之探求，因爲中古時代的物質競爭和戰亂情形，於是需要於道德理智的觀念，而產生於聰明睿智的人士，此所以有、周公、孔子、孟子等之羣起提倡中正和平，天命性理的純正哲學呢！

西哲亞理斯多德氏（Aristotle）在他的哲學系統中，指論究一切實在的原理者爲第一哲學，又名神學，或超物理學，（Metaphysics）譯名「形而上」，或「純哲學」或「純理學」，而專論物理者（包括天文、氣象、動物、植物、心理等。）則稱爲物理學（Physics）他的施教次序，先物理學，後第一哲學，故又稱第一哲學爲後物理學。因此，近百世以來，東方民族與西方民族的造就，各有不同，東方民族固有道德之保持與優美的王道精神，但是却受到物質的守舊，未能戰勝外來侵畧的禍患；而西方民族固然獲得物質文明的勝利，却患了缺乏道德的危機，因此，東方固需在積極方面提倡物質的競爭，迎頭趕上西方的富强經濟，同時，西方亦必須努力尋求道德的基礎，趕上東方民族的和平精神，這便是世界大同的先聲，天下太平的初步，如果西方與東方能澈底明白形而上與形而下的學理是應該合一互相幷重的事，那末，東西方的苦惱，便可迎刄而解了，人類的眞正進化和和平共處的幸福，亦可開始建立了。至於一國的治亂，固然有天理循環的原因，亦有因果互爲報應的緣故，如果世界上的正義精神能納於正軌之上，而明白是非，不倒置事實，人人以博愛互助爲懷，自然沒有互相侵犯的野心與行爲，自然沒有你稱他爲匪，他目你爲寇的惡劇了，而一陰一陽之謂道，可能和好共處而弗爭了，這本書，便是介紹中國第一哲學的神秘，它的徵驗和眞實不虛的歷史，與世界上一般酷愛和平，研究世道的人們作參考資料，使人們能夠明白冥冥中，確有造化和因果的主宰，應該順應天命，而各盡其才，各盡其能，去努力爲人類服務，尋求共同的幸福，而不可有行險僥倖，自私自利，甚至損人利己，自招不良的因果，能夠這樣，自然人人安樂，人人互助互愛，達到世界大同的目的了！下列易經繫辭二章爲殿，以與讀者共同勉勵。

「易與天地準，故能彌綸天地之道，仰以觀於天文，俯以察於地理，是故知幽明之故，原始反終，故知生死之說，精氣爲物，游魂爲變，是故知鬼神之情狀；與天地相似故不違；知周乎萬物而道濟天下，故不過；旁行而不流，樂天知命故不憂；安土敦乎仁，故能愛；範圍天地之化而不過，曲成萬物而不遺，通乎晝夜之道而知，故神无方而易无體。」

「一陰一陽之謂道，繼之者善也，成之者性也，仁者見之謂之仁，知者見之謂之知，百姓日用而不知，故君子之道鮮矣！顯諸仁，藏諸用，鼓萬物而不與聖人同憂，盛德大業至矣哉！富有之謂大業，日新之謂盛德，生生之謂易，成象之謂乾，効法之謂坤，極數知來之謂占，通變之謂事，陰陽不測之謂神。」

時

公元一九五九年值卦巽之賁後學馬翰如謹識。

# 例言

一、本書卷首詩詞篇，上篇係邵子原著，散見於皇極經世及擊壤集等書，而下篇係編者所作，以附驥尾，而爲易元會運之提綱耳。

二、本書第二卷至第六卷爲闡敍皇太極之建立大淸，以及順治入關，歷康熙、雍正、乾隆、萬慶、道光、咸豐、同治、光緒，而至宣統終朝之政事預言及各項史實徵信，以明易理變化與世事吉凶休咎之有定。

三、本書第七卷列巽卦值卦六十年，起民國十三年至七十二年，即公元一九二四年至一九八三年各爻所主卦辭，及時代變化情形，俾明此際局面之所以然，而證明周易百世預言之可徵可信，俾人人能修省於道德向善之念，而祈求和平互助互愛之途。

四、本書第八卷列公元一九八四年至二三四三年癸亥，三百六十年間值卦及爻辭；併附公元一六二四年甲子，至二三四二年癸亥，計七百二十年中之每年值卦表，午會值運計一萬零八百年值卦表，（由公元前二二一七年至公元八五八三年）以便讀者鑑往知來之參考。

五、本書之著作，純以發揚中國之固有文化，及道德哲學精神爲宗旨，其中節錄史實，均係根據東華錄、淸鑑、及近代史話而成，而每一字與每一辭之解釋，亦莫不根據各種辭源及字典而來，讀者每閱卦辭一段，必須將所附註釋，加以細察，然後再觀正文故事，當較為容易領悟，與明白値卦爻辭所涵蓄之意義也。

六、易經變化無窮，見仁見智，各有所會，讀者一隅三反，當必可以啓發慧智，而益感道理與意義之盎然也。

七、本書出版匆促，校對疏忽，不無魯魚豕亥之誤，而各節之注解與採取史實，亦不免有未能詳盡之處，當候續版時再為更正之，尚望世之 高明，有以進而教之。

# 關於邵康節的故事和本書著敘的緣啓

邵康節先生，原名雍，字堯夫，他是宋朝范陽人，生於公元一〇一一年，幼時，受業於北海李挺之。相傳他治學的時候，很有堅苦和刻厲的精神，不特常常廢寢忘餐，而且冬天時的寒冷，和夏天時的炎熱，都忘覺了，甚至有連夜不上床睡覺的事，這樣的勤脩上好多年，便又收拾了行李，到山西，河南，安徽，江蘇，陝西，山東，齊，魯，宋，鄭各國的首都去逛逛，留連了好多月，方才回鄉。當他首次到洛陽居住的時候，自己建築了一座茅廬，很安貧樂道的恭奉堂前父母。那時，一班顯宦仕紳，如富弼，司馬光，呂公著等，均欽慕他的學問德行，而喜歡與他交遊，特地購備了園苑，贈給他居住，他除親自耕種，自供自給外，又把這園苑定名叫做安樂窩，同時，自號安樂先生。時常在清晨一早起身時，便焚起檀香，默坐片刻，到了晚上，又獨自酌了幾杯酒，高興時更吟吟詩，散散步，很是泰然自得。每在春天或秋天氣候晴明的時候，便乘着小車，任意出遊，並沒有固定的地方，那些士大夫和朋友們，有認識他的車聲的，大家都爭着歡迎他光臨，連那一班兒童和工人們，亦很喜歡見見他的面，如果主人喜客的話，他便逗留三五天以至一個月之久，方才離開，而且還有許多人，因為崇敬他的緣故，依照安樂窩的佈置情形，同樣的在家裏或別的地方建造起來，叫做行窩，以便招待他。諸友中，與他交情最濃厚的，要算是司馬光，他對待邵康節，好像是自己的親兄長一般，他們二人的道德行為，不特為鄉里所敬重，抑且為遠近的人所聞風知名，父老和兄長們時常告誡他的子弟道：「我們不可做出不善的事情，恐怕司馬和邵先生會知道。」各地有學識的人士，有經往洛陽的，皆以能會晤康節一面爲幸，康節的態度雍容敦厚，而且慈祥滿面，令人一見而肅然起敬，他與人談話，樂道人之長，而常隱人之惡，因此，那些有才德的人，固然欽佩他，那些沒有才德的人，亦很受他的感動；他的待人接物，不論貴賤少長，一樣的和靄誠懇，而令到曾經見面的人，長留永遠不忘的印象，這更不待言了！

當時，富弼對於康節，本是老早便知道他的學問和道德的！當富弼任宰相時，嘗對他的門下田棐道：「你代我試問問堯夫，是否肯出來幫忙政務的事？我可以把官職起用他。」康節聽見了這個消息，連忙辭却道：「做起官來，不是可以輕易疏忽職守的，我是偷閑慣了，是不能自尋煩惱的！」這時候，恰巧朝廷有特別慶典，大赦天下，和詔舉遺逸的公文，洛陽的知府，已經把堯夫的姓名舉上應詔，朝命要把監主簿的官職給他，但是他再三的拜辭不就。熙寧二年，呂誨和吳克一班大臣，舉薦他爲潁州團練推官，他仍是不肯接受，當那任命書到達時，便託詞生病，不肯接任，同時，爲表示意志和斷絕仕途起見，自這時起，便戴着隱居的烏帽和穿着緇褐色的衣服，司馬光要依據禮記的製法，製作深衣贈他，他道：「那是古人隱居的欵式，我是今人，便應該穿着今人的欵式才對！」

富弼在邵子天津橋隱居的地方，建了一間大廈，以便休養，向康節道：「從此，我可以時常請你過來飲酒了。」康節微笑答道：「公如召請，我不一定能應約，但是，不請的時候，却會忽然登門的。」

富弼囘家時，對於其他人客，大都謝絕見面，惟每天與康節好像一對老搭當般，時時作伴同行，有一天，他們二人，在暢論天下的事情，富弼因爲高興極了，獨自一人走下堂去，康節道，「你忘記拄杖了！」熙寧十年的夏天，正是康節六十七歲的時候，他忽然生起病來了，一班朋友都很關懷的去探望他，他對司馬光道：「我將要逝世了！」程頤在旁笑着代爲答道：「先生要逝世，他人是無能力可以主張的！」康節道：「這是天命，實在不是人力所能主裁的！」不久，康節便在這年的七月初四日逝世了，朝野的人，莫不爲之悵然。他雖然始終沒有作過官，但是，朝廷因爲他的道德文章，可以範世，所以特地贈給他一個「祕書省著作郎」的名銜，元祐中，韓維再奏請朝陽賜給「康節」的諡號，程顥所作的墓碑有云：

「昔七十子學於仲尼，其傳可見者，惟曾子所以告子思，子思所以授孟子者耳。其餘門人各以其才之所宜，爲書雖同尊聖人，所因而入者，門戶則衆矣，況後此千餘歲，師道不立，學者莫知其從來，獨先生之學爲有傳也，語成德者難其居，若先生之道，就所至而論之，可謂安且成矣。」

康節的著作很多，有觀物篇，漁樵問答，尹川擊壤集，皇極經世，河洛眞數起例，先天圖，易卦釋義等，這書「易元會運」便是根據邵子的「皇極經世」，以會經運之十三至十四所預推的易卦所演繹出來的。邵子的觀物篇，是著至以會經世之十二，值卦需之小畜止，其後，自宋元豐起至甲申崇禎明亡止，由西昌劉斯組所繼續，至於大清建元的皇太極起，至滿清終朝止，則留存空位至今，尙未有詳爲闡敘者，翰如不敏，玩易三十年，深感康節所著的皇極經世，確有顯明的意義，而且公元一六一四年起至一九七三年，共三百六十年，當十二世，一運之數，正是周易預言，百世徵信之時，亦即皇極經世，推至皇太極當運的時候，那太祖愛新覺羅氏，好像是指明方向的羅庚盤似的，那太宗文皇帝皇太極，和世祖福臨章皇帝二氏，正明白的道出皇極經世的文章出來，而有清中葉的乾隆，咸豐，和道光等年號，亦好像正是道達易經值卦的光明一般，所有一切事理，窮通得失，皆不能逃出易經的先裁，這不是中國哲學的光榮麽？當此世道日衰，人類因爲爭奪物質文明，而面臨世界毀滅，存亡絕續的關頭，作者不顧譾陋，而把他嘗試演述出來，上以接明史的樞機，下以啓民元的沿革，其中一段一語，以至一字的解釋評斷，莫不是引經證典，徵史據實而寫成，務求開卷有益，閱一字，而得一字的意義，觀一辭，可以得一辭的道理，讀一段，可以得一段的心得。讀者當研究哲學之書觀之固可，當研究歷史之書看之亦無不可；當普通智識的開發看之固可，當故事的精華看之亦未嘗不可。若能虛懷讀竟，那末，不特可以明白一代興衰存亡的原因，抑且可以明白人事的是非得失，從而可以得到觀感，研究，立善，崇德，以養成偉大的人格，和睦民族，挽救人類惡運，而臻於天下爲公，萬國一家的堯舜，貞觀，康熙之境了！

公元一九五九年卦序巽之賁馬翰如識於香港羲皇台。

# 易元會運 卷首

邵康節作

## 詩辭篇上

### 觀三皇吟

許大乾坤自我宣，乾坤之外復何言？初分大道非常道，纔有先天末後天，作法極微難看蹟，收功最久不知年，若敎世上論勳業，料得更無人在前。

### 觀五帝吟

進退肯將天下讓，着何言語狀雍容，衣裳垂處威儀盛，玉帛脩時意思恭，物物盡能循至理，人人自願立殊功，當時何故得如此，只被聲名類日中。

觀三王吟

一片中原萬里餘，殆非孱德所宜居，夏商正朔能猶布，湯武干戈未便驅，澤火有名方受革，水天無應不成需，詳知仁義為心者，肯作人間淺丈夫！

觀五伯吟

刻意尊名名愈虧，人人奔命不勝疲，生靈劍戟林中活，公道貨財心裏歸，雖則餼羊能愛禮，奈何鳴鳳未來儀，東周五百餘年內，嘆息惟聞一仲尼。

仲尼吟

仲尼生魯在我先，去聖千餘五百年，今日誰能知此道，當時人自比天皇，王帝伯，中原主．父子君臣萬世權，河不出圖吾已矣，修經意思豈徒然！

觀七國吟

當其末路尚縱橫，仁義之言固不聽，肯謂破齊存即墨，能勝坑趙盡長平，淸晨見鬼未爲怪，白日殺人奚足驚，加以蘇張掉三寸，扼喉其勢不俱生。

觀嬴秦吟

轟轟七國正爭籌，利害相磨未便休，比至一雄心底定，其如四海血橫流！三千賓客方成夢，百二山河又變秋，謾說罷侯能置守，趙高元不是封侯

觀兩漢吟

秦破河山舊戰場，豈期民復見農桑，九千來里開封域，四百於年號

帝王，剝喪既而遭莽卓，經營殊不念高光，當時文物如斯盛，城復何由更在隍。

觀三國吟

桓桓鼎峙震雷音，絕唱高踪沒處尋，簫鼓一方情未唱，弓刀萬里力難任，論兵狠石寧無意，飲馬黃河徒有心，雖曰天時亦人事，誰知慮外失良金。

觀西晉吟

承平未必便無憂，安若忘危非善謀，題品人材憑雅誚，雌黃時事用風流，有刀難剖公閭腹，無木可梟元海頭，禍在夕陽亭一句，上東門嘯淚悠悠。

觀十六國吟

溥天之下號寰區，大禹曾經治水餘，衣到敝時多蟣蝨，爪當爛後足虫蛆，龍章本不資狂寇，象魏何嘗薦亂胡，尼父有言堪味處，當時欠一管夷吾。

觀南北朝吟

方其天下分南北，聘使何嘗絕往還，偏霸尚存前典憲，小康猶帶舊渥羶，洛陽雅望稱崔浩，江表奇才服謝安，二百四年能並轡，謾將夷虜互爲言。

觀隋朝吟

始謀當日已非臧，又更相承或自戕，螻蟻人民貪土地，泥沙金帛悅姬姜，征遼意思縻荒服，泛汴情懷厭未央，三十六年都掃地，不然天下未歸唐。

觀有唐吟

天生神武奠中央，不爾群凶未易攘，貞觀若無風凜凜，開元安得氣揚揚，凭高始見山河壯，入夏方知日月長，三百年間能混一，事雖成往道彌光。

觀五代吟

自從唐李墜皇綱，天下生靈被擾攘，社稷安危懸卒伍，朝廷輕重繫藩方，深冬寒木固不脫，未已小星猶有光，五十二年更五姓，始知除掃待眞王。

經世吟

羲軒堯舜。湯武桓文。皇帝王伯。父子君臣。四者之道。理限於秦。降及兩漢。又歷三分。東西俶擾。南北紛紜。五胡十姓。天紀幾焚。非唐不濟。非宋不存。千世萬世。中原有人。

經世一元吟

天地如蓋軫，覆載何高極，日月如磨蟻，往來無休息，上下之歲年，其數難窺測，且以一元言，其理尚可識，一十有二萬，九千餘六百，中間三千年，迄今之陳迹，治亂與興衰，著見於方策，吾能一貫之，皆如身所歷。

人生一世吟

前有億萬年，後有億萬世，中間一百年，做得幾何事，又况人之壽，幾人能百歲，如何不喜歡，强自生憔悴。

萬物吟

成敗須歸命，興衰各有時，小人縱多欲，眞宰豈容私，只此浪喜歡，便成空慘悽，請觀春去後，遊者更爲誰？

治亂吟

亂多於治，害多於利，悲多於喜，惡多於美，一陰一陽，奈何如此？

中原一片閑田地，曾示三皇與五帝，三皇五帝子孫多，或賤或貧或富貴。

財利爲先，筆舌用事，飢饉相仍，盜賊蜂起，孝悌爲先，日月長久，時和歲豐，延年益壽。

不知吟

不知陰陽，不知天地，不知人情，不知物理，强爲人師，寗不自愧！

小道吟

藝雖小道，事亦繫人，苟不造微，焉能入神！

安分吟

安分身無辱，知機心自閑，雖居人世上，却是出人間。

男子吟

欲作一男子，須了四般事，財能使人貪，色能使人嗜，名能使人矜，勢能使人倚，四患既都去，豈在塵埃裏。

名實吟

內無是實，外有是名，小人故矜；外無是名，內有是實，君子何失！

中原吟

中原之師，仁義爲主，仁義既無，四夷來侮。

寬猛吟

寬則民慢，猛則民殘，寬猛相濟，其民自安。

太平吟

老者得其養，幼者得其仰，勞者得其餉，死者得其葬。

君子飲酒吟

父慈子孝，兄友弟恭，家給人足，時和歲豐，筋骸康健，里閈樂從，君子飲酒，其樂無窮。

閒中吟

閒中氣味長，長處是仙鄉，富有林泉樂，清無市井忙，爛遊千聖奧，醉擁萬花香，莫作傷心事，傷心易斷腸。

安樂窩中自貽

物如善得終爲美，事到巧圖安有公，不作風波於世上，自無冰炭到胸中，災殃秋葉霜前墮，富貴春華雨後紅，造化分明人莫會，花榮消得幾何功？

少華吟

變化無蹤倏忽間，力迴天地不爲難，若教施展巨靈手，何止軒騰少華山，六社居民皆覆沒，九泉磐石盡飛翻，蓊蘙一句能收采，堯舜之時自可攀。

左袵吟註

自古禦戎無上策，惟憑仁義是中原，王師問罪固能道，天子蒙塵爭忍聞？二晉亂亡成茂草，三君屈辱落陳編，公閭延廣何人也？始信興邦亦一言！

【附註】皇極經世緒言載有左衽吟一首以詠宋祚，邵子生於宋眞宗祥符四年，卒於宋神宗熙寧十年，而對於宋祚受劫，天子蒙塵之事，尚差四十餘年之久，而假於是吟詠出，是則謂爲左衽吟，實是宋祚吟也；邵子樂天知命，謝絕仕途，而皇極經世一書，特以「易」「元」爲義，迨已早有暗示宋祚之當易爲元祚也。九百年來尚未有道破此義者，特一點之，俾讀者之善悟也。

馬瀚如作

## 詩辭篇下

### 宋朝吟

黃袍此日竟加身，檢點將軍九五尊，失政黨爭先變法，引金禍亂首推秦，契丹猖獗澶淵約，兀突興波北宋淪，還我河山千古恨，忠貞祗合岳王春。

### 元朝吟

蒙罕興元鐵木眞，聲威浩赫一時新，訌爭帝位成分裂，聚斂貨財促

傾淪，民不聊生還變化，勢難持久自夷泯，八十九年天下夢，武功千
古不能圖。

明朝吟

恒卦辭中貞日月，乘時起義逐元醜，平民革命同高祖，封建思潮似
舊周，朋黨宦官頻作亂，弟兄骨肉多相仇，莫言惠帝逃亡事，獨羨鄭
和萬國遊。

有清吟

升上大過頻見滿，堯夫皇極寄清吟，女眞布爾立機奧，長白建州雨
露深，太祖興戎姻敵國，文宗遺后下知音，三桂引兵因寵妾，四貞滅
婿還爲金？孝欽訓政墮綱本，三百年中笑福臨

康節吟

唐堯去宋三千歲，周易爻辭百世傳，經世一元推變局，豪吟半語定中原，交遊天下非常士，寄隱洛陽第一仙，安樂窩留金玉志，乾坤依舊任盤旋。

## 易元會運吟

包羲之世難稽考，三代至周有易經，年去堯夫二千一，距離子房九百庚，我距張子二千一，亦去堯夫九百正，張子憫天揚德教，堯夫悲世闡易經，我循康節元會理，并厥張公德教名，皇極玄機存事物，羲圖河洛蘊精英，探頤索隱尋眞義，原始要終入子平，皇極一元十二會，我生已在午運行。皇極一元十二會，共三百六十運，四千三百二十世，十二萬九千六百年。前時已去六萬幾，後至又存六萬盈，周易至今方百世，人生壽算鮮百庚，時間短促如朝夕，何必忙忙競祿榮，昔日秦王吞六國，方傳二世便亡傾，元朝武備驚寰宇，八十九春又屬明，滿族恃强成鼎業，宮闈慘變禍頻生，浮華轉眼今何在，依舊河山落漢兵。我讀歷朝廿五史，是非得失有權衡，我研周易六四卦，休咎吉凶不厭精，時代巨輪推核子，人間火箭莫爲爭，易元經世尊康節，萬世千秋一般清，德教推行通四海，寰球安樂仰先生。

滿清行

女眞遺族興長白，建國滿洲蘊奧奇，神話連篇傳布爾，池潭水秀浴仙姬，鵲銜朱果墮池上，姬食成孕產虎兒，名以布庫里雍順，姓爲愛新覺羅氏。

數傳之後遭强敵，舉族被誅國散離，獨賴鵲群撫幼子，因存范察續宗支，裔孫都督孟特穆，耀祖復仇恢舊基，移徙興京能得衆，更脩武備固邊陲。

四傳又至覺昌安，盡把河西入板欄，國族漸强鄰族懼，聲威到處野人寒。會因亞太逢兵患，誼屬姻親受敵殘，助守古埒拒外寇，有兒塔克同遭難。

戴天之恨實堪瞋，太祖擒兇不顧仁，禍首逃脫終弋獲，圖倫城下戮仇人，雄心勃勃吞鄰落，志氣揚揚立社神，統一滿洲興土木，分明清祚待經綸。

方當掘土奠神壇，穴地有碑字半殘，碑上預言滅建州者葉德才六字，內中意義動人肝，太祖惕然生沉悶，倏時毀斷謗妖言，扈倫葉赫來尋釁，惹出無邊大禍寃。

原來太祖武功盛，葉赫有心阻建營，不意用兵師旅喪，轉求修好結姻盟，繼而反復違婚約，聯合部群作力爭，失敗遯逃依漢護，抗拒不服惱清兵。

太祖興京稱帝位，建元天命國號金，八旗展佈征明域，七恨誓辭示決心，果然百勝挺英豪，直下遼東意志高，明帥昏庸難抵禦，部酋葉赫亦難逃。

臨刑葉赫厲聲言，死若有知當報寃，誓祐葉氏存子女，雪仇洗恨不辭煩。

太祖方當得意時，厲言讖語兩無疑，欣逢蒙古災荒甚，乘勢進兵戰馬馳，不意瀋陽逢勁旅，師經寧遠被傷亡，袁崇煥是明參政，巧用砲攻把敵殃。

嗣位太宗皇太極，天聰有慧平遼蒙，大清建國威權重，崇德改元譽望隆，二制朝鮮歸附屬，六攻明士立奇功，胸襟廣納英華士，奠定磐基志最雄。

明室干戈成內鬨，爲叢驅爵伊誰弄？若非三桂戀圓圓，不令八旗聲衆衆，順治入關奠國基，燕京從此易清旗，四夷咸服同朝貢，萬國尊從共望治。

先是魏閹當國政，索需失望罷袁師，懷宗卽位除奸宦，崇煥依然率帥旗，皮島將軍陷反間，滿洲福主得支持，三臣降服歸清祚，從此明室衆志離。

文宗定策除崇帥，明皇失智誤宮言，錦州城上驚神鬼，山海關前動魄魂，六萬骷骸埋下土，三江紅血染中原，可憐百姓同塗炭，一將功成滿地寃。

清室智謀能得士，論功第一范文程，當時投效隨太祖，萬里長征滅大明，一自承疇降服後，威風加倍令人驚，因知得失憑人事，勳業英明總在誠。

方期一舉定燕京，不意文宗命早傾，幼主福臨祇六歲，遺妃太后亦年輕，託孤親弟多爾袞，共輔朝綱順族情，自是孽緣如火熾，更從太后定鴛盟。

會逢三桂失圓圓，討賊爲名願領先，爾袞得機匡定鼎，順治被制握空權，宮闈春色稱皇父，嫂媳兩棲妙斡旋，貽笑江山留穢史，清風明月恨也綿。

順治年長智明通，春色惱人隱寸衷，任所胡爲難却恨，迫於環境禮猶崇。無何爾袞亡荒野，喪弔如儀亦自躬，事後又窮他罪惡，滿朝睿黨盡除空。

家聲醜事總堪哀，世祖清思志變灰，鬱鬱寡情悲萱草，空空色相怨蘭台，人間苦楚帝王味，世外浮屠不染埃，十有二年親政事，五台山上禮如來。

康熙親政善精勤，為國為民處處欣，蠲免錢糧關疾瘼，疏通水利便黎群，治河南幸鑾疆定，渡漠北征俄界分，六十年中風雨順，用仁不愧作人君。

一生餘憾在皇儲，鼎耳不良立又除，太子不封貽戚咎，大臣有詔帶欺虛，允兄允弟難為辨，是十是于任所書，千古疑團存史話，至今故事亦如如。

世宗嗣位善攻瑕，偵察隱微愒玩邪，却以剛强凶若虎，好為刻薄毒如蛇，諸王嫉訴招屠殺，元舅同謀受罪枷，不意留良誅族後，暴亡宮闈令人嗟。

乾隆繼統又翻新，政主寬和善得人，六十年中太平福，十全碑上誌不泯，兩征噶爾金川定，一伐苗疆緬甸臣，回部安南同廓爾，台灣各地盡尊親。

史中佳話傳弘曆，原出漢家官貴戚，太后有孕產女兒，陳家同日生男的，爲堅寵愛用奇謀，抱鳳轉龍隱蔽周，雍正乾清封錦匣，皇儲先定執金甌。

天生倜儻風流子，七下江南賞麗姝，利見大人安瀾駐，爲親堂上江寧娛，幾將易服思宗漢，數阻慈威不敢圖，銳意發揚文化事，淵源津溯富規模。

當時强大空前代，萬國衣冠拜冕旒，但惑和坤貪猾士，坐成聚斂惡時流，民間憔悴生紛亂，元氣斲喪伏隱憂，幸得仁宗承正統，深明奸惡撲邪儔。

受禪四載上皇崩，禍首伏誅付法繩，抄沒家財難爲算，根查罪惡足依憑，白蓮倡亂留餘孽，海寇遯逃喪美肱，祗笑禁城遭匪患，隆宗門外閙騰騰。

閹豎爲線甘通敵，大吏無知惶戚戚，到底大淸數未亡，忽然雷雨相交擊，匪徒崩潰有神奇，皇室安全如鬼錫，皇子緜甯有勇謀，彈丸鳥銃興功績。

二十五年帝位崩，嗣元繼統道光仍，滿廷汚吏包羞吝，四域怨聲啓惡徵，弑靜昏庸多失德，禧恩狹乍善驕矜，官邪民變紛紛起，上飾下欺處處憯。

宮闈飲鴆姑毒媳，邊防輸毒物殃人，可憐紅粉成寃案，毋怪烏煙更惹瞋，五口通商難定奪，一場外患失因循，憂勞積疾千秋恨，繼統咸豐又秉鈞。

先是貴妃鈕鈷錄，天生麗質有神聰，冊封皇后恩情重，總攝六宮寵愛隆，太后六旬開壽旦，和詩十首見精功，老懷婉惜論才德，婦相藝深福不充。

逆耳語言無意失，嫌隙環生有巧逢，姑媳齟齬從此始，宮廷芥蒂乃違融，說長道短存譏刺，鼓舌搖唇若劍弓，歲月蹉跎垂七載，中間詬誶似捕風。

會逢皇后病魔纏，太后殷勤探問焉，元日宮儀多禮節，妃嬪祝賀少意牽，奔趨叩首扶羸體，侍立承歡困嬋娟，旨酒一瓶隨頒賜，紅顏竟爾赴黃泉。

道光痛后遭奇變，哀悼異常亦動疑，家法森嚴但隱忍，私衷懊惱暗傷悲，皇儲后子爲嗣統，不立中宮表愛思，鴆毒冤情千古惑，箇中委曲鬼神知。

宮中餘恨未開懷，禍患舶來事更乖，有物害人稱鴉片，吸之成癮骨如柴，道光初政嘗厲禁，英艦貪財復運來，總督林公嚴搜獲，毅然一火絕洪災。

英方損失不甘情，啓釁興兵犯大清，沿海要津多受害，民散財亡舉國驚，朝廷震懼謀和約，五口通商又付賡，從此外交頻失利，喪權辱國不堪評。

咸豐繼位禍頻仍，三點會名到處興，首領秀全組天國，設教募徒太平稱，十六省都歸掌握，江南江北亂騰騰。滌生用智相攻討，始保京畿免敵乘。

東宮皇后貞嫻德，淑靜端方有母儀，天子風流偏飽色，妃嬪庸陋難療飢，葉家秀女能媚主，禁苑春心樹艷姿，龍種鑄成增寵愛，儲皇策位立同治。

咸豐勤政多憂患，藉色排愁斲喪多，一自圓園焚燬後，消沉意志遯熱河，政權寵信那拉手，葉赫有知庇玉娥，至是帝崩稱西后，大清變化起風波。

同治年輕司素位，兩宮聽政定垂簾，孝欽才絕多機智，東后德優悉細纖，善任得人平匪亂，勵精圖治復威嚴，因成盛世中興業，把握乾坤勝髭髯。

太平天國終平息，稔黨東西俱肅清，祇有外交多失策，群臣駑弱志難鳴，箇中醜事羞皇室，內侍行爲失輿情，嬖寵莫如安得海，伏誅復有李蓮英。

穆宗年長論婚姻，西后專恣阻愛神，是以家庭生慘變，頓教寵室失隆恩，婚姻失意毋寧死，抑鬱不歡促壽辰，十九歲時崩帝位，東宮情篤亦殉身。

乏嗣繼統賴包承，胞侄召齡合議登，可以垂簾重掌政，更堪操縱立尊稱，四夷不滿咸侵侮，萬國聞風競隙乘，西后威嚴從此失，漢家意氣逐時興。

甲午戰爭起怒潮，民心怨恨喪台遼，馬關條約羞人甚，皇室無能辱國昭，應運中山倡革命，周遊歐美傾清朝，幾翻失事犠牲重，歷次頓挫志氣超。

光緒長成親政治，依然素位仰慈欽，無情母子多變幻，苦惱夫妻少知音，皇后虛榮難得愛，珍妃厚義不相臨，瀛台幽禁留長恨，戊戌風潮淚霑襟。

昏庸王室尚淫威，固頑愚蒙忽是非，拳匪興災猶在夢，國家大恥不知危，金鐘罩與紅燈照，風雨起而紫禁圍，八國聯軍連袂至，無端大禍頭上飛。

事危受命走西安，懿賜珍妃善自裁，光緒求情遭叱責，傷心忍看井中攉！人間慘事帝王室，悔不投身百姓胎，滿數衰亡臨末日，暗無天理令人悲。

庚子議和賠款苛，民生國計兩摧磨，堪嗟西后蠻成性，可惱閹豎禍太多，不善圖强求補過，反工私囊策張羅，人心浮動無寧日，坐視江山嘆奈何！

宮闈失睦不祥多，禍患頻仍自倒戈，光緒失光無意緒，惡婆示惡不成婆，皇儲廢立如兒戲，綱紀存亡若着魔，可惜順熙垂鼎業，於今衰落更如何？

德宗無病忽崩殂，西后翌晨亦不虞，臨死尤傳兒逆母，惡辭莫許子遲姑，謠言鴆帝同歸土，冤孽深仇入盡無，葉赫厲言成應驗，神壇碑石信非誣。

宣統登基成戲尾，蜩螗國事已闌珊，風聲鶴唳聞敵至，革命怒潮不可攔，三月廿九黃花節，滿朝恐怖胆驚寒，武昌起義成民國，從此清廷便罷鑾。

懷感吟

人生奧妙誰能測？變化非常無法識！惟有情感便成懷，鴻泥雪爪最難得。

寄懷千里憶高風，星月無邊不相同，屢屢遐思難爲默，恰如天籟造化功。

閒情試作懷感歌，一任思潮入筆佗，有意尋懷懷頃頃，無心成感感沱沱。

懷愁懷樂隨時賦，感是感非安所遇，莫笑情深惹恨多，自古英雄天下慕！

人生可笑莫非懷，得失榮枯喜與乖，一切浮沉欣辱事，都成思慮苦歡排！

恩怨歡愁何足論？興亡變化不須嘆，孰爲君子孰賢人，意志不同親戚叛！

慢將成敗談長短，莫誤精誠失仗憑，去日榮華如泡影，今時富貴似霜冰。

新陳代謝不停留，時代巨輪轉又周，春夏秋冬成四季，盈虧圓缺看從頭。

感懷千首意何如？舉盡人情不勝書，天涯文字存知己，海角佳音記宿儒。

或爲聲氣求同德，或作詞章寄翰墨，誠到至時動神仙；感臨妙處驚佛力！

閑雲野鶴志悠悠，流水高山空色色；萬里論交自浩然，大千世界同相得。

興懷起伏託深衷，無限縈思到處同，不羨公侯追富貴，願同日月懸長空，

光輝充滿人間境，黑暗驅除氣象隆，百世永留懷感集，良朋不朽共無窮。

# 補白

## 千秋歲　爐峰閒居

艷陽煦照，綠柳垂溪繞，觀瀑布，嬉天哨，百花迎蝶舞，一雨雲峰妙，春芳景，人間正喜清風徹！

鎮日逸情饒，永夜星光好，醉玉閣，吟詩鈔，不愁黃鵲噪，更愛市聲鬧，願塵世，同登壽域長相樂。

## 清平樂　寄友

怡然姿貌，華色山人俏，祇俗情紛紛未掉，僕僕風塵可笑！　　教從端木爲商，交遊四海賢良，欽仰高才處處，新猶富有嘉章。

## 醉太平　太平山晚眺

山高氣清，風徐浪平，萬家燈火輝明，誤星光賽瑩。　　吟詩寄情，心寬志亭，滿懷空曠如晶，海茫茫可橫！

# 易元會運 卷二

## 易元會運公元一六一四年至公元一六八三年止

邵子皇極經世，以會經運之十二，觀物篇之二十四，井運，入巽之蠱五爻，時爲公元一三六四年甲辰至一三七三年癸丑，正是明太祖朱元璋稱吳王以至建元洪武稱帝的時候。

蠱之六五爻辭曰：「幹父之蠱，用譽。」

象曰：「幹父用譽，承以德也。」

巽之本卦九五爻辭曰：「貞吉，悔亡无不利，无初有終，先庚三日，後庚三日，吉。」

象曰：「九五之吉，位正中也。」

我們由直卦爻辭看來，不用再加解釋，便知此時正是明朝當興，用譬承德，位正中也的當兒。

詩大雅大明章八首，其第一首云：

「明明在下，赫赫在上，天難忱斯，不易維王，天位殷適，使不挾四方。」

其第八首云：

「牧野洋洋，檀車煌煌，駟騵彭彭，維師尙父，時維鷹揚，涼彼武王，肆伐大商，會朝淸明。」

前列詩經的「明明在下，赫赫在上。」「維師尙父」和「會朝淸明」等語，來引證此際直卦所云的「幹父用蠱。」「先庚三日與後庚三日。」等辭，便是配合明太祖以一個和尙師父的人物，而應運建立大明的事情，詩經大雅大明章之作，好像與易經巽之蠱卦，互爲體用，而與邵子的皇極經世以會經運，所推斷的預言融會貫通一般。

現在，我們再把邵子以會經運之十三，觀物篇之二十五，恒卦，入升之蠱上爻，時爲公元一六一四年甲寅，至一六二三年癸亥，正是大明日趨冥落，大清天命建亓之際，而蠱卦之上九爻辭曰：

「不事王侯，高尙其事。」

象曰：「不事王侯，志可則也。」

升之本卦上六爻辭曰：「冥升，升於不息之貞。」

象曰：「冥升在上，消不富也。」

我們由直卦爻辭看來，亦可不用先爲解釋，而明白已是大明變成黑暗的時候，而大清天命應運而起了。

原來易經「升卦」的意義，便是「如日的上升」，升而至於「頂上」，便是入於「冥夜」的時候，不足以言「明」了。在另一方面說，升，便是「上升」，升而至於「上」，便是「充滿」的意思，當然與滿洲建元與侵明的事有關了。

升卦上爻所謂「升於不息之貞。」「消不富也」，便是暗示着「滿」「清」的字樣，因爲「消」字省「清」；「富」字的釋義爲「豐厚充滿」，滿洲建國之後，不以「滿」字爲號，而以「清」字當名，便是「消不富也。」的涵義。

所謂「消」「息」，便是明示有盛必有衰的道理，易豐卦云：「豐，大也，明以動故豐，王假之，尚大也，勿憂，宜日中，宜照天下也。日中則昃，月盈則食，天地盈虛，與時消息，而況於人乎？況於鬼神乎？」孔疏：「天之寒暑往來，地之陵谷遷貿，盈則與時而息，虛則與時而消。」文選枚乘七發謂「消息陰陽」，便是這個道理。在朱光——日的升上至於冥夜之際，正是消息陰陽。盛極必衰，政治翻復的時候，更是無疑義了。

詩周頌清廟一章云：

「於穆清廟，肅雝顯相，濟濟多士，秉文之德，對越在天，駿奔走在廟，不顯不承，無射於人斯。」

維天之命一章云：

「維天之命，於穆不已，於乎不顯，文王之德之純，假以溢我，我其收之，駿惠我文王，曾孫篤之。」

又昊天有成命一章云：

「昊天有成命，二后受之，成王不敢康，夙夜基命宥密，於緝熙，單厥心，肆其靖之。」

以上三首，雖然是周頌清廟之什，但是應之大清天命建元後，繼嗣爲文皇帝，入關稱治（順治），繼嗣又爲康熙，再四傳之後，又至文宗同治，二后受之，悉與頌辭暗合，可謂文王之易經與周頌均於此百世預言之期屆滿時而全部徵信了。

直卦所言之「不事王侯，高尚其事。」正與二百五十年前直卦「幹父用譽，承以德也。」互爲終始。亦可說是有登台日便有下台時了。

直卦所謂「貞吉，悔亡无不利，无初有終，先庚三日，後庚三日，吉。」「九五之吉，位正中也。」與「冥升，利於不息之貞。」「冥升在上，消不富也。」亦是「原始要終，以爲質也。」可以說是有光明之日，便有黑暗的時候，而盈虛消息，世事翻復，當衰者亡，當盛者興了，最玄妙的，便是蠱卦五爻與上爻把「尙父」二字，有始有終的珠聯璧合，把朱元璋的身世重復的暗示着，可以證明數理與人事的絲毫無訛呢！

附明太祖史略

明太祖，明開國之帝，姓朱，名元璋，字國瑞，濠州人，貌奇偉，有雄才，年十七而孤，入皇覺寺爲僧，元祚既衰，群雄並起，乃佐郭子興舉兵於濠州，爲十夫長，戰無不勝，子興重之，妻以義女，既而別成一軍，據滁州，勢漸張，取太平、寧國、集慶等路後，乃自稱吳國公，旋稱吳王。（時公元一三六四年甲辰事也。）先後討滅陳友諒張士誠，命率將師二十五萬，由淮入河而北，遂克燕京，代元而有天下，自起兵至此，歷十五載，以布衣而成帝業，建都應天爲南京，在位三十一年崩，謚高皇帝，廟號太祖，帝治軍嚴紀律，禁剽掠，即位後，多行善政，頗得民心，又創八股取士之制，惟鑒於元末縱弛，國祚遽斬，故疾惡甚嚴，用刑惟重，苟有犯法，雖功臣亦難免刑戮，後世議其酷。（辭海）

按明朝歷十二世，凡十六帝，共二百七十六年，起公元一三六八年，迄一六四三年。

清太祖史略

清太祖，肇祖七世孫，名努爾哈赤，以祖與父爲尼堪外蘭所陷，被殺於明，往詰明吏，明遣使以誤殺罪謝，歸二祖喪，封之爲龍虎將軍，給都督敕書，時努爾哈赤勢尚弱，暫寢其事，其後平定葉赫，烏拉諸部，兼併鄰地，擒斬尼堪外蘭，報父祖之仇，屢破明兵，聲威大振，遂於明萬曆四十四年卽皇帝位，建元天命（時公元一六一六年丙辰），在位十一年崩，廟號太祖。（辭海）

公元一六二四年甲子至一六三三年癸酉，卽大明天啓四年至崇禎六年，亦卽大清天命九年至天聰七年，直卦大過之夬卦。

辭曰：「壯於前趾，往不勝爲咎。」

象曰：「不勝而往，咎也。」

大過本卦初六爻辭曰：「藉用白茅，无咎。」

象曰：「藉用白茅，柔在下也。」

【註一】壯，强盛也，又偉大，遠大之意也，如「壯志」「壯圖」「壯懷」。

【註二】趾，脚也，又踪跡也，如「玉趾」。又城脚也，如「基趾」是。按趾與址通。

【註三】不勝，戰敗也。

【註四】藉，憑藉也，藉端也，藉辭也，藉口也。凡無端生事者謂之鬧，藉端生事者即云藉也。

【註五】用，運用也，又與以字同，如「是用不集」。

【註六】白，素色也，表白也，明白也，又不出代價而享權利者謂之「白」，如「看白戲」是。又長白山爲滿洲之地，應此一「白」字有關也。

【註七】茅，草名，又古代帝王分封諸侯曰「茅土」。

此段預言，有關於清太祖寧遠之役失利，并追敘大清建國原委，藉端侵明的史實，茲分敘史如下：

一、關於清太祖寧遠之役失利之事。——太祖自一六一六年建元大清天命之後，初次侵明，而擁有遼河以東之堡塞營驛，及海蓋金復諸州，大小七十餘城，自興京徙都遼陽，越年進取廣寧，又連陷四十餘城，明兵退入山海關，又由遼陽遷都盛京，卽今之遼寧瀋陽縣也，越數年，復率大兵攻寧遠，明巡撫袁崇煥守之，火器礮石齊下，不能克，太祖爲礮火所傷，乃嘆曰：「朕自二十五歲，興兵征伐以來，戰無不勝，攻無不克，何此寧遠一城，竟不能下，豈非天耶？」因不懌者累日，旋即病卒，其第八子皇太極嗣位，改元天聰，是爲太宗文皇帝。——時公元一六二七年事也。易曰：「壯（寧遠之義也。）於前趾（城前也。），往（征討也。）不勝（爲袁崇煥所阻也。）爲咎（傷亡也。）。象曰：「不勝而往，咎也。」」觀閱此段史實，可以明白了。

二、關於大清建國之原委和藉端侵明的史實。——案清之先世爲滿洲，居於長白山之東，蓋古女眞遺種也，自蒙古滅金後，通古斯族，勢日就衰，相傳有布庫里雍順者，以愛新覺羅爲姓，始居吉林北境俄莫惠之野鄂多里城，建國曰滿洲，是爲淸朝開國之始祖。由布庫里雍順數傳而後，國內大亂，擧族被戕，幼子范察，僅以身免，又數傳至都督孟特穆即肇祖原皇帝。誘誅仇人，恢復故地，時當明正統景泰之交公元一四四四年之間。，始徙居赫圖阿拉，是爲興京，距盛京二百七十里，即明之建州右衛也。孟特穆三傳至都督福滿即興祖直皇帝。，生覺昌安即景祖翼皇帝。，盡收蘇克素護河西二百里內諸部落，國勢始大，覺昌安生塔克世即顯祖宣皇帝。，塔克世生三子，長曰努爾哈赤，即太祖高皇帝也。

滿洲凡六部，曰覺羅部，曰蘇克素護河部，曰渾河部，曰完顏部，曰董鄂部，曰哲陳部，太祖爲愛新覺羅部長，覺羅部外，以蘇克素護河部爲最强（此皆長白山域也，太祖用兵，先經營滿洲。而統一之，便是藉用白茅之義之一。）

先是蘇克素護河部，有尼堪外蘭者，爲圖倫城主，頗效忠明室，陰與明總兵李成梁，合軍攻古哷城，其城主阿太章京之妻，爲覺昌安之孫女，太祖之從姐也，覺昌安聞古哷有難，恐孫女被獲，即偕其子塔克世，率兵往援，既至，入城助守，而尼堪外蘭，紿城民作亂，殺阿太，送欵於明，幷擒覺昌安父子誅之。太祖時二十有五歲矣，聞之，大怒，誓志復仇，先遣使詰明邊吏，明謝誤殺罪，歸其祖與父之喪，賜勅三十道，馬三十四，封太祖爲龍虎將軍建州左衛都督，太祖曰：害我祖父者，尼堪外蘭也，當先滅之，遂於萬曆十一年，以其遺甲十三副，攻圖倫城，尼堪外蘭退保甲版，又被迫，走撫順，欲入明邊，明邊吏懼啓釁，逐之，遂逃鄂勒琿，築城居之，以中隔董鄂渾河諸部，追兵不能及，太祖遂改變行軍方略，用兵先自近部始，於是首攻蘇克素護河部之瓜爾佳城，次攻渾河部之貝琿城，哲陳部之託摩城，及董鄂部，皆克之。遂越諸部，進迫鄂勒琿，尼堪外蘭，復逃入明，太祖以執付仇人請，明邊吏執尼堪外蘭，送太祖軍斬之，並歲賜銀八百兩，蟒緞十五匹，開撫順、清河、寬甸、靉陽四口爲通商所，冀以結其歡心，太祖復乘勝攻克完顏部，於是五部皆服，越四年，又征服長白山之鴨綠江部，兵威益振，駸駸然合大東而奄有之矣。易曰：「藉用白茅，无咎。」象曰：「藉用白茅，柔在下也。」細閱上敘史實，自可感覺津津有味矣。

讚曰：藉事用兵併長白，分明茅土列封焉，

柔逢剛克當居下，弱肉强吞自古然。
寧遠城前阻壯圖，戰無不勝忽成吁，
往而有咎論天命，周易預言信不殊。

公元一六三四年甲戌至一六四三年癸未，即大明崇禎七年至十六年，大清天聰八年至崇德八年，直卦大過之咸卦六二爻。
辭曰：「咸其腓，凶。居吉。」
象曰：「雖凶，居吉，順不害也。」
大過卦九二爻辭曰：「枯楊生稊，老夫得其女妻，無不利。」
象曰：「老夫女妻，過以相與也。」

【註一】咸，卦名，艮下兌上，感也，見易咸彖傳，速也，見易雜卦，按謂感應之速也。

【註二】腓，脛腨也，自膝下至踵曰脛，論語憲問：「以杖叩其脛。」孔注「脚脛。」腨，脛之一耑，舉腨不該脛也，然析言之如是，統言之則以腨該全脛，喻爲前驅走動之工具也，詳正文。

【註三】居，處也，謂止其所也，易繫辭「上古穴居而野處。」所處之地亦曰居，文選張衡西京賦：「仰福帝居。」

【註四】順，循理也，釋名釋言語：「順，循也，循其理也，易說卦，「昔者聖人之作易也，將以順性命之理。」又從也，服也，詩魯頌泮水，「順彼長道，」箋：「從也。」禮月令，「順彼遠方。」註：「猶服也。」謂降服之也。又好之爲之順，見方言。註：「言流澤也。」　又順名也，明示順治也。見正文。

【註五】枯楊生稊，喻更生也，謂以枯槁之楊柳，而重生新秀也。孔疏：「稊者，楊柳之穗，故云楊之秀也。」又云：「九二以陽處陰，能過其本分而救其衰弱，故衰者更盛，猶若枯高之楊更生少壯之稊。」

【註六】老夫，老，七十曰老，見說文，按論語季氏：「及其老也。」皇疏：「老，謂五十以上。」又戶役之制，晉以六十六歲以上爲老，隋以六十爲老，唐以五十五爲老，宋以六十爲老。見文獻通考戶口考。

又公卿丈夫及家臣皆稱老。一、上公曰老，禮王制：「屬於天子之老二人。」二、上卿曰老，禮曲禮：「國君不名卿老世婦。」三、大夫曰老，左傳昭十三年：「天子之老。」四、大夫之家臣曰老，儀禮聘禮：「授老幣。」

又致仕也，左傳襄三年：「祁奚請老。」　凡久於其事者皆曰老，如老吏，老手等，其他凡稱年大，長久，年老退職，兵士久經戰地，重臣等，皆稱之爲老。夫，男子之通稱。老夫，指一班之舊吏老臣也，又老人之自稱；女子嫁老夫等，皆有老夫之義，見正文。

【註七】過，越過也，經歷也，又過越也，不守本分也，引申之，凡在此而過彼者謂之過，由明朝重臣而降服清朝爲貳臣者，卽是過以相與也的意義。

此段預言，是明示明末一班重臣之投降清朝，且爲其作引導侵略的工具的故事，茲分敘如下：

一、大清之建國與明臣之投降——天聰九年四月，諸王貝勒，以太宗功德隆盛，且前歲滅蒙古，得其傳國璽，知天命已歸，於是奉表恭上尊號曰：「寬温仁聖皇帝」，改建國號曰：「大清」并改元「崇德」，是爲大清建國之始，時帝年四十有八，舉前代遼金元舊部，悉歸統一。根本既固，乃得一意從事於中原，然欲從事中原，而其東鄰，有爲梗阻者，即係朝鮮，因遣使徵聘之，惟朝鮮倧王，事明猶父，始終不貳，與清廷抗禮，不肯推戴，太宗賜書，索送質子，又不報，太宗怒，是年十一月，親率大軍，再伐朝鮮，渡漢江，克其都城，倧奔南漢山城，告急於明，明舟師出海，守風不敢渡，而太宗圍南漢山城急，破朝鮮諸道援兵，獲倧妻子於江華島，倧懼，始遣使乞降。易曰老夫女妻，過以相與也。棄兵械，服朝服，獻明室所給封册，而躬自來朝，太宗見之於漢江東岸之三田渡，自是朝鮮世爲臣僕者二百四十餘年。

朝鮮既服，皮島勢孤，太宗遣兵與朝鮮夾攻，取之，由是明失六方之大臂助，而清朝之侵略，益見順利，由崇德元年至八年，侵明共計六次，明之降將先後有孔有德，耿仲明，尙可喜，洪承疇等，而太宗均以厚禮待之，幷優封王爵，賜女色等，易曰：「枯楊生稊，老夫得其女妻，无不利。」之謂也。惟明室江山，亦卽斷喪於此輩貳臣之手矣。

日本稻葉君山氏云：「太宗包容漢人之襟度，不獨見於孔耿尙三將歸降時，卽天聰三年，生擒明永平巡撫張春，其事始末，見於湯文正所記者亦可驚異也。張春陝西潼州人，由舉官僉事，備兵於永平，崇禎四年，清兵入永平，生擒春，春妻瞿氏，破城時已自殺，太宗重中國人，得中國人，必令生致之，既得春，大喜，欲官焉，春不屈，太宗善遇之，凡飲食，供張，用具，衣服，春皆屏而不視，惟向西南坐哭，日夜不絕聲。太宗更遣左右，令爲好語勞春，間自往拜，春不動而罵以爲常，左右曰：彼囚也，安有萬乘而爲囚人屈者，太宗曰：「是何言！吾讀史乘中文天祥，以爲神人，今乃得眞見文天祥矣！」春聞瞿氏死，爲位而哭，太宗命以少牢往祭，春不受，又自爲祭文，首記崇禎年號，人有奏者，太宗曰：「是固然，安肯用我正朔乎？」時洪承疇留三年矣，承疇初亦不屈，後意無不能動，嘗略得秀才數十人，命詣承疇，承疇試以文，第其高下上之，太宗命詣春，春叱之曰：「若旣讀古人書，奈何於此求試，速去。毋汚我！」太宗聞而益善之，春留九年，欲移居遼陽，滿臣議不可許，春不食而死，太宗猶惋嘆不置。承疇初被擒，亦罵不絕口，太宗命文臣往勸，不置答，太宗乃親至承疇處，解貂裘與之曰：「先生得毋冷乎？」承疇視良久，歎曰：「眞命世主也。」因叩頭請降，太宗大悅，卽日賞賚無算，諸將皆不悅，曰：「承疇一羈囚，何待之重也？」太宗曰：「吾儕櫛風沐雨，欲何爲乎？」衆曰：「欲得中原耳。」太宗笑曰：「譬之行者，君等皆瞽目，今得一指路者即响導也。，吾安得不樂，衆乃服，太宗重用漢人之故在此易曰咸其腓之意也。此與孔耿初歸時，獨排衆議，與行抱見禮，其意正同。譬之軍器，孔耿等歸附，太宗用之，絕似軍中忽得最新式之西洋炮，此其所以能創業垂統，爲攻略中國之先導也歟？脛腨爲人走動工具，易云：「咸其腓者」，即喻言感動於人，使人樂爲其走動之工具也。

按野史有記載洪承疇之投降，係得力於永福宮莊妃之說服者，謂洪承疇人本剛正，既爲清兵所擒，初不屈服，立意待死，只是有一椿好色的奇癖，當幽禁於宮室之後，忽聽門外叮噹一聲，開去了鎖，半扉漸闢，進來了一個年青美婦，嬝嬝婷婷的走近前來，頓覺一種異香，撲入鼻中，承疇不由的抬頭一望，但見這美婦眞是絕色，髻雲高擁，鬢鳳低垂，面如出水芙蓉，腰似迎風楊柳，更有一雙纖纖玉手，豐若有餘，柔若無骨，手中捧着一把玉壺，映着柔荑，格外潔白，承疇暗訝不已，正在胡思亂想，那美婦櫻口半開，瓠犀微啓，輕輕的呼出「將軍」二字，承疇欲答不可，不答又不忍，也輕輕的應了一聲，這一聲相應，引出那美婦問長道短，先把那承疇被虜的情形，問了一遍，承疇約略相告，隨後美婦又問起承疇家眷，知承疇上有老母，下有妻妾子女，她却佯作悽惶的情狀，一雙俏眼，含淚兩眶，頓令承疇思家心動，不由其酸楚起來，那美婦又設詞勸慰，隨卽提起玉壺，令承疇喝飮，承疇此時，已覺口喝，又被她美色所迷，便張開嘴，喝了數口，把味一辨，乃是參湯，美婦知已入彀，索性與他暢說道：「我是清朝皇帝的妃子，特憐將軍而來，將軍今日死，於國無益，於家有害。」承疇道：「除死以外，尙有何法？難道眞個降淸不成？」美婦道：「實告將軍，我家皇帝，並不要明室江山，所以屢次投書，與明議和，怎奈明帝聽信邪言，屢與此地反對，因此常要打仗，今請將軍暫時降順，爲我家皇帝主持和議，兩下息爭，一面請將軍作一密書，報告明帝，說是身在滿洲，心在本國，現在明朝內亂相尋，聞知將軍爲國調停，斷不至與將軍家屬爲難，那時家也保了，國亦報了，將來兩國議和，將軍在此固可，回國亦可，豈不是兩全之計麽？」這一席話，說得承疇心悅誠服，不由的嘆息道：「語非不是，但不知你家皇帝，肯容我這般舉動否？」美婦道：「這事包管在我身上。」

言至此，復提起玉壺，與承疇喝了數口，令承疇說一「允」字，遂嫣然一笑，方纔分花拂柳的出去。——這美婦不是別人，便是將來入關定鼎的世祖章皇帝福臨之母后，太宗永福宮寵妃吉特氏，當下太宗得報，乃再親自到洪承疇的室中受降，以參贊軍機大臣起用，又賜美女十人給他使用，不由他不感激而順服了。（事載清史通俗演義）此際直卦云：「咸其腓，凶，居吉。」「雖凶，居吉，順不害也。」觀好此段故事，當有無限的感想了。

三，順治之嗣位與鄭親王睿親王等之輔政。——崇德八年秋，太宗皇太極殂。凶也。子福臨即位。吉也。是為世祖章皇帝，以明年為順治元年，易曰。順不害也，順，福也，見註解。時帝甫六歲，由諸王貝勒公議，以鄭親王濟爾哈朗，睿親王多爾袞輔政。

讚曰：感動腓腸變貳臣，分明襟懷有深因；
吉凶兩見成關鍵，始信順天循理眞。
枯楊生稊喩更生，降將居然感以誠，
莫道老夫剛固甚，女妻香色惹深情。
反字出頭談友義，大明半失有譽情，
至尊去項并空下，數到酉時日已傾。
腓裏非明成定義，凶中居吉感君情，
大過不害循天理，順治福臨天下成。

相傳崇禎帝出走，嘗以友字占疑，卜者告以「友」字，係「反」字出頭爲不吉，帝改口以「有」字問之，卜者以「有」字，乃大明之一半答之，帝又以「酉」字爲問，卜者更驚惶而告曰：「酉」字，乃至尊去頁，失下之情。不久，帝乃在煤山環首自盡，應此「酉」字之讖。

今閱周易直卦之「腓」字，與「順」字，其中一逆一順，一非一是，一衰一興的涵義，實可令人嘆爲奇數者，爰一併加以讚之。

公元一六四四年甲申，至一六五三年癸巳，即順治元年至十年，值卦大過之困卦六三爻。

辭曰：「困於石，據於蒺藜，入于其宮，不見其妻，凶。」

象曰：「據於蒺藜，乘剛也。入於其宮，不見其妻，不祥也。」

大過卦本卦之九三爻辭曰：「棟橈，凶。」

象曰：「棟橈之凶，不可以有輔也。」

【註一】困，卦名，下坎上兌。困者，窮厄委頓之名，道窮力竭，不能互濟故謂之困。（見易困疏。）又故廬也，見說文王註：「廢頓之廬也。口者，四壁；木在其中者，棟折榱崩，廢頓於其中也。

【註二】蒺藜，植物名，蒺藜科，一年生或二年生，草本，莖偃臥如蔓狀，葉對生，如編髮爲辮狀。

【註三】據，杖持也，見說文，謂倚杖而持之也。論語述而：「據於德。」註：「杖也。」詩邶風柏舟：「不可以據。」傳：「依也。」亦依仗之義。

【註四】入，由外而進也。

【註五】宮，宮室也，住室也。

【註六】凶，凶咎也，喪亡也。

【註七】乘，因也，孟子公孫丑：「不如乘勢。」又伺隙也，漢書趙充國傳「內不損威武之重，外不令虜得乘間之勢。」晉書輿服志：「昔楚漢會於鴻門，項籍圖危高祖，樊噲常持鐵楯，聞急，乃裂裳苞楯，戴以爲冠，排入羽營，漢王乘間得出。

【註八】剛，堅強也。

【註九】妻，女嫁夫謂之妻，白虎通嫁娶：「妻者，齊也，與夫齊體。」

【註十】祥，福也，一云善，見說文段註：「凡統言則災亦謂之祥，析言則善者謂之祥。」左傳僖十六年：「是何祥也，吉凶安在。」此卽統言祥之義也。又祥通詳，書呂刑：「告你祥刑。」傳：「告你以善用刑之道。」王先謙孔傳參正：「威實輔德，刑亦助教，季世不詳，背本逐末。」顏註：「不詳，謂不盡用刑之理，周書呂刑曰：「告你詳刑。」是作詳不作祥也。」左傳成十六年：「德刑詳義禮信。」疏：「詳者，祥也，古字同耳。」易大壯：「不能退，不能遂，不詳也。」註：「不詳也者，祥者，善也。」

【註十一】 棟橈，棟，屋之中梁也，釋名釋宮室：「棟，中也，屋室之中也。」又棟，幹才也，國家之幹才謂之國棟，而棟梁之稱，喻任重也，後漢書陳球傳：「公爲國棟梁，傾危不持，焉用彼相哉？」

橈，曲木也，喻曲折不平也。

棟橈，二事也，喻輔國大臣之有幹才與有橈曲行爲也。

【註十二】 輔，助也，輔國也。

此段預言，有關吳三桂引清兵入關故事，暨輔政王多爾袞之輔政與凶喪事件，茲分敍如下：

一、關於吳三桂引淸兵入關故事。——明以流寇內逼，用蘇遼總督王永吉議，盡棄關外四城，召寧遠總兵平西伯吳三桂統邊兵入關衞京師，三桂奉詔，徙寧遠兵民五十萬衆，而西據豐潤，聞京師已爲李自成所陷，猶豫不敢進，自成執其父襄，令作書招三桂，三桂欲降，至灤州，聞愛姬陳沅爲劉宗敏掠去，大憤，易服縞素，稱先帝恩德，以復仇討賊之旨，布告軍中，疾歸山海關，部署軍事，襲破賊衆萬餘人，自成大怒，執吳襄於軍，親率精銳十餘萬東攻，又以別將領二萬騎，從一片石（關名在撫寧縣東北）繞出關外夾擊之。（困於石之驗）三桂懼，遣書淸廷乞降，請合軍討賊（依杖辮髮民族，據於蒺藜之義也）。

時淸攝政王多爾袞，略地關外，尙未至寧遠，得三桂書，卽遣使還報，三桂復促之，多爾袞乃偕洪承疇等兼程而進，疾馳至沙河，距山海關僅十里，而路已爲賊軍攻關外者所梗，多爾袞命英王阿濟格，豫王多鐸各將萬騎，由東西水關分道入，自引大軍繼進，敗賊前鋒於關外一片石。

三桂復發大炮開路，自率親兵五百，開關出迎多爾袞，并即於軍中薙髮設誓，固請入關討賊，自爲前驅。

時賊衆當百戰之後，慓悍無匹，多爾袞慮不可輕敵，乃命三桂爲先驅，開關當賊，而自銳精銳以待，三桂兵各以白布繫肩爲號，開關出擊賊，殺傷相當。翌日大戰，賊衆自北山橫亙至海，列陣以待者二十餘萬，清兵與三桂兵，對賊而陣，尙不及賊之半，多爾袞命三桂先戰，衝其前鋒。

是日，自成挾明太子及諸王於西山，立馬觀戰，張兩翼，圍三桂數匝，三桂軍人人血戰，衝盪數十合，呼聲振海嶠，及午，戰方酣，忽風發塵起，怒若奔雷，兩軍不相辨，清將阿濟格多鐸，率鐵騎乘勢突出，橫躍入陣，衝賊中堅，易曰乘剛也賊衆自相殘踏，俄而風定塵開，賊見甲而辮髮者，驚曰：「滿洲兵至矣！」自成策馬下岡先走，群賊望之皆潰散，逐北數十里，斬獲數萬，下令關內兵民皆薙髮，而命三桂以步騎二萬人，前驅追賊，自成走永平，三桂追至永平，自成遣使詣三桂請和，三桂不許，自成乃殺吳襄，還京師，屠三桂家，易曰入于其宮不見其妻，不祥也之義。僭帝號於武英殿，被冠冕，列仗受朝，追尊七代皆爲帝后，立妻高氏爲皇后，是夕，焚宮殿，及九門城樓。棟橈，凶之義。詰旦，挾太子二王及陳姬，並輜重西走，多爾袞進三桂爵爲平西王。易曰：棟橈之凶，不可以有輔也。如此國奸，安可以爲輔耶？

按陳沅，即陳圓圓，明末姑蘇名妓，本姓邢，幼從養姥陳氏姓，字畹芳，明艷善歌，獨出冠時，嘉定伯周奎獻之內廷，思宗不納，遣還周邸，吳三桂以千金聘之，未及娶，奉命出守山海關，奎送圓圓居三桂父襄處，李自成陷京師，得圓，三桂怒，乞清師入關破自成，復得之，尋隨三桂入滇，三桂受封平西王，將正以妃位，婉辭，窺三桂有異謀，求爲女道士以終。

二、輔政王多爾袞之輔政。——多爾袞者，太宗之同母弟也，初，太宗兄弟十六人，多遭誅黜，惟多爾袞慧黠，不觸嫌疑，太宗甚寵服，帝冲齡踐祚，而中外晏然，無反測之舉，多爾袞之力也。棟才之義也。始多爾袞之入關也，開國規制，多採降臣洪承疇之議，頗用意籠絡，如爲明崇禎發喪，盡除明季加派各稅餉及廠衛諸弊政，命文臣衣冠，暫從明制，除貫耳，穿鼻，割脚筋等刑，及江南既定，毅然下薙髮令，盡除明朝服制，違者殺無赦，九月，籍明室公侯伯駙馬皇親田地，分給旗人耕種，三年五月，嚴隱匿滿洲逃人之禁，犯者多死，四年正月。漕運總督，因請故明陵寢祀典，革職治罪，凡此，皆其政術權謀，令人不可測者也，撓曲事實也。惟多爾袞攝政既久，威權益重，帝事之謹，宮中宴見，輒用家人禮，且明詔天下尊爲皇父攝政王，百官上牋啓，悉稱臣，諸王貝勒，相見百事，無不跪拜者，而多爾袞亦自以元輔懿親，與國同體，不可以平常有司輔國大臣觀之也。君臣之間，不存形迹，凡批答章奏，即用皇父攝政王旨行之，世祖惟端拱聽命而已。順治二年十二月，多爾袞嘗集諸王大臣傳語曰：今觀諸王大臣，但知諂予，未見有尊崇皇上者。又三年四月，王諭內院，嗣後諸王大臣，差遣在外，凡有啓奏，具本御前，予處啓本，著永行停止。又六年十二月，多爾袞妃卒，八旗牛彔章京以上，皆令成服，其威重如此。順治七年十二月因獵於邊外，遇病，卒於喀喇城，年三十有九，訃至京，帝震悼，詔臣民易服舉喪，（凶喪也。）丙申樞至，帝率諸王貝勒，文武百官，易縞服出迎於東直門五里外，哭奠盡哀，（凶服凶禮也，）隨下詔曰：「太宗文皇帝升遐之時，諸皇大臣，擁戴皇父攝政王，堅持退讓，扶立朕躬，又手定中原，統一天下，至德豐功，千古無兩，不幸於順治七年十二月初九日戌時以疾上賓，朕心摧痛，中外喪儀，合依帝制。」明年正月，復詔祔皇父攝政王主於太廟，廟號成宗義皇帝。二月宣示攝政王罪狀，撤去廟享，並奪封典襲爵。——

先是帝嗣位之初，睿親王多爾袞，本與鄭親王濟爾哈朗，同受遺詔輔政，及吳三桂乞師，多爾袞統兵入關，定鼎中原，功業盛大，威權自擅，擯棄鄭親王，不使與政，而引用私黨，以其母弟豫親王多鐸輔政，中外大權，悉入多爾袞手，順治五年，加封爲皇父攝政王，常出入皇宮內院，一時有太后下嫁之傳說，鄭親王等畏其威勢，相率隱忍，不敢發言，及順治七年，多爾袞卒，於是鄭親王一派，乃起而活動，八年元月，近侍蘇克薩哈，首發多爾袞私製帝服，藏匿御用珠寶，指爲潛圖不軌。鄭親王等復合詞論正其罪，略謂：

「太宗賓天時，多爾袞卽陰謀自立，其弟豫親王多鐸，又朝夕勸進，入關以後，僭妄益著，第宅仿宮闕，儀仗擬至尊，九州貢賦，悉入邸中，金銀珍寶，不可計數，又請以生母納喇氏，入祀太廟，逼殺肅親王豪格，而納其福晉博爾濟錦氏爲妃，威福已出，生殺任情，天下知有睿親皇，不知有皇上，似此僭妄，非追治其罪，不足以昭綱紀而警有位！」

疏上，廷議撤去睿親王號廟享，家產皆籍沒入官，母妻封典，悉行追奪，停其嗣子多爾博封爵，同母弟豫親王多鐸以血戰功大，降爲郡王，大學士剛林祁充裕，俱以阿附置重典，其黨何洛會，吳拜，蘇拜，羅什，博爾惠等俱伏辜，是爲順治八年之政變。易曰：「棟、橈、凶。」讀此段史實，可爲多爾袞評矣！

讚曰：一片石前困三桂，據於辮髮倚蒺藜；
入宮不見妻何在，凶禍滿門有餘淒！
家國棟梁多爾袞，橈持政治肆淫威，

宮闈艷福成長恨，凶咎悠悠有史編。

公元一六五四年甲午，至一六六三年癸卯，即順治十一年至十八年，康熙元年至二年，值卦大過之井卦六四爻，辭曰：

「井甃，无咎。」象曰：

「井甃无咎，脩井也。」

大過卦本卦之九四爻，辭曰：「棟隆吉，有它吝。」

象曰：「棟隆之吉，不橈乎下也。」

【註一】井，鑿地出水曰井，井泉，取其清也，繹名井，清也。又卦名，巽下坎上；井養而不窮也，見易井象傳疏。井養而不窮者，歎美井德愈汲愈生，給養於人无有窮已也。

【註二】甃，脩理也。

【註三】无咎，安好也。

【註四】棟隆，棟，屋脊也，屋中也，隆，豐大也，凡物形高起者皆曰隆，又盛也，多也，厚也，長大也。棟隆，謂屋棟之擴大，換言之，即比如疆邊之隆出擴大也。

【註五】不橈乎下，不會枉橈於下風也。

此段預言清廷入關後之勵精圖治，除肅清明祚，平定各省外，如十二年正月，命考選軍政，照文官例。三月，選滿漢詞臣八人，以原銜充日講官，十三年十月，裁六科漢軍副理事官俱改爲御史，十六年正月，置內閣學士，翰林院滿漢掌院學生，五月，設翰林院侍讀侍講。十八年二月，遺詔罷十三衙門，仍隸內務府，此關於官制者也。又十年六月，予明末殉難諸臣謚，十一年二月，停命婦更番入侍后妃之例，十四年三月，置盛京奉天府，詔直省學臣求遺書。十五年十二月，詔禮部議宮闈女官名數品級，此關於典禮者也。十年六月，改折各直省本色錢糧，歸於一條鞭法，總收分解。十三年六月，撤各省守催錢糧滿官，此關於糧稅者也。十年四月，諭內外法司，清理庶獄，十三年七月，詔貪吏得贓十兩以上者，除依律定罪外，籍其家，十五年三月，因內監吳良輔，交通內外官員作弊伏法。下詔戒諭群臣，此關於刑獄者也。外此，如樹鐵碑於禁中，凡宦官有擅言外事及官吏賢否者，凌遲處死，而明代宦官之弊政革，窮治明降臣劉澤清，馬逢知，土國寶輩，藉勢害民，致之重辟，永禁投充旗奴，而漢奸賊民之弊政革，蠲除遼餉，剿餉，練餉等名目，嚴禁額外加徵，而明代重稅苛民之弊改革，凡此種種，皆足以釐夙弊而樹遠謨，均是：「井甃無咎，脩井也。」「棟隆之吉，不橈乎下也。」的意思，讀此史實，可以明白無疑了。按帝六歲嗣位，由攝政王多爾袞攝政，多爾袞固一棟梁之才，而匡帝入關定鼎，但其穢亂宮廷。則殊可恨惜之事，世有傳順帝因此而看破紅塵，於廿四歲時，乃上五台山爲僧者（正史則云崩殂）易曰「有它吝」，而不言「凶」當與此段傳說有關呢！

讚曰：整修國政立清規，自是順治井㸃時，
　無咎何如務德義，棟隆之吉復奚疑？

公元一六六四年甲辰，至一六七三年癸丑，即康熙三年至十二年，值卦大過之恒卦六五爻。

辭曰：「恒其德，貞，婦人吉，夫子凶。」

象曰：「婦人貞吉，從一而終也，夫子制義，從婦凶也。」

大過本卦之九五爻，辭曰：

「枯楊生華，老婦得其士夫，無咎，無譽。」

象曰：「枯楊生華，何可久也，老婦士夫，亦可醜也。」

【註一】 恒，卦名，巽下震上。久也，見易彖象，按說文：「恒，常也，常卽久義。」

【註二】 貞，正也，四德之一也，四德，謂元、亨、利、貞是也。又貞，名也，暗示四貞也，見正文。

【註三】 婦人，女人也，詳正文。

【註四】 夫子，一般之敬稱，孟子梁惠王：「願夫子輔吾志。」師長之稱，論語子張：「夫子焉不學，而亦何常師之有。」又孔子爲萬世師表，故後世稱孔子曰夫子。又妻以稱夫曰夫子，孟子滕文公「往之女家，必敬必戒，無違夫子。」

【註五】 枯楊生華，喻也，按枯楊，謂枯槁之楊柳也。華，榮也，發榮也。枯楊生華，喻物之枯而反華，亦卽對「蘇」生的意義。又枯，从木从古，槁也，枯索之謂也，楊音揚，古楊字與揚字通，左傳襄二十九年「虞、虢、焦、滑、霍、楊、韓、魏，皆姬姓也。」按今本作揚，阮元校勘記云：「諸本作揚，石經初刻作楊，後改從才。」華，髮白曰華，如白首謂華首。惟枯、古也，索也，揚也，白也，蘇也，皆與八名姓字有關，見正文。

【註六】 老婦士夫，亦喻也，按老婦嫁夫，亦屬男女婚姻之事，依古禮亦必須有拜堂之儀節。又老婦，婦與負通，老婦一稱亟負，負，違也，史記五帝紀：「縣負命毀族。」正義：「負，違也。」，又凡背德忘恩曰負，李陵答蘇武書：「陵雖孤恩，漢亦負德。」

士夫，士，子弟也，詩周頌載芟：「有依其士。」夫，男子也，少壯也，見正文。

【註七】 醜，惡也，詩小雅十月之交：「日有食之，亦孔之醜。」又惡之也，左傳昭二十八年「惡直醜正，實蕃有徒。」

羞也，恥也，史記魏世家「以羞先君宗廟社稷，寡人甚醜之。」

怪異之事曰醜，荀子有坐「四曰記醜而博。」又鼈竅也，禮內則：「鼈去醜。」

按「老婦士夫」及「可醜也。」二語，引出鰲拜一名，鰲，鼇也，大鼇也，見辭源，望文生義，此易之所以可玩也。

此段預言，應此際廣西將軍孫延齡之反叛，與輔政大臣鰲拜之陷害大學士蘇納德，內大臣蘇克薩哈，費揚古，旋自受褫職，禁固終身之事，茲特根據史實，分敘如下：

一、孫延齡之反叛事件。——廣西將軍孫延齡，定南王孔有德（恒其德也）之壻也。有德，山東人，孔子之裔（夫子吉也），居遼陽，仕明爲參將，隸毛文龍，文龍死，與耿忠明，尚可喜同降滿洲，封恭順王，及入關，以擊賊有功，改封定南王，留鎮廣西，與三桂、仲明、可喜，并爲四王，桂林之役，歿於陣，其子庭訓亦被害，止遺一女名四貞，（易曰恒其德，貞婦入吉夫子凶之義與。）世祖憫之，詔送入宮，爲太后養女，及長，美而才，將爲擇配，四貞自陳已有壻孫延陵，因求得之，（易曰：婦入貞吉從一而終也之徵歟？）封四貞爲「和碩格格」，掌定王府事，遙制廣西軍，而授延齡爲「和碩額駙」。四貞自以得宮闈憐愛，又掌藩府事，恒蔑視延齡，延齡美豐姿，曉音律，長擊刺，機智深狙，謹事四貞，日譽其能，太后遂寵延齡，恩禮亞於親王。康熙五年，詔延齡駐守廣西，妻孔氏以一品夫人從行，四貞貴倨久，忽改主號爲夫人，似妻從夫爵，怏怏不愜意，夫婦遂不相能，會四貞有故官屬戴良臣者，荐所親王永年爲都統，而已與嚴朝綱副之，相與媚事四貞，因讒搆延齡，夫婦滋不合，已而三都統益攘權，幷藐視四貞，四貞大悔恨，復與延齡和合如初，延齡受制於三都統，積不能平，訴於廷，三都統亦具疏辨訐，廷議皆右三都統，左延齡，延齡失望甚，十二年，吳三桂事起，以書招延齡，延齡遂召良臣永年等十三人，皆殺之，舉兵廣西，自稱安遠將軍，執巡撫馬雄鎮幽之，兩廣總督金光祖聞變，奉報到京，帝以延齡所轄官兵，皆定南王舊人，必不甘心從逆，因下詔削孫延齡職，傳諭廣西，有能擒斬延齡，投獻軍前者，優加爵賞，或以兵馬城池納欵者，論功敘錄，自拔來歸者，亦免罪收用。易曰：「老婦士夫亦可醜也。」可以一慼。

二，鰲拜之陷害大臣及自貽其咎的事。——帝初卽位時，年僅八齡，世祖遺詔，以鰲拜、索尼、遏必隆、蘇克薩哈四人爲輔政大臣，受顧命，輔嗣主，此四大臣，皆遼左舊人，不諳漢制，又以武人而操政柄，興革進退，輒任己意，而鰲拜尤專恣結黨，擅威福，淸制，領侍衞內大臣最貴班，在大學士上，而鰲拜以其子那摩佛爲之，內大臣費揚古開國元勳也，鰲拜與有隙，坐以守陵怨望，幷其子尼薩哈連俱論絞，其橫暴如此，時四大臣中，遏必薩依附鰲拜，索尼不能制，枯索乎，惟蘇克薩哈與之爭，鰲拜深銜之，枯楊生華反蘇也。，鰲拜籍隷黃旗，蘇克薩哈籍隷白旗。華，白也。

先是八旗兵，從入關，例圈民地與之，多爾袞攝政時，曾以鑲黃旗得地，給與正白旗，而別給鑲黃旗地於右翼之末，事已二十餘年，旗民相安，至是鰲拜欲以私意，互相圈換，並增圈民地，以益鑲黃旗，大學士蘇納海不可，謂民旗相安已久，民間地畝，曾奉旨不許再圈，宜罷議，直隸總督朱昌祚，保定巡撫王登聯，亦交章言不便，鰲拜大怒，欲置三人於死，帝不許，鰲拜乃矯詔殺蘇納海，朱昌祚，王登聯三人，並藉沒其產，旗民莫不寃之。此康熙三年十二月事也。

鰲拜以增圈民地，擅殺大學士蘇納海等三人，蘇克薩哈頗不悅，屢與鰲拜爭，鰲拜大怒，至是以蘇克薩哈不欲抵三人死罪，誣以扶同徇隱，欲併殺之，會帝親政，蘇克薩哈奏，臣才庸識淺，蒙先帝眷拔，茲遇皇上，躬親大政，乞令往守先帝陵寢，俾如綫餘息，得以生全，鰲拜稱旨，謂不識有何逼迫之處，在此，何以不得生，守陵何以得生，着議政王等議奏，已而布拜與其黨班布爾善等，構成蘇克薩哈二十四大罪，必欲置之極刑，獄具奏聞，帝微知其情，堅執不允奏，拜攘臂帝前，强奏累日，竟坐蘇克薩哈處絞，其子內大臣查克旦凌遲，餘子達器，德器，孫傍克扎，親弟蘇嗎喇之子海蘭，無論已成年未成年，皆斬立決，家庭籍沒，妻孥一併入官，侄圖爾泰，認爲兄弟之白爾黑圖，及蘇克薩哈之叔之弟額爾德，烏爾巴，俱革職，皆斬立決，其一等侍衛，二等侍衛四十餘人，俱革職爲兵。此康熙六年七月之事也。

鰲拜（直老負耳）既矯旨殺蘇克薩哈，索尼又死，四大臣中，惟鰲拜與遏必隆二人，而遏必隆依違其間，不敢出鰲拜範圍，於是鰲拜益專橫，擅權跋扈，每奏事，輒攘臂廷前，强說不已，帝未親政之先（年十三歲之時）見其擅殺蘇納海等，心惡其專（醜之之義），卽欲設計除之，而以其握兵柄，掌宿衞，士心所歸，未敢卽發，乃與索尼子索額圖謀，科簡八旗子弟，年甫成童，而孔武有力者（易曰「士夫」之儔也。），使入內苑，侍帝爲角觝攬跤諸劇，（記醜而博也），鰲拜每入奏事，往往遇之，以爲兒童戲劇耳，不疑其有他故也。帝陽益敬禮鰲拜，鰲拜愈自安，不設備。一日，獨召鰲拜入見，甫踰閾，諸童突起，狙擊之，鰲拜出不意，立成擒，（老負與士夫也）命康親王傑書等勘問，列其罪三十款，帝親鞫之，俱實，廷議立斬。帝以鰲拜爲顧命輔臣，且有戰功，不忍加誅，詔貸其死，革職籍沒，與其子那麽佛同禁錮終身。易曰：枯楊生華，何可久也，老婦士夫，亦可醜也。閱此，可以有知矣。

按婦字古與負字通，負，違也，恃也，見說文；左傳襄十四年：

「昔秦人負恃其家，貪於土地，逐我諸戎。」易繫辭：「負也者，小人之事也。」然則鰲拜的行爲，正是老負之流也。又老婦，本是女流，士夫而冠以老婦二字，可見其雖是男子而俱老婦之氣概，以鰲拜之行爲觀之，簡得是一個妬婦的胸懷，易云：老婦士夫，亦可醜也。」鰲拜之流，可不知恥嗎？

讚曰：恒常其德有貞名，夫子逢凶萬里征，

從婦榮華終可醜，延齡故事入輿情。

枯楊深義費索評，老婦士夫有惡名，

鰲拜興波汚滿政，反蘇細節寫分明。

公元一六七四年甲寅，至一六八三年癸亥，即康熙十三年至二十二年，値卦大過之姤上九爻。

辭曰：「姤其角，吝，無咎。」

象曰：「姤其角，上窮吝也。」

大過本卦之上六爻辭曰：「過涉，滅頂，凶，無咎。」

象曰：「過涉之凶，無所咎也。」

【註一】姤，卦名，巽下乾上，遇也。

【註二】角，畫角也，軍中吹器。樂錄云：「黃帝與蚩尤戰於逐鹿之野，黃帝乃命吹角爲龍吟以禦之。」按後世行軍，乃以畫角爲進軍所必備之事。

又角，角力也，角落也，各因其義而釋之。

【註三】吝，恨惜也。

【註四】過，越也。

【註五】涉，徒行渡水也。又涉歷也。如「涉世」是。

【註六】滅，盡也，絕也，見爾雅訓詁。按盡爲窮盡，絕爲斷絕，義同，如滅亡，消滅，皆此義。

【註七】頂，頭之最上部也。又抵拒也，用力抵抗也。

此段預言，有關於此際清廷所遭遇各個角落藩屬的反叛警報，而畫角四起的事，但是雖然有很多可惜，可恨的事情，却是無咎，如十二年十一月吳三桂反，於十三年正月起兵犯川湘。二月廣西將軍反，殺都統王永年戴良臣等，三月，靖南王耿精忠反，執閩浙總督范承謨而幽之，十二月陝西提督王輔臣反，經略莫洛死之，十四年三月，蒙古察哈爾親王爾布尼叛，十一月鄭經陷漳州，海澄公黃芳度死之，十五年正月，寧夏兵變，二月，廣東討寇將軍尚之信反，幽其父平南親王尚可喜，總督金光祖，巡撫佟養鉅俱叛應之。十九年三月，馬承瘞復叛，執廣西巡撫傅宏烈送貴陽，宏烈不屈死，九月，譚宏既降復叛，夔州民變，凡此種種兵變叛亂之事，清廷自必忙於征討，而越涉領域消滅各抵拒的叛逆，這是無疑的！但幸各方的征討，皆能夠勝利克平之，這便是無咎的徵信呢！

讚曰：撤藩成議震諸王，變亂烽煙動四方，
　　晝角姤逢天下聞；却教無咎數中藏。
　　過涉藩方滅頂征，兵凶到處令人驚，
　　可憐反復終非計，無所咎也自有清。

統觀公元一六二四年甲子至一六八三年癸亥，即大明天啓四年，大清天命九年，至大清康熙二十年，值卦大過卦主政，按大過二字，涵義有太過而溢滿之稱，先是公元一六一四年至一六二三年直卦升之上爻，已有升而至上至滿之象，所以消息盈虛，正是人事翻復變化之秋，而自一六一六年大清天命之號既啓，大地已滿佈清新的氣象，而當位者興，失位者亡，大明因冥升而轉爲暗夜，一般公卿，因見政治的昏黑不明，而有「不事王侯，高尙其事。」的行爲，既入太過卦之初爻，有「藉用白茅」之辭，而清太祖之經營長白山滿州國以至統一，强大之勢已成，但以變卦夬之初爻，有「壯於前趾，往不勝爲役。」之辭，故寧遠一役，而太祖不免不勝，且竟傷亡了。大過卦之二爻有：「枯楊生稊，老夫得其女妻，無不利。」而太宗之征伐朝鮮，竟因捉獲朝鮮王室的眷屬妻子后妃等，而令朝鮮王之歸降，又以女色關係而令洪承疇等之順復；但以變卦咸之二爻，有「咸其腓，凶，居吉。」「雖凶，居吉，順不害也。」之辭，而崇德八年，太宗皇太極殂，子福臨繼位，并立順治年號之事。大過卦之三爻，有「棟、橈、凶。」之辭，而明示清室國棟之幹才，橈亂，凶咎等事。又變卦困之三爻，有「困於石，據於蒺藜，入於其宮，不見其妻。」之辭，而有吳三桂因困於一片石，及聞報不見其妻之事，而降服清廷，引兵入關的事情，大過四爻，有「棟隆，吉，有它吝。」之辭，而預言此際清廷棟臣之用力，國疆之隆出擴大，惜順治帝親政不久，年僅二十四而殂。」又變卦井之四爻，有「井甃无咎，修井也。」之辭，而明示清廷之勵精圖治，修整政務，使養民有不窮之道。大過卦五爻，有「枯楊生華，老婦得其士夫，無譽，无咎，」之辭，而引出鰲拜嫉害大臣費揚古等及自貽其咎之事，且變卦恒之五爻，有「恒其德，貞，婦人吉，夫子凶。」之辭，而發生孔有德之女四貞與其夫之恩怨故事。大過卦之上爻，有「過涉滅頂，凶，无咎」，變卦姤上爻，有「姤其角，吝，无咎。」等辭，而此際有撤藩，各王反叛，畫角四起，悔吝頻生之事，幸皆能征服而撲滅之，凡此種種預言，皆與史實與事件變生前後次序相符，讀者細心觀玩之，自可感覺有無窮意義呢！

☱☴ 巽下兌上

大過棟橈利有攸往亨橈乃教反○大陽也四陽居中過盛故爲大過上下二陰不勝其重故有棟橈之象又以四陽雖過而二五得中內巽外說有可行之道故利有所往而得亨也○彖曰大過大者過也以卦體釋卦名義棟橈本末弱也復以卦體釋卦辭本謂初末謂上弱謂陰柔剛過而中巽而說行利有攸往乃亨說音悅○又以卦體卦德釋卦辭大過之時大矣哉大過之時非有大過人之材不能濟也故歎其大○象曰澤滅木大過君子以獨立不懼遯世无悶澤滅於木大過之象也不懼无悶大過之行也○初六藉用白茅无咎藉在夜反○當大過之時以陰柔居巽下過於畏愼而无咎者也故其象占如此白茅物之潔者象曰藉用白茅柔在下也○九二枯楊生梯老夫得其女妻无不利梯吐兮反○陽過之始而比初陰故其象占如此梯根也榮於下者也榮於下則生於上矣夫雖老而得女妻猶能成生育之功也象曰老夫女妻過以相與也○九三棟橈凶三四二爻居卦之中棟之象也九三以剛居剛不勝其重故象橈而占凶象曰棟橈之凶不可以有輔也○九四棟隆吉有它吝它湯何反○以陽居陰過而不過故其象隆而占吉然下應初六以柔濟之則過於柔矣故又戒以有它則吝也象曰棟隆之吉不橈乎下也○九五枯楊生華老婦得其士夫无咎无譽華如字○九五陽過之極又比過極之陰故其象占皆與二反象曰枯楊生華何可久也老婦士夫亦可醜也○上六過涉滅頂凶无咎處過極之地才弱不足以濟然於義爲无咎矣蓋殺身成仁之事故其象占如此象曰過涉之凶不可咎也

# 易元會運卷三

## 易元會運 公元一六八四年至公元一七四三年止

公元一六八四年甲子，至一六九三年癸酉，即康熙廿三年至三十二年，值卦鼎之大有初九爻，

辭曰：「无交害，匪咎，艱則无咎。」

象曰：「大有，初九，無交害也。」

鼎之本卦初爻辭曰：「鼎顛趾，利出否，得妾以其子，无咎。」

象曰：「鼎顛趾，未悖也，利出否，以從貴也。」

【註一】无，無也。

【註二】交，交涉也，國際間相交涉之事，互相處置之事曰交涉，又社會互議辦法之事亦曰交涉。

【註三】害，傷也，又加禍也。易謙：「鬼神害盈而福謙。」又過分曰害，如言害馬，害羣之馬是。

【註四】匪，非也，不也。詩衛風木瓜「匪報也。」詩周頌思文：「莫匪爾極。」又賊寇也，行爲不正當之稱也。

【註五】艱，難也，陋也，書周官「惟克果斷，乃罔後艱。」傳：「惟能果斷行事，乃無後難。」

【註六】鼎，古器也，三足二耳，金屬製，大小不一。又卦名，巽下離上。三方相并曰鼎，如云鼎立，鼎峙、鼎足是。

【註七】顚，倒也；又通癲，狂也。

【註八】趾，止也，言行一進一止也，見釋名釋形體。又踪跡也，高士傳：「仰頌逸民，庶追芳趾。」

【註九】利，宜也；有利也。

【註十】出，對入言；又說入於罪也，周書徐有功傳：「公比斷獄，多失出，何邪？」

【註十一】否，惡也，塞也。鼎九三爻：「其行塞。」之塞字，正與此否字相發明，見後註。

【註十二】妾，副室爲妾，見左傳昭十一年疏：「按古禮天子取九女，諸侯七，大夫一妻二妾，士一妻一妾，庶人匹夫，不得有妾。」

【註十三】子，兒子也，又尊稱也，如夫子，邵子是；又猶人也，荀子王霸：「誰子之與也。」註：「誰子，猶誰人也。」又愛也，言愛之如子也，禮中庸：「子庶民也。」

【註十四】未，不也，無也，否也，孟子公孫丑：「或問勸齊伐燕有諸？曰，未也。」

【註十五】悖，亂也，逆也，禮中庸：「道幷行而不相悖。」荀子性惡：「皆反乎性而悖於情者也。」

【註十六】從，順也，禮樂記：「率神而從天。」按聽從，服從諸義本此。

【註十七】貴，位尊曰貴，孟子萬章：「不挾貴。」又重之曰貴，禮中庸：「賤貨而貴德。」

此段預言，有關於大清與俄國外交之順利與喀爾喀三汗內訌之平定事件，茲分敍如下：

一、大清與俄國外交事件——我國與歐洲列國之有正式交涉，自此次中俄黑龍江之交涉始，自康熙二十五年秋，俄人因荷蘭人介紹，遣使通好後，二十六年俄全權公使費要多羅至，二十七年朝命內臣索額圖，都統佟國綱，尚書阿爾尼等爲公使，與俄國公使費要多羅會議於尼布楚，而令都統郎坦發兵一萬，自愛暉水陸幷進，爲使臣後援，俄使見中國兵衞甚盛，氣大沮，因張幕尼布楚城外爲會場，兩國公使咸集，護兵各二百餘人，露刃列帳側，俄人復以兵五百列城南，當我陸軍，又以五百陣尼布楚河岸，當我水軍。及開議國界時，俄使欲以尼布楚爲分界，相持各不下，中使拔營向尼布楚城，旦夕且宣戰，俄使不得已，爲最後之讓步，於是界約始簽定，是爲尼布楚條約，時康熙二十八年九月九日，我國外交史上最榮譽之條約也。易云：「无交害，匪咎，艱則无咎。」又云：「大有，初九（九月九日之義），无交害也。」好像是預言和讚美這一件事呢！

約既定，康熙帝恐俄人東略之志，終不能絕，乃設屯田兵於精奇里河口以防之，於是俄人之對中國，一主和平，數遣留學生至北京習華言，或發商隊於沿邊行貿易，凡歷百數十年，遵守界約，不少變。

夫子稱美大有初九无交害，倒不是無因的！

二、喀爾喀三汗部內訌的平定事件——喀爾喀三汗部（鼎立之勢也。）初本漢北雄國，自明季喇嘛教傳入，國人因專習梵唄，懈於戎事，又部族嗜酒，自相淩蔑，國力中衰。康熙二十三年，扎薩克圖汗，因娶了一妾，人人說他是西施再世，仙女化身，艷名傳到土謝圖汗，竟成了一個單思病，起兵扼殺扎薩克圖，而奪其妾，三汗部內訌，（鼎顛趾也。）噶爾丹乘機藉詞來討土謝圖汗，破之，將土謝圖汗所奪扎薩克圖汗之妾霸爲已有，（得妾以其子之義也。）仍分兵襲車臣部及扎薩克部，三部人民，窮蹙無歸，只得投入漠南，到中國乞降。康熙帝命尚書阿亞尼發粟賑贍，且假科爾沁水草地，使得遊牧，並詔令噶爾丹還其侵地，噶爾丹不從，並借索土謝圖汗爲名，選銳東犯，逼內蒙古諸部。聖祖怒，於二十九年牽師親征，（利出否也。）大破之於烏蘭布通，噶爾丹遁，（此際鼎卦直運正是煉丹之時乎？）喀爾喀三汗部，遂全降於清，（未悖也。）是年夏四月，帝巡塞外，（否，塞也。出巡塞外，即利出否之意也。）詔編喀爾喀爲七旗，與內蒙古四十九旗等；五月，帝出張家口，車駕至多倫泊，因受喀爾喀諸汗台吉之朝，（從貴也。）多倫泊，故元時上都地也，帝以喀爾喀部衆新附，當先示以兵威，而後馴以恩意，又準喀爾連年寇邊，由土謝圖汗啓釁，不可不有以懲之，（无交害之義也。）於是，先期檄召內蒙古四十九旗，各率所部，屯御營外，帝親師上三旗居中，八旗前鋒營，護軍營，火器營環於外，內外蒙古皆不得入五十里內，其貴重可知矣！屆期，陳法駕，御帳殿於網城南，先數土謝圖汗奪妾開釁之罪匪咎也。令具疏謝，然後赦其罪，艱則无咎也。而受諸汗之朝，各賜以宴。大有之謂也。翌日，大閱兵，帝躬擐甲冑，嚴申約束，號令森然，无交害之象也。三部汗皆懾服未悖也。稽首請罪。於是，分其部衆三十旗，爲中、左、右三路，遣歸舊牧，而仍留其汗號，自是，喀爾喀遂世爲臣僕，跟從之義也。與漠南諸部等，外蒙古悉平。

讚曰：「中俄交涉當斯際，尼布楚爲第一功，
初九之時無爽約，易經大有早相通，

喀爾喀三部內訌，竟因奪妾起兵戎，
鼎顛受侮爲丹辱，出塞振威貴滿躬。

公元一六九四年甲戌，至一七〇三年癸未，即康熙三十三年至四十二年，值卦鼎之旅六二爻，

辭曰：「旅即次，懷其資，得童僕，貞。」

象曰：「得童僕貞，終无咎也。」

鼎本卦之九二爻辭曰：「鼎有實，我仇有疾，不我能，即吉。」

象曰：「鼎有實，慎所之也，我仇有疾，終无尤也。」

【註二】實，富也，充滿也，說文：「實從宀貫，貫爲貨物。」段註：「貨物充於屋下，是爲實。」詩小雅：「有實其猗。」又誠也，楚詞：「后聽虛而黜實兮。」又當也，書呂刑：「閱實其罪。」傳：「使與罰名相當。」又音至，以身赴告也。禮雜記：「某不祿，使某實。」鄭注：「實

當爲至。」

【註二】我，自稱之辭，又自稱其國曰我，春秋隱八年：「我入祊。」

【註三】仇，匹也，見爾雅釋詁，說文：「仇，讎也。」又怨仇也，孟子滕文公：「葛伯仇餉。」詩：「與子同仇。」

【註四】疾，憎惡也，晉子小問：「不知其疾，則民疾。」又通嫉，孟子：「人之有技，冒疾以惡之。」

【註五】能，猶爲也，左傳昭十二年：「中美能黃，上美爲元。」又得也，容也，左傳襄二十一年：「范鞅與欒盈爲公族大夫，而不相能。」

【註六】愼，謹也，小心也。

【註七】所之，之，往也，出也，至也，所之，謂所往或所至也。

【註八】終，結局也，又死也，如送終之終是。

【註九】尤，過甚也，左傳襄二十六年：「公見棄也，而視之尤。」又過失也，論語爲政：「言寡尤。」

【註十】旅，卦名，艮下離上。旅行也，又古稱士卒五百人爲旅，左傳哀元年：「夏少康有田一成，有衆一旅。」註：「五百人爲旅。」按今陸軍之制，師下爲旅，旅下分團，旅，爲軍隊之通稱，書大禹謨：「班師振旅。」又衆也，周禮天官掌次，「凡祭祀張其旅幕。」

【註十一】 次，次第也，楚辭九歌思古：「宗鬼神之無次。」又舍止也。書泰誓：「王次於河朔。」左傳莊三年：「凡師一宿爲舍，再宿爲信，過信爲次。」又舍止之處亦曰次，禮檀弓：「哀次亦如之。」他如舟次，旅次，皆此義。

【註十二】 懷，撫也，安也，禮中庸：「懷者，侯也。」周禮天官小宰：「以懷賓客。」

【註十三】 資，財貨之總稱，又給也，以財物與人也，國策秦策：「王資臣萬金。」國語晋語：「資困窮。」註：「資，稟也。」稟，即廩穀。

【註十四】 童僕，奴僕也，又牛羊之無角者曰童。易大畜：「童牛之牿。」虞註：「無角之牛也。」

【註十五】 貞，正也，定也。

此段預言，有關于康熙帝之屢次親自行師出巡，安撫人民，興利除弊，以及平定噶爾丹之事，茲分敘如下：

帝於三十三年甲戌五月，巡幸畿甸，閱視河堤，七月巡幸塞外，九月還京師。三十四年乙亥五月，巡視新河及海口運道，八月，再幸塞外，命都統蘇努阿席，坦護巴等，分統大軍，備噶爾丹。九月回京師。三十五年丙子二月，親征噶爾丹，夏六月還京師，秋九月，巡幸塞外，冬十二月還京師。三十六丁丑春二月，復親征噶爾丹。夏四月，噶爾丹自殺。準部平。我仇有疾，終无尤也。秋七月，巡幸塞外，九月還京師，三十七年戊寅春正月，帝西巡，二月還京師。夏四月，命減廣東海關稅額，秋七月，永定河成，同月，奉皇太后東巡，詣盛京，謁諸陵，冬十一月還京。三十八年已卯春二月，又奉皇太后南巡，夏五月還抵京師，秋七月，又幸塞外，九月還京師。三十九年庚辰春正月，巡視永定河，二月回京師，冬十月，詔有關民生者，許科道以風聞人奏。十一月再巡幸邊外，十二月還京師。四十年辛巳春二月，再巡幸畿甸，閱視永定河；秋八月，巡幸塞外，九月還京師。四十一年壬午秋七月幸熱河，八月還京師，十一月詔雲南、貴州、四川、廣西四省四十三年錢糧，悉行蠲免。四十二年癸未春正月，南巡，徧閱徐家灣及桃源縣、高家堰、翟家壩等隄工，三月還京師；夏五月，幸塞外，七月還京師；冬十月西巡，十二月還京師。凡此十年中，幾無年不巡幸，而在旅次之間，以懷柔的政策去安撫百姓，因此很得民心，而甘願聽從順服，（易云：旅卽次，懷其資，得童僕貞之義也。）雖有仇恨敵對的人，亦受到感化，或是平定，清朝入關後，能有二百六十年的存在歷史，可以說全是康熙帝勵精圖治，而鞏固鼎業基礎的緣故呢！易云：「鼎有實，我仇有疾，不我能卽吉。」閱此，所以明白其所以然了。

讚曰：年年旅次忙巡幸，懷其資財濟四民，
百姓順從如童僕，方知德政貴精神。
鼎可煉丹征噶爾，我仇有疾終無尤，
大清國祚稱盛際，應論康熙第一流。

公元一七〇四年甲申，至一七一三年癸未，即康熙四十三年至五十二年，值卦鼎之未濟卦六三爻，
辭曰：「未濟，征凶，利涉大川。」
象曰：「未濟，征凶，位不當也。」
鼎本卦九三爻辭曰：「鼎耳革，其行塞，雉膏不食，方雨虧悔，終吉。」

## 象曰：「鼎耳革，失其義也。」

【註一】未濟，卦名，下離上坎。又未，不也，無也，見前註；濟，利也，易繫辭：「萬民以濟。」又成也，書君陳：「必有忍，其乃有濟。」益也，左傳桓十一年：「盍請濟師於王。」救助也，易繫辭：「知周乎萬物而道濟天下。」未濟，謂不濟於事，未有所益，無見其利之意也。

【註二】征，賦稅也，孟子盡心：「有布縷之征。」又取也，孟子梁惠王：「上下交征利，而國危矣。」

【註三】利，銛也，見說文段註：「銛者，臿屬，引伸爲銛利字。」孟子公孫丑：「兵革非不堅利也。」按凡言利祿、利養，皆此義，引申爲私利，豕利等是。又利，與義對，禮坊記：「先財而後禮，則民利。」又益也，功用也，易文言：「乾始能以美利利天下。」

【註四】涉，徒行渡水也，書泰誓：「斮朝涉之脛。」引申爲凡渡水之稱。又歷也，入也，三國志吳志陸遜傳：「今驅見象，經涉不毛。」

【註五】川，貫穿通流水也。見說文考工記匠人：「兩山之間，必有川焉。」

【註六】位，列中庭之左右謂之位，見說文，凡事物之所在，皆曰位，易繫辭：「列貴賤者存乎位。」禮曲禮：「揖人必違其位。」引申之，卽地位也。又敬稱也，如一位，諸位是。

【註七】 不，非也，弗也，無也，未也，勿也。

【註八】 當，宜也，應也，史記張釋之傳：「吏之當若是邪。」

【註九】 耳，音洱，聽也，耳孫，亦稱礽孫，仍孫。爾雅釋親：「鼻孫之子爲仍孫。」註：「仍，亦重也。」釋名釋親屬：「以禮仍有之耳，恩義實遠也。」礽孫卽仍孫，耳孫，見辭源各註。

【註十】 革，改革也，革退也，易序卦：「革去故也，鼎取新也。」

【註十一】 塞，否也，窒也，淮南子主術：「公道通而私道塞也。」又邊疆也，如塞外是。

【註十二】 雉，鳥名，俗稱野鷄，野，喩不馴也，又野鷄，星名也，晉書天文志：「野鷄一星，主變怪，在軍市中。」又雉，樗蒲戲采之次於盧者也，晉書劉毅傳：「在東府聚樗大擲，毅決擲得雉，大喜。」俗云「呼盧喝雉。」卽指賭博而言。又以盛氣凌人，高聲呵喝，亦本此義。

【註十三】 膏，膏澤也，恩潤也。易屯：「屯其膏。」註：「膏，恩澤也。」又膏雨，卽喩渥澤也。左傳襄十六年：「范宣子賦黍苗，武子曰：『小國之仰膏國也，如百穀之仰膏雨焉。』」潘岳司空鄭袤傳：「猶旗苗之仰膏雨。」按戒石銘：「爾俸爾祿，民膏民脂，下民易虐，上天難欺。」膏，謂肥肉也。

【註十四】 不食，食，容納也，不食，卽不可容納的意思。

【註十五】方，正直也，又放也，逆也，孟子梁惠王：「方命虐民。」趙註：「方，猶逆也，逆先王之命。」書堯典：「方命圮族。」馬融註：「方，放也。」鄭玄註：「謂放棄教命。」按方，放，古通用，故鄭之放棄教命，放棄即不遵，不遵即逆也。

方人，道人之過惡也，論語憲問：「子貢方人。」釋文：「孔云：『比方人也』」，按鄭本作謗，謂言人之過惡。」盧文弨攷證：「古謂謗字作方，蓋以聲音而通措。」

【註十六】雨，音宇，降雨也，又雨，自上而降，又雨，雲騰致雨之雨也。

【註十七】虧，氣損也，見說文，引伸之凡減損，欠缺，毀失，皆曰虧，易謙：「天道虧盈而益謙。」疏：「虧謂減損。」

【註十八】悔，恨也，詩大雅雲漢：「宜无悔怒。」又咎也，公羊傳襄二十九年「尙速有悔於予身。」

【註十九】失，凡喪其所得或其所應得，曰失，又亂也，大戴禮禮祭，鄉飲酒之禮廢，則長幼之序失。」又錯誤也，漢書路溫舒傳：「臣聞秦有十失。」

【註二十】義，宜也，又意義也。

此段預言，有關于（一）康熙帝之積極濬治川河，繼續巡幸，利澤天下，（二）皇太子允礽之立而復廢等事，茲分敘如下：

一、關于康熙帝之德政事項——十三年甲申夏四月，帝幸塞外，九月還京師，是年幷命侍衛拉錫探河源，乙酉四十四年春二月，帝南巡視河，渡江至杭州，閏四月，還京師；夏六月北巡駐熱河，九月還京師；冬十月，命查康熙元年以來蠲免錢糧總數，帝曰：「自吳三桂變亂之後，民甚艱苦，故朕累年蠲免錢糧，民生優裕，則國家太平矣。」（易：「未濟，征凶」之謂也。）丁亥四十六年春正月，帝南巡，閱視溜淮套，五月還京師，又六月幸塞外，九月還京。戊子四十七年春二月幸京畿，三月還京，五月幸塞外，六月駐蹕熱河，已丑夏四月，又巡幸塞外，九月還京師。庚寅四十九年月夏五月，再巡幸塞外，秋八月，駐熱河，九月還京。（帝之歷次幸塞外，正如易云：「其行塞。」之義也。）冬十月，蠲免各直省康熙五十年糧，詔諭戶部以明年為康熙五十年，思沛大恩，以及我民，將天下錢糧一概蠲免，自明年始，於三年內通免一周，俾遠近均霑，并歷年舊欠亦俱免徵，十一月又諭轄免錢糧，以業主蠲免七分，佃戶蠲免三分。辛卯五十年夏五月，奉皇太后巡幸塞外，九月還京，壬辰五十一年二月詔定滋生人丁，永不加賦之制，夏四月奉皇太后幸塞外，九月還京師。癸巳五月，詔除各地貧民開礦之禁，是月奉皇太后巡幸塞外，九月還京，而此十年間之感覺民生艱苦，征稅為凶，歷次蠲免租賦錢糧的事，便是征凶的意義。（征之為凶，則不征為吉，征，即指征稅征賦之事也。）歷次之巡視河源水利，便是利涉大川的意思。歷次之巡幸塞外，即是「其行塞」徵信之一斑呢！

二、關於皇太子立而復廢的事情。——皇太子允礽，鼎耳也。初封理密親王，帝次子也。帝生子三十有六人，直郡王允禔最長，然非嫡出，嫡而長者爲礽，故封密理親王，立爲皇太子，簡大學士張英教之，又令儒臣湯斌爲講性理之學以儲其道德，南北巡狩，悉令從行，以宏其經驗。皇太子初頗强明，後忽貪暴，乃至窺伺乘輿，狀類狂疾，所以被革之因也。時帝巡幸塞外，其行塞之驗也。駐蹕布爾哈蘇臺，皇子益不法，肆惡虐衆，革之有餘矣。帝聞大怒，是月丁丑，帝召諸王大臣侍衞文武官王等，齊集於塞外行宮其行塞之義更明矣。呼皇太子跪前，垂淚諭之曰：今觀太子舉動，暴戾淫亂，難以盡言，予包容垂二十年矣，乃其惡愈張，如此之人，豈堪託祖宗之宏業，易云：「雉膏不食，方雨虧悔」之義也。諭畢，帝痛哭僕地，諸大臣扶之起，旋諭將允礽卽行拘執，親撰告祭天地太廟社稷文，廢斥之，幽禁咸安宮（革之矣。）下詔歷舉其罪狀，宣示中外（方入之義。）時戊子四十七年九月事也。

己丑四十八歲夏三月，帝以廢皇太子允礽狂惑，由於魔魅所致，至是治療已痊，釋之於上駟院，復立之，（終吉之義耶？）特命大學士温達李光地爲正使，刑部尚書張廷樞，左都御史穆和倫爲副使，持節授允礽册寶，復立爲皇太子，命禮部尚書富寧安爲正使，禮部侍郎鐵圖爲副使，持節授皇太子妃册寶，復封爲皇太子妃，并遣官祭告天地宗廟社稷，所以告誡皇太子者甚備。

然帝之希望，終歸失敗，蓋太子之狂疾，不但未除，且嘯聚兇徒，親近幸佞，驕抗之情，未或稍已，（革之爲宜也。）帝隱忍包容，終無可望（是眞雉膏不食也。）帝恐其一生慘淡經營之鴻基大業，墮於不肖子之手，（虧喪之義。）遂決計于生辰五十一年冬十月，復下詔再行廢黜，并召諸王貝勒皇子大臣等諭之曰：「前因允礽鼎耳行事乖戾，曾經禁錮革責之矣。既而朕躬抱疾，念父子之恩，從寬免宥，朕在衆前，曾言似能悛改，乃自釋放之日，乖戾之心，卽行顯露，數年以來，狂易之疾，仍然未除，是非莫辨，大失人心。直野雉耳。朕今年已六旬，知後日有幾？況天下乃太祖太宗世祖所創之業，傳在朕躬，而此狂易成疾，不得衆心之人，豈可付託乎？誠爲虧悔之流也。故將允礽，仍行廢黜禁錮，此諭。」礽，仍也，礽孫，便是耳孫，追至太祖，恰是，允礽耳孫也。自此次再廢太子後，帝憂思憤懣，日損其健康，虧悔及已也。深恐祖宗大業，無可付託，又恐諸王覬覦者多，自是，不復更言立儲事，群臣以是請者，往往遷怒獲罪。易云：「鼎耳革，失其義也。」誠可一嘆！

按皇太子允礽太祖之耳孫，亦是康熙帝的鼎耳。康熙帝南北巡狩時，悉令從行征行也。其愛寵與關心之情可見。但是，此子的行爲未濟，却是凶狠不良之輩，以致在塞外被帝革去皇子之位（鼎耳革，其行塞。）繼而帝念父子之恩，又從寬免宥，恢復皇儲之位，莫奈野性難馴，狂易之疾，仍然未除（豈礽爲仍之故耶？）以致康熙帝忍無可忍，（鴙膏不食歟。）詔佈其罪（方雨之謂。）憂思憤懣，日損其健康，（亦虧悔之義也。）而皇太子允礽之儲位，得而復失，失而復得，結果終於喪失其所得及其應得的地位，（失其義也。）讀者觀閱此段史實，幷與直卦之辭義細加玩味之，當可感到趣味不淺了」。

讚曰：民生未濟不當征，蠲免錢糧百姓亨，
利涉大川通天下，化凶爲吉萬方寧。
鼎耳顛狂因受革，其行塞智惹灾愆，
雉膏不食難爲望，虧悔乃翁黯自咽。

公元一七一四年甲午，至一七二三年癸卯，即康熙五十三年至六十一年，及雍正元年，直卦鼎之蠱卦六四爻，

辭曰：「裕父之蠱，往見吝。」

象曰：「裕父之蠱，往未得也。」

鼎本卦之九四爻辭曰：「鼎折足，覆公餗，其形渥，凶。」

象曰：「覆公餗，信如何也。」

【註一】蠱，卦名，巽下艮上，事也，見易序卦，又飭也，見易說卦，又飭也，整治也，蠱，所以整治其事也。又蠱，惑也。左傳莊二十年：「楚會尹子元，欲蠱文夫人。」又病也，如氣蠱，血蠱是。

【註二】裕，寬也，容也。國語周語：「叔父若能光裕大德。」註「寬也。」新書道術：「包衆容物謂之裕。」又增加之也，如：益裕其病是。

【註三】往，去也，由此之彼，左傳昭七年：「取而臣已往。」引申則不在此地，而往他地

時，叫做往。

【註四】見，目睹物曰見，又謁也，請見也，呂氏春秋適威：「顏闔入見。」

【註五】吝，惜也。

【註六】得，獲也，韻會：「凡求而獲皆曰得。」

【註七】折，斷也，易豐：「折其右肱。」

【註八】覆，反也，詩小雅雨無正：「覆出爲惡。」傳「反也。」又傾倒也。

【註九】公，爵名也，五等爵之第一等曰公，又國人尊君之稱也。又稱父曰公：列子黃帝：「家公執席。」

【註十】餗，糝也，饘也：八珍之膳，鼎之實也。居大臣之位，當天下之任，而所用非人，至於覆敗，猶鼎之折足也。

【註十一】形，體貌也，容色也，禮樂記：「在天成象，在地成形。」穀梁傳桓十四年「望遠者察其貌而不察其形。」又顯著也，禮樂記：「然後心術形焉。」

【註十二】渥，霑也，見說文詩小雅信南山「既優且渥。」又饒厚也。

【註十三】凶，不吉，惡也，喪禮也，又人死曰凶。

【註十四】信，誠實也；印信也；信託也。所謂信託者，遺言或遺書等之信託亦其類之一也。

【註十五】如，從隨也，見文說：段註：「從隨卽隨從也，從隨必以口，從女者，女子從人者也。」按引申之，凡順從皆曰如。史記高祖紀：「項羽使人還報懷王，懷王曰：「如約。」」

【註十六】何，疑問之詞，論語公治長：「何器也？」又先進：「夫子何哂由也？」又用指不知誰何之詞，無疑問意，漢書雋不疑傳：「延尉驗治何人。」

此段預言，有關於康熙帝崩後傳位疑案與雍正帝摧折鼎足，傾覆公爵年羹堯等事件，玆分敘如下：

一、關於傳位疑案——康熙帝自五十一年十月，再廢黜皇太子允礽幽禁之咸安宮後，自是不復更言立儲事，群臣以是請者，往往遷怒獲罪。（見前文。）帝三十六子中，惟皇十四子固山貝子允禵見授重命，以撫遠大將軍視師青海，相傳聖祖疾大漸時，皇四子與諸王子方在宮門問安，皇四子之元舅隆科多獨受顧命（信者）於御榻前，聖祖親書十四子四字於隆科多掌，俄而聖祖崩，隆科多趨出，皇四子迎問，遽抹其掌中所書十字（或云將十字改爲于字。）祗存四字，故皇四子允禛遂得立爲帝，是爲雍正帝，帝自嗣位後，諸王多不服，且相與散佈謠言，謂帝之嗣位，實非先帝之眞意，乃係用權謀竊據而得，甚至謂皇太子之被廢，主謀者，非頑愚之允禔，亦非陰柔之允禩，實出於帝之陰謀。又相傳當康熙帝不豫（疾病）時，諸皇子朝夕問安，惟皇四子允禛此次侍奉，却不見十分殷勤，但至夜間，總要到他的母舅隆科多那邊密談一回，康熙帝病少癒，移暢春園靜養，諸皇子隨駕前往，隆科多因是皇親，所以亦隨同幫護，獨皇四子因奉帝諭往齋所受戒，不在其中，過了幾天，康熙帝病症復重，御醫輪流診治，服了藥，全然無效，反加氣喘痰湧，有時更不省人事，諸皇子都着了忙，只是隆科多說是不甚要緊，是夜，康熙帝召隆科多入內，命他轉旨召回十四子，只是舌頭蹇澀，說到十字，停止一回，方說出四子二字，隆科多出來，即遣宮監去召皇四子允禛，翌晨，皇四子至暢春園，先見了隆科多，與隆科多略談數語，即入內請安，康熙帝見他回來，痰又上湧，格外喘急。裕父之蠱也。諸皇子急忙環侍，但見帝用手指着皇四子允禛說道：「好！好！」只此二字，別無他囑，竟兩眼一翻，歸天去了！諸皇子齊聲號哭，皇四子更加哀慟，比諸皇子尤覺淒慘。是時，諸皇子惟皇十四子允禵遠出未歸，皇二子允礽，仍被拘禁，未能擅出奔喪，隆科多乃聲稱有遺詔，并宣讀云：「皇四子人品貴重，深肖朕躬，必能仰承大統，著繼朕登基，即皇帝位。」皇八子允禩，皇九子允禟齊聲道：「遺詔是眞麽？」易曰信如何也。隆科多正色道：「誰人有幾個頭顱，敢揑造遺詔？」於是嗣位乃定。

二、關於雍正帝之傾覆各公爵事——年羹堯爲帝前爲親王時薦請聖祖任用者，自總督四川後，兵權隆重，康熙五十八年，皇十四子允禵爲撫遠大將軍，視師青海，倚畀羹堯甚至，及聖祖崩，雍正帝即位，召允禵還京，以宗室覺羅延信代領其衆，飭羹堯於軍事糧餉及地方各事，俱關白延信協同管理，是時，帝已有疑羹堯之心，特以羹堯在西邊久，老於軍事，威望甚著，未便移易。未幾，又以平西藏功，封三等公，授撫遠大將軍；未幾，又以平青海功，進一等公，加其父遐齡太傅銜。凡所以尊寵之者，靡所不至，其形渥之義也。而疑之亦愈深，年羹堯自西藏還京，軍威甚盛，黃韁紫騮，絕馳而行，帝郊迎之。羹堯與帝幷轡，百官皆伏地謁，羹堯不爲動，帝大不懌，因有誅之之意覆公餗之因也。旋因四川巡撫蔡珽威逼所屬知府蔣興仁自盡，刑部擬斬，而帝以案由羹堯參欵，特旨免蔡珽死罪，并擢爲左都御史，帝之疑忌羹堯已可概見，至是，帝以西陲軍事將竣，有謂羹堯與諸王朋比，密謀廢立者，帝大怒，坐之以罪，既調補杭州將軍，未幾，復詔革杭州將軍，任授爲閒散章京，在杭州効力行走，繼而由議政大臣等奏其反逆不道，欺罔貪殘，罪迹昭彰，彈章交至，凡九十二大罪，請立正典刑，以彰國法，帝以羹堯，有平青海功，令其自裁，父遐齡以老免死，子年富立斬，其餘十五歲以上之子發往廣西，雲南極邊烟瘴之地充軍，族中有候補文武官者，俱革職，有匿養年羹堯子孫者，以黨附叛逆例治罪。凶之義也。

隆科多，爲佟國維之子，國維爲孝懿仁皇后之父，帝之元舅也，聖祖大漸時，帝與諸皇子方在宮門問安，隆科多獨受顧命，信託者。於御榻前，帝既卽位，禮遇隆科多極爲優異，告廷臣，凡奏章，皆書舅舅隆科多，帝手詔亦稱爲舅舅而不名，命與十三阿哥允祥總理政務，又命承襲一等公爵，尋賞給阿達哈哈番世職，授吏部尙書，加太保，所以尊寵之者，靡所不至。其形渥也。未幾，隆科多恃寵驕恣，且與年羹堯比，密謀廢立，帝眷頓衰，及年羹堯之獄興，諸王被誅，乃先後坐其罪，而削去其太保銜，奪去世爵，罰往阿爾泰劃定邊境受罪，復以私抄玉牒事，王族譜系也。坐以四十一大罪，幽死於暢春園外之禁獄，覆公餗也。

按康熙帝之晏駕與雍正帝之嗣統一事，後人互相推測，議論紛紛，或且目世宗爲楊廣，年羹堯、隆科多爲楊素張衡之流者，但事鮮左證，固不可苟同，惟康熙帝欲立皇十四子允禵，皇四子竄改御書，將十字改爲于字，此則父老皆能言之，似不無因，再證之各皇子不服雍正帝，相與散佈謠言各節，隨成一樁疑案，永留歷史中矣。至此際皇極經世值卦，恰是鼎之蠱卦四爻，蠱者惑也，裕父之蠱，爲傻裕乃父之事業解之，同時，亦是包容乃父可惑的事，又蠱者，氣血之病也，康熙帝飽受諸子之氣多矣，當皇四子應隆科多之約往見帝時，帝見之，卽痰氣再湧，格外喘急，易蠱卦所謂裕父之蠱者，正是增加乃父之氣病也，帝見皇四子後，卽以手指着他，幷言「好！好！」二字而止，究竟何故，實令人不免有所懷疑了！易云：「往見，吝。」亦正爲此事嘆息呢！又當時皇十四子因遠出未歸，以致孰是孰非，眞象難明，象曰：「裕父之蠱，往，未得也！」此一「往。」字，正是扣合十四子適他往未回之義呢！

皇四子未得志時，外倚年羹堯之力，內得隆科多之助，可以說有鼎足之勢，但一經登位，竟先後誅害年羹堯與隆科多，然則，「鼎折足，覆公餗，其形渥，凶。」的預言，不是涵義很顯明嗎？夫子更有：「覆公餗，信如何也？」的感喟，亦所以深示此中頗可有懷疑的事呢！

讚曰：裕君之蠱究爲誰，鼎耳之嗟不可醫，十四分明于裏罷，往而未得至今疑。

鼎足成三相倚重，不期摧折變成凶，覆公之餗羹何在？元舅信是善養癰！

公元一七二四年甲辰，至一七三三年癸丑，即雍正二年至十一年，值卦鼎之姤卦九五爻，辭曰：「以杞包瓜，含章有隕自天。」

象曰：「含章，中正也，有損自天，志不舍命也。」

鼎本卦之六五爻，辭曰：「鼎黃耳，金鉉，利貞。」

象曰：「鼎黃耳，中以爲實也。」

【註一】杞，杞憂也，喻無爲之憂慮也，列子天瑞：「杞國有人憂天地崩墜，身亡所寄，廢寢食者。」

【註二】包，裹也，俗稱包裹之物曰包，引申之，凡物件用布包，皮包，以及鐵木箱匣等交郵局寄遞者，郵局概稱爲包裹。

【註三】瓜，瓜代也，言瓜熟時受代也，世亦稱期滿易人爲瓜代，左傳莊八年「齊侯使連稱管至父戍葵丘，瓜時而往，曰：「及瓜而代。」謂從今歲食瓜之時，至明歲食瓜之時，則受代也。

【註四】含，懷藏也。國策秦策：「含怒日久。」又含蓄之意也。

【註五】章，章程也，漢書高帝紀，「天下既定，命蕭何次律令，韓信申軍法，張蒼定章程。」國語周語：「將以講事成章。」註「章，章程也。」

【註六】 隕，殞也，左傳襄三十一年：「巢隕諸樊。」殞，歿也，終也。

【註七】 中正，謂正中之方位也。

【註八】 黃，戶役之制，隋以男女三歲以下爲黃，唐以始生爲黃，見文獻通考戶口考。俗以小兒稱黃口，淮南子氾論：「古之伐國，不殺黃口。」

【註九】 耳，耳孫也，見前註，又耳，指生女也，三國志魏誌崔琰傳：「諺言生女耳，耳非佳話。」蘇軾詩：「平生無一女，誰復嘆耳耳。」又鼎爲傳國之重器，鼎耳所以用爲執傳之柄也，俗有以繼承香祀者曰：「香爐耳」，蓋卽執傳之義也。

【註十】 金，貴金屬也，又大清原始之國號曰金。

【註十一】 鉉，舉鼎具，易鼎：「鼎黃耳，金鉉。」疏：「鉉所以貫鼎而舉之也。」

【註十二】 中，合也，左傳定元年：「未嘗不中吾志也。」按前代科舉稱中式，言合程式也，俗云不中意，不中選，中，均有合之意。又中，名詞也，中國之簡稱，漢人居於中原，而以中字別於金者，中與金，卽漢人與滿洲人之分也。

【註十三】爲，作也，論語雍也「子游爲武城宰。」又假作也，亦作僞，禮檀弓：「夫子爲弗聞也，而過之。」註：「佯不知。」

【註十四】實，種子也，詩周頌載芟：「實函斯活。」

此段預言，有關於雍正帝之定立儲法，和乾隆帝的本來身份等故事，茲分敍如下：

一、雍正帝之定立儲法。——雍正帝即位後，於翌年，密封建儲錦匣包章也。於乾清宮正大光明扁額後，召總理事務王大臣滿漢文武大臣九卿而諭曰：「聖祖爲宗社臣民計，愼選於諸子之中，命朕纘成統緒，於去年十一月十三日倉卒之間，一言而定計，薄海內外，莫不傾心，聖祖之精神力量，自能主持，若朕則豈能及此也，朕諸子尚幼，鼎黃耳也。建儲一事，必須詳愼，此時安可舉行，然不得不預爲之計以杞憂耳。今特將此事，親寫密封藏於匣內含章也，置之乾清宮正中中正也。正大光明扁額之後，此乃宮中最高之處，以備不虞以杞包瓜也。諸王大臣，咸宜知之。有隕自天，志不舍命也。

二、乾隆帝之本來身份故事——乾隆帝卽皇儲第四子弘曆，爲皇太后鈕祜祿氏所出，相傳鈕祜祿氏，起初爲雍親王妃，實生女孩鼎黃耳金種也，與海寗陳閣老的兒子，是同年同月同日生的，中原人也。紐祜祿氏恐生了女孩，不能得雍親王歡心，佯言生男中以爲實也。賄囑家人，將陳氏男孩抱入邸中，把自己的女孩鼎黃耳金鉉。換了出去，陳氏不敢違拗，又不敢聲張，只得將錯就錯，就算罷了。鼎黃耳，中以爲實也。把中原的種實去替代金族的鼎耳了！

讚曰：杞人之慮籌瓜代，包裹含章便繼承，
中正扁上垂錦匣，果然有隕自天應。

鼎黃耳耳金爲鉉　中以易金實受傳
瓜代分明成定義　移花接木轉坤乾

公元一七三四年甲寅，至一七四三年癸亥，即雍正十二年至十三年，乾隆元年至八年，值卦鼎之恒卦上六爻。

辭曰：「振恒，凶。」

象曰：「振恒在上，大無功也。」

鼎本卦之上九爻，辭曰：「鼎玉鉉，大吉，無不利。」

象曰：「玉鉉在上，剛柔節也。」

【註一】振，奮也，發也，拔也，整也，又通震，素問氣交變大論：「其變振發。」註：「振怒也。」振怒，卽震怒也。

【註二】恒，卦名，巽下震上。久也，見易彖象，按說文：「恒，常也，常卽久義。」

【註三】凶，惡也，狠也，又喪事也。死亡也。

【註四】玉鉉，易鼎「上九，鼎玉鉉，大吉，无不利。」疏：「玉者，堅剛而潤者也，上九，居鼎之終，鼎道之成，體剛處柔，則是以玉鉉以自擧者也，故曰鼎玉鉉。」後因用以頌處高位者。

【註五】剛柔節也，剛，剛強也；柔，和也。節，事之一端曰一節，剛柔節也，卽分爲一剛一柔而先後斷然二節的意思。

此段預言，有關於雍正帝執政之振奮威嚴，及其喪亡，與乾隆帝當位之事，茲試述如下：

雍正帝卽位伊始，對於政治，卽以振奮，整肅爲手段，凡有章奏，皆親筆批覽，或秉燭至深夜，所批，動輒數千言，少也數百言，無不洞中窾要，萬里之外，有如覿面，嘗語諸王大臣云：「卿等須知今日之巍然在上者（振恒在上也。）非尋常生長深宮之主，乃三十年在外，歷試諸艱，滿知情僞之雍親王也。但能常存此心（恒心也。）庶可常取恩眷！」聞者皆悚息。不敢少縱，因是朝野震恐，綱紀肅然，吏治之隆，以雍正朝爲極盛。其時有一最驚人之政策，則爲羅察之密佈是也。朝野細故，莫不上聞，舉國惴惴，如履春冰，卽在私室，亦無敢戲語。（震驚人心也。）相傳雍正晏駕之日，早間尙在大內與莊親王允祿，果親王允禮，大學士鄂爾泰，張廷玉等議事，自未至中，差不多二個時辰，方命退班，是晚，鄂爾泰在家，忽見宮監奔入，氣喘吁吁報稱：「皇上暴病，請卽進宮。」鄂爾泰連忙起身，馬不及鞍，疾趨入宮，但見御榻旁人數無多。只皇后已至，滿面淚容，鄂爾泰揭開御帳，不瞧猶可，略略一瞧，不覺哎喲一聲，自口而出，正在驚訝，莊親王、果親王亦到，近瞻御容，都嚇了一大跳，鄂爾泰督率總管太監，到乾清宮取下祕匣，當卽開讀，乃是：「皇四子弘曆爲皇太子，繼朕卽皇帝位。」二語，是時，皇子弘曆等已入宮奔喪，隨卽奉了遺詔，命莊親王允祿，果親王允禮，大學士鄂爾泰，張廷玉輔政，經四大臣商酌議定，明年改元乾隆。乾隆卽位，就是清高宗純皇帝，但雍正帝暴崩的緣故，當時諱莫如深。不能詳考，或云係呂四娘行刺之事，是眞是假，自有史論，殊不待言，而易恒卦上六爻辭曰：「振恒凶。」與「振恒在上，大無功也。」則已是早有啓示凶喪的事了。至於乾隆卽位後，朝政又改尙寬大，凡宗室人等，舊被圈禁，至是一律釋放，前後剛柔，分節不同，易云：「玉鉉在上，剛柔節也。」正是此段史實呢！

讚曰：振恒在上大功无，奮發從剛變厲風，
爾害人時人害爾，因因果果報難窮。
玉玄當位尙剛柔，大吉之亨有道脩，
得失是非清鑑在，人生朝露及時休。

統觀皇極經世直鼎卦六爻，所歷六十年，由公元一六八四年甲子，至一七四三年癸亥，卽康熙二十三年至乾隆八年的吉凶休咎，可以觀察清朝定「鼎」後的是非得失，而註定二百六十年天下的國祚機微所在了。如初爻以：「鼎顚趾」三字而暗示喀爾喀三部之互相顚覆并歸順的事。二爻以「我仇有疾」「不我能卽吉」等語，而斷言此際討伐的順利，和反叛者的平定。三爻以「鼎耳革，其行塞。」之辭，而預言康熙帝在塞外行宮革廢皇太子允礽之事。四爻以「鼎折足，覆公餗，其形渥，凶。」之義，而直示雍正帝之陰謀，傾覆各王公之事。五爻以「鼎黃耳，中以爲實也。」二言，而指出宮闈以黃口小女而交換男孩，以中原種實而僞爲金國苗裔之事。上爻以「玉鉉在上，剛柔節也。」等辭，而直示此際乾隆帝以一中原平民，而受玉成當任九五之尊，清廷政治之剛柔又是分節了。卽以每十年所主値卦變卦而言之，如大有之初九爻象曰：「大有，初九，無交害也。」而讚言當年九月九日中俄尼布楚條約外交的光榮史。 如旅卦之六二爻辭曰：「旅卽次，懷其資，得童僕貞。」而預知此際康熙帝無年不在旅次之間，幷以懷柔政策，資益於天下 ，得到百姓臣服的事。 如未濟卦六三爻辭曰：「征凶，利涉大川。」而明示康熙帝以民生未濟征稅不利，而轄免天下錢糧，以及落力脩治水利，親自涉河過川的事。蠱卦之六四爻辭曰：「裕父之蠱，往見吝。」而揭示當日康熙帝大漸時之情形。如姤卦之九五爻象曰：「含章，中正也，有隕自天，志不舍命也。」而預知此際雍正帝之創立儲法，將皇太子名稱書藏錦匣，懸於乾清宮中，最高正中之處，以便不虞而詔命繼位的事。如恒卦上六爻辭曰：「振恒凶。」而直評雍正帝取用嚴肅振發的政策，而結果的暴亡，亦令人震動的事，凡此種種預言符合的史實，實在是令人對於周易和皇極經世二書，要嘆觀止的呢！

按鼎卦上九爻「鼎玉鉉」之玉字有玉成之義。而鉉字從金從玄，金指滿洲金人也，玄，奧妙也，以鉉字代表弘曆，誠天衣無縫也。

䷱ 巽下離上

鼎。元吉亨。鼎烹飪之器。爲卦下陰爲足。二三四陽爲腹。五陰爲耳。上陽爲鉉。有鼎之象。又以巽木入離火而致烹飪。鼎之用也。故其卦爲鼎。下巽。巽也。上離爲目。而五爲耳。有內巽順而外聰明之象。卦自巽來。陰進居五。而下應九二之陽。故其占曰元亨。吉衍文也。○象曰。鼎。象也。以木巽火。亨飪也。聖人亨以享上帝。而大亨以養聖賢。亨普庚反。飪入甚反。○以卦體二象釋卦名義。因極其大而言之。享帝貴誠。用犢而已。養賢則饔飧牢禮當極其盛。故曰大亨。巽而耳目聰明。柔進而上行。得中而應乎剛。是以元亨。上時掌反。○以卦象卦變卦體釋卦辭。○象曰。木上有火。鼎。君子以正位凝命。鼎重器也。故有正位凝命之意。凝猶至道不凝之凝。傳所謂協于上下以承天休者也。○初六。鼎顛趾。利出否。得妾以其子。无咎。出尺遂反。又如字。否音鄙。○居鼎之下。鼎趾之象也。上應九四則顛矣。然當卦初。鼎未有實而舊有否惡之積焉。因其顛而出之。則爲利矣。得妾而因得其子。亦猶是也。此爻之象如此。而其占无咎。蓋因敗以爲功。因賤以致貴也。象曰。鼎顛趾。未悖也。利出否。以從貴也。鼎而顛趾。悖道也。而因可出否以從貴。則未爲悖也。從貴。謂應四。亦爲取新之意。○九二。鼎有實。我仇有疾。不我能即。吉。仇音求。○以剛居中。鼎有實之象也。我仇。謂初。陰陽相求而非正。則相陷於惡而爲仇矣。二能以剛中自守。則初雖近。不能以就之。是以其象如此。而其占爲如是則吉也。象曰。鼎有實。慎所之也。我仇有疾。終无尤也。有實而不慎其所往。則爲仇所即而陷於惡矣。○九三。鼎耳革。其行塞。雉膏不食。方雨虧悔。終吉。行下孟反。塞悉則反。○以陽居鼎腹之中。本有美實者也。然以過剛失中。越五應上。又居下之極。爲變革之時。故爲鼎耳方革。而不可舉移。雖承上卦文明之腴。有雉膏之美。而不得以爲人之食。然以陽居陽。爲得其正。苟能自守。則陰陽將和而失其悔矣。占者如是。則初雖不利而終得吉也。象曰。鼎耳革。失其義也。○九四。鼎折足。覆公餗。其形渥。凶。折之舌反。覆方服反。餗送六反。渥乙角反。○晁氏曰。形渥諸本作刑剭。謂重刑也。今從之。九四居上。任重者也。而下應初六之陰。則不勝其任矣。故其象如此。而其占凶也。象曰。覆公餗。信如何也。吉失信也。○六五。鼎黃耳。金鉉。利貞。鉉玄典反。○五於象爲耳。而有中德。故云黃耳。金堅剛之物。鉉貫耳以舉鼎者也。五虛中以應九二之堅剛。故其象如此。而其占則利在貞固而已。或曰。金鉉以上九而言。更詳之。象曰。鼎黃耳。中以爲實也。○上九。鼎玉鉉。大吉。无不利。上於象爲鉉。而以陽居陰。剛而能溫。故有玉鉉之象。而其占爲大吉无不利。蓋有是德。則如其占也。象曰。玉鉉在上。剛柔節也。

# 易元會運 卷四

## 易元會運 公元一七四四年起至公元一八〇三年止。

公元一七四四年甲子，至一七五三年癸酉，即乾隆九年至十八年，值卦乾之姤卦初六爻，

辭曰：「繫於金柅，貞吉，有攸往，見凶；羸豕孚蹢躅。」

象曰：「繫於金柅，柔道牽也。」

乾本卦之初九爻，辭曰：「潛龍勿用。」

子曰：「龍德而隱者也，不易乎世，不成乎名，遯世无悶，不見是而无悶，樂則行之，憂則違之，確乎其不可拔，潛龍也。」

【註一】 繫，連接也，周書作雒：「南繫於洛水。」又統屬也，杜預春秋左傳序：「記事者，以事繫日。」疏：「繫者以下綴上，以末連本之辭。」

【註二】 金柅；易姤，「繫於金柅。」疏引馬云：「柅者，在車之下，所以止輪，令不動者也。」引申之，即是駐蹕的意思。古者天子出入警蹕，因稱留止其地曰駐蹕。金，財帛也，柅，察也，唐書王彥威傳：「捷柅姦冒。」金柅，謂以金帛而受審察也。又金，紙醉金迷之方，柅，猗柅風光之地，金柅，謂繁華艷麗之境地。又地名，指金川也，柅，木也，其字从尼从木，金柅，暗示西藏人有哈伊拉木者，得中國敕封爲演化禪師，世有金川大小地也。故金柅二字，即明晦大小金川也。

【註三】 攸，行水也，見說文，孟子萬章，「攸然而逝。」註：「攸然，迅走，水趨深處也。」又所也，有攸往，猶言有所往也。

【註四】 往，去也，由此之彼也。

【註五】 見，目睹物曰見，如看見、觀見。

【註六】 凶，凶事也，喪事也，不吉之謂也。

【註七】 羸豕，牝豕也，易姤：「羸豕孚蹢躅。」註：「羸豕，謂牝豕也。」牝：「畜豕之中，豭強而牝弱，故謂牝豕爲羸豕。」牝，畜母也，見說文，按禽類之雌者，亦蒙此稱，如書牧誓，「牝鷄無晨。」俗譏女奪夫綱者曰：「牝鷄司晨。」引申之「牝豕」則能守永巷規矩之后妃也。按永巷，爾雅釋宮：「宮中衖謂之壼。」疏：「今後宮稱永巷，稱永巷是宮內道名也。」故稱後宮爲永巷，南史后妃傳總論：「永巷貧空，有同素室。」

【註八】 孚，騖也，易姤「羸豕孚蹢躅。」註：「孚猶騖，躁也。」按朱駿聲謂：「此借孚爲騖，騖與躁義相近。」騖，亂馳，暴躁也。

【註九】 蹢躅，蹢，住足也，躅，蠋也，蹢躅，喩逸豫自得，留連忘反之意也。

【註十】 柔道牽也，柔、和也，順也；道，理也，治也；易文言「乾剛坤柔。」又曰：「柔與剛，立八之道。」柔道，謂坤道也，柔和之道也，又牽，牽連也，引也，柔道牽也，引申之，喩和坤牽引之事也。

又連也，易小畜：「牽復吉。」疏：「謂牽連。」

【註十二】 潛，涉水也，又藏也，藏伏也。

【註十三】 龍，鱗蟲之長。又君也，易乾：「飛龍在天。」疏：「飛龍在天，猶聖人之在王位。」世因謂帝王御極曰龍飛，以龍稱君也。

【註十四】用，可施行也，見說文，易乾：「潛龍勿用。」疏：「潛龍勿可施用。」又財政也。」書大禹謨：「正德利用厚生。」禮王制：「冢宰制國用。」

【註十五】隱，蔽也，呂氏春秋重言：「弗能隱矣。」又諱之也，論語子路：「父爲子隱，子爲父隱。」

【註十六】悶，懣也，見說文，懣，煩也。

【註十七】拔，移易也。

此段預言，有關於一，乾隆帝受和坤的引惑，而留連於紙醉金迷之鄉。二，皇后蹈水死亡，及大小金川作亂之事，茲分敘如下：

乾隆帝坐享太平，垂裳而治，未免想出歡娛的事情。禁城中，以暢春園最大，前明時，懿戚徐偉，作爲別墅，園內花木參差，亭臺軒敞，別具一番風景，聖祖在日，曾錫名暢春，復命於園內北隅，築屋數間，錫名圓明，令皇子在此讀書，世宗登位後，大興建築，樓台亭榭，添了無數，暢春園附近，又有一長春仙館，比暢春園規模略小，館中亦異樣精緻，乾隆帝踵事增華，令將三處併爲一處，發出庫中存欵，命工部改造，東作琳宮，西增瓊殿，南築崇台，北構傑閣，說不盡巍峨華麗，金碧輝皇，猗柅風光，（繫於金柅之一義。）帝與后妃，游賞其中，日日弦歌，夜夜筵樂。（貞吉有攸往之景象也。）自不待言矣。

戊辰十三年二月，帝奉太后及皇后東巡，駐趙北口，至曲阜，謁孔林，至泰安，詣岱嶽廟，登泰山；三月駐濟南，幸趵突泉，侍太后閱兵，幸歷下亭，回鑾至德州，帝在舟中夜讌，后在他舟聞之，恐滋事變，后素性嚴重，雖在行次，不忘永巷之規，（羸豕之義也。）是日至帝舟，因事進諫，語頗激切。（孚也，驁也。）時帝已被酒，怒后，頗加詬誶，（亦孚也，驁也。）后羞忿返，失足蹈水死，（見凶之義，）帝醒，乃大悔，命莊王，和王，奉太后綏程回京，自留德州，親視殯殮，以禮也。扶櫬返京，飭終之典，視他后獨隆。

帝自皇后崩後，另册立那拉氏爲皇后，但因宮廷中事，都未愜意，不免煩惱，便想到別處閒遊，藉作排遣。庚午十五年春二月，奉皇太后西巡，幸五台山，三月還京，冬十月，又奉皇太后幸河南，詣中嶽廟，登嵩山，駐開封閱兵，幸古吹臺，十一月還京，因感外省風光不及一圓明園，故常至園中散悶，一日，帝將出，倉卒，求黃蓋不得，帝曰：「是誰之過歟？」各員瞠目，不知所措，坤應聲曰：「典守者不得辭其責。」儀度俊雅，聲音洪亮，帝曰：「若輩之中，安得有此解人？」答爲滿洲正紅旗人，以官學生在鑾儀衞當差，選昇御轎，帝遂派其爲宮中總管。

和坤驟膺寵眷，打疊精神，伺候顏色，乾隆帝有所思念，不待聖旨下頒，而已暗中覺察八九成，因此愈得帝之寵任，而無日不跟隨左右，大獻殷勤，帝之好冶遊，任情揮霍，疏荒政治，實受和坤蠱惑佞妄之影响，惟和坤因此而再升侍衞，累擢至大學士，爲清廷一代權臣，其得志後的貪婪專權，聲勢烜赫情形，浸淫而養成乾隆末年內外官吏貪墨的惡習，其黨皆掊克聚斂，吸收民間脂膏，厚自封殖，幾使康雍乾三期元氣斷喪於此一豎子之手。此是後話。在本卦上爻再敍之。

再說乾隆帝既得和坤之察顏看色，先意承志，無事不與密議，而數次之下江南巡幸，微服出行，徵歌逐色，莫不是和坤作爲引導，自不待言。

相傳帝南巡至浙江杭州時，皇太后囑帝至海寧安瀾園親見陳閣老夫婦，一番熱鬧，乾隆帝御容很像陳閣老，陳老太太有時恰偷覷御容，似乎有些驚疑的樣子，究竟乾隆帝天聰慧智，口中雖是不言，心中已是明白，酒闌席散，便奉了太后與陳閣老夫婦到園中散步，乾隆帝諭陳閣老夫婦，不必拘禮，并在安瀾園駐蹕數天，然後回鑾四庫全書藏書七閣中有文瀾閣一名或本此。夫子所謂：龍德而隱者也，父為子隱，子為父隱。不易乎世女易男之易歟？不成乎名閣老之名所以不朽也。遯世无悶，不見是而无悶，樂則行之，憂則違之，確乎其不拔，潛龍也。」正是感嘆安瀾園故事的幽默呢！

又此際乾隆十二年春三月，金川土司莎羅奔作亂，帝命雲貴總督張廣泗為川陝總督，率師討之，廣泗受命後，分兩路出師，一由川西入攻河東，一由川南入攻河西，而河西又分四路，河東亦分三路，七路并進，期以年底蕆事，惟因大金川西濱河，東阻大山，地勢險惡，土人又長於防禦，能疊石為壘，狀如浮屠，高於中土之塔，而穴其中，名曰戰碉，紆徐曲折，大壁林立，難攻易守，廣泗初至川，用小金川酋澤旺之弟良爾吉為响導，銳意進兵，顧良爾吉又與莎羅奔之女阿扣通，反偵探官軍動靜，密報莎羅奔，以故攻戰數月，迄無寸進。戊辰十三年四月，帝復命大學士訥親為經略大臣，馳赴大金川督軍，訥親既至，軍氣凌廣泗上，廣泗不悅，以軍事委之訥親，遂銳意進攻，用以碉攻碉之策，下令於三日內取噶爾厓，然以碉逼碉，每得一碉輒傷數百，總兵任舉，副將買國良皆戰死，攻戰數月，仍無寸進，訥親始不敢專軍事，仍倚廣泗剿敵，而廣泗以訥親不知兵，又氣凌己上，故以軍事推讓，而實重困之，將相不和，人心解體，五月，帝復起故將軍岳鍾琪為四川提督，馳赴大金川營効力，岳鍾琪至軍，密奏廣泗信用良爾吉，漏洩軍情，訥親亦劾廣泗，老師糜餉，帝怒，命奪廣泗職，交刑部治罪。而以大學士傅恆暫管川陝總督印務，是年八月，免訥親職，以傅恆代爲經略大臣。廣泗被逮至京，帝親御瀛台訊鞫，廣泗抗辯不服，帝怒，命曳出斬之，廣泗既死，帝命訥親明白回奏，而訥親奏中，呶呶萬言，無一要領，惟欲急於見帝自陳，帝命大學士傅恆訊明端委，以其祖遏必隆之刀，郵寄軍前，賜之死，大學士經略傅恆既至軍，盡撤諸方圍碉兵，定直搗中堅之計，立斬良爾吉，阿扣等以斷內應，卒平金川之亂，易云：繫於金柅柔道牽也，此亦一義也。

讚曰：「爲繫金柅留蹢躅，羸豕貞吉有孚誠，
見凶攸往風流阻，千古猶嗟失足情！

潛龍勿用隱田間，萬里探親去復還；
遯世无憂安樂事，乾坤在握濟時艱。

公元一七五四年甲戌，至一七六三年癸未，即乾隆十九年至二十八年，值卦乾之同人六二爻。

辭曰：「同人于宗，吝。」

象曰：「同人于宗，吝道也。」

乾本卦之九二爻，辭曰：「見龍在田，利見大人。」

子曰：「龍德而正中者也，庸言之信，庸行之謹，閑邪存其誠，善世而不伐，德博而化，易曰：『見龍在田，利見大人，君德也。』」

【註一】同人，卦名，離下乾上。同，和也，平也，禮禮運：「是謂大同。」

【註二】　宗，尊祖廟也，見說文，按刑昺曰：「廟號不遷，最尊者曰祖，次曰宗。」又尊敬也，儀禮士婚禮：「宗爾父母之言。」又宗，宗教也，流派也，如佛家有華嚴宗，天台宗，禪宗，密宗等是。

【註三】　大人，尊長之稱，史記高祖紀：「起爲太上皇壽曰：『始大人常以臣無賴。』」謂父也，母也，如「父母親大人」是；又大人，地方長老之稱，後漢書蘇章傳：「見蘇桓公患其教責人，不見又思之，三輔號爲大人。」王先謙集解引惠棟曰：「蘇氏爲扶風著姓，故云大人。」

【註四】　吝，恨惜也，又恥也，後漢書張衡傳：「得之不休，不獲不吝。」

【註五】　田，耕作也，又指田野，別於朝廷而言，又姓也，通志民族畧：「田氏卽陳氏，陳厲公子完字敬仲，陳宣公殺其太子禦寇，敬仲懼禍，奔齊，匿其氏爲田。」

【註六】　龍德，謂君德也。

【註七】　正中，方位也，又正，正其不正也，論語子路：「必亦正名乎？」又質正之意，論語學而：「就有道而正焉。」又表示情態之辭，猶今言恰也。論語述而：「正唯弟子不能學也。」又同政，漢書陸賈傳「夫秦失其正。」中，正道也，論語堯曰：「允執其中。」又，名稱也，中國之簡稱也。

正中二字，在此節之涵義有恰合中國之治道之意。

【註八】庸，平凡也，漢書周勃傳贊，「鄙樸庸人。」又常也，如庸言庸行是。

【註九】信，誠也，從也，使者也，又通陳，左傳昭二十五年「信罪之有無。」詩衛風氓：「信誓旦旦」，朱駿聲謂：「信借為陳。」皆陳列之意。

【註十】謹，慎也。

【註十一】閑，防也，禦也，易乾「閑邪存其誠。」言防邪惡，當自存其誠實也。又猶法也，論語子張：「大德不踰閑。」又通閒，暇也，靜也。

【註十二】邪，不正也。

【註十三】善，親善，惠愛之意也。

【註十四】伐，悖也，擊也。

【註十五】博，大也，通也。

【註十六】化，教行也，從人從匕，見說文匕部，按謂教化也，羣書中用作化人，化於人，或指一世，或指個人，或指已成之風尚習俗，其義皆輾轉相通。

此段預言，有一貫初爻史實，關於乾隆帝再次南巡，駕幸海寧省親事，而贊揚其恰合中國以孝德治世之義。原來乾隆帝自辛未十六年春正月，奉皇太后南巡，渡錢塘江至海寧安瀾園，認識陳閣老夫婦，由於彼此面容的相似特徵，而深自領悟無疑之後，即不禁發生天倫上依戀感情，而在安瀾園駐蹕數天，既回京，嘗有改易漢裝之議，(同人於宗之義。)被太后聞知，傳入慈寧宮，加以申誡，謂：「如果要改漢裝，便是不忠，不孝，不仁，不義。」乾隆帝始不敢實行，而作罷議。丁丑二十二年春正月，帝奉皇太后作第二次之南巡，正月啓鑾，二月度江幸蘇州，駐杭州，三月，還幸江寧，秋九月至京。又壬午二十七年春正月，奉太后第三次南巡，至杭州，五月還京，相傳皆有駕幸安瀾園駐蹕，與陳閣老夫婦相見之事，是皆見龍(君也)在田(陳氏也。)利見大人(利見雙親。)之事。

中國自古以德教治天下，孝經云：「先王有至德要道，以順天下，民用和睦。」又云：「夫孝，德之本，教之所由生也。」乾隆帝幼讀詩書，當對此至德要道之事，能夠明白，所以，對於生身父母之省視孝養，自是龍德而正中的事。他們——父子之間，初時，雖有隱蔽難言之事，但要人不知，除非沒有其事，既有其事，自然不能永久瞞蔽着，初爻所謂：「潛龍勿用，龍德而隱者也。」至此則謂：「見龍在田，利見大人。」正是指明不能長瞞天下人，而且有「利見」的意義了。况尊宗敬長，克盡孝道，乃是中國善良風俗，乾隆帝恭親其事，正可以洽合百姓心理，而幫助政治的順利，兩見其美，自更樂意奉承，而變爲平常而非可異的事了！易云：「庸言之信，庸行之謹，閑邪存其誠，（閑邪，謂治遊遺樂之事，存其誠，謂不忘省視尊敬之道也。）善世而不伐，（謂能善合人情，不受世人之評擊也。）德博而化，而能以孝德之偉大感化天下也。正是贊揚乾隆帝在閑遊之暇，能躬親田畝之間，以恰合治政的道理呢！

時帝在位已二十有餘年矣，帝承康雍餘烈，西北喀爾喀、青海，以及天山北路之地，盡入版圖，而天山南路諸回城，即新疆省之南部。其人民，唐以前皆奉佛教，以回教著稱者，則萌芽於隋唐，而盛行於元明以後，回部舊汗，本元太祖次子，哈薩岱之裔，世長回部，明之中葉，有瑪墨特者，和卓木之子，回教祖謨罕默德之後裔也，與其兄弟輩，自墨西分適各國，始逾葱嶺，東遷至喀什噶爾，喀什噶爾尊信之，是爲西域有回教之始，喀什噶爾汗者，元太祖次子哈薩岱之後裔也。自哈薩岱分封回疆後，其子孫世爲中國附庸，十八傳而至阿布都拉伊木爲葉爾羌汗，以其諸弟，分長八城，曰：吐爾番，曰哈密，曰阿克蘇，曰庫車，曰和闐，曰哈喇沙爾，曰烏什，曰額什噶爾。而喀什噶爾，即於是時，建為汗國，其時所尊，猶蒙古之黃教也。及回教傳入，喀什噶爾汗尊信之，推行全國，其後藉回教之力，統一天山南路，於是回教勢力，乃益蔓延，迨喀什爾衰，而和卓木子孫，遂起而代握天山南路之政權

先是回教之入喀什噶爾也，分黑山宗，白山宗兩派，各習師說，互相標榜，傾軋排擊，循環不已，（易曰，同入於宗，吝道也。）至康熙時，白山宗酋阿蒲為黑山宗酋伊思馬所逐，奔西藏，乞援於五世達賴，會準噶爾方强盛，噶爾丹奉達賴之命，舉兵入喀什噶爾，助白山宗，擊破黑山宗，擁立阿蒲為酋於喀什噶爾城，而盡執蒙古諸汗，遷之天山以北，拘留帳下，當是時，回疆各部，幾全為準噶爾所屬，及噶爾丹敗，有質於

伊犁之白山宗酋阿布多實特，自拔來歸，聖祖嘉之，遣人護送至哈密，歸諸葉爾羌，是爲大小和卓木之祖。阿布多實特之歸葉爾羌也，傳至其子瑪罕木特，苦準噶爾之干涉，欲獨立爲一部，噶爾丹策零，襲執而幽之，幷羈其二子，長曰布那敦，卽大和卓木，次曰霍吉占，卽小和卓木，乾隆二十年，清軍初次定伊犂，釋大和卓木，以兵送歸葉爾羌，使統天山南路之舊部，留小和卓木居伊犁，使統天山北路之回教徒。其後阿睦撒納叛，小和卓木實與之通。

乾隆二十二年清兵二次平定伊犁，欲藉戰勝餘威，收服天山南路，特遣使至葉爾羌議定貢獻，未得要領；而小和卓木適自伊犁遁歸，與其兄大和卓木議所嚮，大和卓木欲集部衆，聽中國指揮，小和卓木不可，謂我祖宗世受制於人，今幸强鄰已滅，無逼處者，不以此時立爲國，乃長爲人奴僕非計，且中國新得準部，反測未定，兵不能來，卽來，我守險拒之，餉饋不繼，可不戰挫也。諸伯克阿渾（皆官名。）等皆然其說，大和卓木不能奪，將軍兆惠，奏遣副都統阿敏往招撫，爲小和卓木所戕，遂自立爲巴圖爾汗國，傳檄各城，戒嚴以待，回戶數十萬衆，向來迷信宗教，（同入與回入二字，大同少異，于宗與宗教尤有意義。）因那布敦兄弟是摩訶末後裔，稱他爲大小和卓木。和卓木三字，乃是回話，釋作漢文，便是聖裔的意義，至此，得了聖裔的檄文，自然望風響應。惟庫車拜城阿克蘇三城之阿奇伯木克（官名）鄂對等不服，走伊犁，投依兆惠，帝乃以回酋霍集占罪狀，宣諭回都各城，命雅爾哈善爲靖逆將軍，率師討之，雅爾哈善奉命出征後，卽率滿漢兵萬餘，自吐魯番進攻庫車，和卓木兄弟聞之，引兵萬餘，越阿克蘇之大戈壁沙漠來援，與領隊大臣愛隆阿軍遇於托和奈，復戰於鄂根河，回部均大敗，和卓木兄弟斂餘兵八百人，退保庫車城，雅爾哈善聞之，喜曰：「是自投羅網也。」時庫車城主鄂對在軍中，知和卓木兄弟，必不長居圍城之內，因謂雅爾哈善曰：「和卓木兄弟，勢必逃遁。其道有二，一由城西涉渭江河，一由北山口，向阿克蘇戈壁，請分二路，設伏以待，雅爾哈善不聽，而日奕棋，亦不巡壘，已而果如鄂對言，和卓木兄弟以四百騎宵遁，都統順德納聞報，尙以昏夜不發兵，及曉追之，則已渡鄂根河，去橋斷後，城又堅不可拔，提督馬得勝，使綠營兵穴地攻之，不能克，官兵六百殲焉。其酋阿布都又乘夜突圍遁，帝聞之大怒，詔褫雅爾哈善職，即營中殺順德納與馬得勝，命將軍兆惠移師南征，雅爾哈善，旋亦正法。此戊寅二十三年七月事也。

己卯二十四年春正月，定邊將軍兆惠追兩和卓木，被圍於黑水營，副將軍率師援之，三月，圍始解，秋七月兆惠富德，拔喀什噶爾及葉羌城，兩和卓木再遁。冬十月，兩和卓木爲巴達克山酋素勒坦沙所擒，將軍兆惠檄索之，素勒坦沙遂函其首，獻於軍門。庚辰二十五年春正月，巴達克山汗素勒坦沙遣使入覲，同時，定邊將軍將函送之兩和卓木首級，並俘回首捫多索丕等至京，帝臨午門樓，行獻俘禮，赦捫多索丕等罪，釋不誅，詔仍以回中頭目爲伯克，令分掌各回城民刑各事，而別置戍集，以伊犁將軍統之，統稱天山南北兩路爲新疆，是爲新疆全省歸中國之始。

讚曰：回人黑白本分宗，傾軋相排吝道從，
世事循環因果理，天山此日又嚴冬。

見龍何處在田間，利見大人任往還，
善世存誠言行至，方知德溥化塵寰。

公元一七六四年甲申，至一七七三年癸巳，即乾隆二十九年至三十八年値卦乾之履六二爻，

辭曰：「眇能視，跛能履，履虎尾，咥人凶，武人爲于大君。」

象曰：「眇能視，不足以有明也，跛能履，不足以與行也，咥人之凶，位不當也，武人爲于大君，志剛也。」

乾本卦之九三爻辭曰：「君子終日乾乾，夕惕若厲，无咎。」

子曰：「君子進德修業，忠信所以進德也，修辭立其誠，所以居業也。知至至之，可與幾也，知終終之，可與存義也，是

故居上位而不驕，在下位而不憂，故乾乾因其時而惕，雖危无咎矣。」

【註一】眇，一目小也，又微末之義，漢書昭帝紀：「朕以眇身，獲保宗廟。」

【註二】跛，足偏廢者曰跛，又偏也，禮曲禮：「立毋跛」註「偏也」如跛倚，卽偏倚也，禮禮器「有司跛倚以臨祭，其爲不敬大矣！」

【註三】履，禮也，踐也，行也。又卦名，兌下乾上，履，禮也，禮所以適用也，見易序卦：「物畜然後有禮，故受之以履。」

【註四】咥，齧也，噬也，謂以齒斷物也。又侵蝕也，國策魏策，「欒水齧其墓。」

【註五】虎，動物名，又喩威武勇猛之象，如虎威是；又惡也，險也，如苛政猛於虎，身陷虎口等是。

【註六】尾，凡末後皆云尾，在後追隨亦謂之尾。

【註七】武人，勇武之人也，又將士之總稱，凡有勇而無謀者，亦謂武人。

【註八】爲，作爲也，又僞也，詐也。

【註九】　剛，堅强也。

【註十】　乾乾，健强不息也。

【註十一】　惕，憂懼貌，警懼貌。

【註十二】　厲，嚴也，威猛也，論語述而：「子溫而厲。」又奮起也，管子牧民：「兵弱而士不厲。」

【註十三】　幾，微也，易繫辭：「幾者動之微也，吉凶之先見者也。」

此段預言，有關於封疆大臣之貪厲淫威，僞報軍情而引致戰禍連綿；及詔開四庫全書館等事。茲分敘如下：

一、烏什回人之亂——初，回部既平，以喀什噶爾爲參贊大臣駐節所，節制南路諸城，大者設辦事大臣，小者設領隊大臣，治軍事皆以滿人任之，又各城皆設伯克，治民事刑事，惟不得擅生殺，以回人任之，伯克者，回部官吏之稱也，其租稅之制，則二十而取一，視準噶爾徵額大減，然地既邊遠，又當新附之後，辦事大臣等，每藉戰勝之威，凌虐所屬，而伯克等又助之爲奸（易曰：「眇能視，跛能履，履虎尾，咥人凶，武人爲于大君，」之意也。）故至是而有烏什之變。

烏什者，回部大都會之一，在庫車西北千餘里，戶口數萬，準噶爾敗，阿奇木伯克霍吉斯，俘達瓦齊以獻，受王封。及二和卓木之亂，霍吉斯頗持兩端，帝恐其反覆，不可專任，召入京，而以哈密伯、阿布都拉代之，阿布都拉，暴戾無親。（亦一虎尾武人之類。）辦事大臣蘇成素憒憒不治事，又酗酒宣淫，往往留各伯克妻於署，令兵役裸逐爲笑樂，喜麾怒狠，（誠咥人之惡徒也。）回民寃抑無所訴，是時蔥嶺西境布哈爾，阿富汗等國，嫉中國之威振西域，又惡巴達克山之自殘同族，乃起同盟軍，襲殺巴達克山國王，屠其城，其前鋒軍，以二十八年達敖罕汗國之霍闌城，今俄領土耳其斯坦之一市。烏什住民等聞之，潛與相結，尋以解送沙棗樹事，遂相聚戕殺阿布都拉，並蘇成以下官吏兵役皆殺之，遂舉兵反，阿布蘇辦事大臣卞塔海，聞變，即領兵五百赴烏什，烏什開城出迎，城衆二千餘悉出戰，卞塔海敗走，喀什噶爾，參贊大臣納世通，伊犁將軍明瑞，參贊永貴，各以兵赴援，納世通初慮明瑞至，使已不得專有其功，行文阻之，繼而慮事不易竟，復懇求援助，武人僞于大君也。明瑞以聞，帝以卞塔海、納世通二人，節節貽誤，命具於軍前正法，專任明瑞辦理，更命阿桂往前協辦，於乙酉三十年春三月，明瑞率兵抵烏什，九月卒平之，由是中國國威，遠震於葱嶺以西矣！

二、緬甸之入寇與征伐——緬甸自元世祖擊降後，臣服中國，明嘉靖末，始自立，然猶奉表朝貢，未敢顯絕，清初，明永曆帝走緬甸，緬人執送吳三桂軍前，遂自負其功，不復朝貢於中國，及雍正時，與景邅（即八百媳婦國居景邅城。）爭入貢而未至，蓋百數年來，中國幾不知有緬甸矣，至乾隆十八年，緬甸始獲稱藩，通朝貢之事。乾隆十九年，酋長雍藉牙恢復阿瓦，建設新緬甸，時桂家部首領宮裏雁，及木邦部酋罕底莽，先後起兵與之抗，桂家者，明永曆帝家屬之後裔，以桂王初封得名，世擅龍波銀廠，以資雄諸部，既與木邦同抗新緬甸，屢戰不勝，宮裏雁窮蹙，遂寄居滇邊孟連地方，爲內附計，滇督吳達善，向之索賄不得，則驅逐之，孟連土司刁派春，又劫奪其家屬財產，以賄達善，（皆是虎尾武人之謂。）於時宮裏雁妻囊占者，糾群襲殺刁派春，而邊吏不明曲直，竟誘致宮裏雁，坐以同謀之罪而殺之。時木邦酋罕底莽，亦兵敗走死，於是，緬酋益無忌，已而緬王雍藉牙死，子莽紀瑞立，方思統一境內，偵知滇吏無狀，遂心輕中國，發兵侵襲滇邊土司地，滇督吳達善貪而懦，不敢問，并戒兵士，無得戰，誠虎尾而已，非虎首也。及莽紀瑞死，弟孟駮立，勢益張，宮裏雁妻曩占，欲爲夫復仇，因嗾孟駮，發兵犯邊，攻掠九龍江等地，勢甚猖獗，時吳達善已移督川陜，翰林劉藻代之。藻本書生，不諳兵事，普洱永昌邊外，一夕數驚，總兵劉得成，參將何瓊福，遊擊明浩等三路皆大敗，眇能視，不足以有明也；跛能履，不足以與行也，咥人之凶，位不當也。事聞，帝大怒，詔降藻爲湖北巡撫，以大學士楊應琚代之，藻閉戶作書，處分後事畢，擲筆拔佩刀，自刎死。

楊應琚奉命督滇，初至滇，會瘴癘大作，緬兵漸退，因乘間得以收復車里，孟艮，整貝諸地。時騰越副將趙宏榜以習識緬書著稱，首以緬甸新造木邦蠻莫諸部，皆願內附，緬首勢孤易取等語歆動應琚，應琚見事機順利，密奏緬甸可取狀，帝信之，皆是眇跛之流，武人僞于大君之事。應琚自普洱駐永昌，移文檄緬，言大兵數十萬陳境上，不降，卽進討。緬首乃大出兵，木邦景線，皆陷之，時趙宏榜將兵五百，出鐵壁關，乘蠻莫部長赴阿瓦未歸之際，襲據其所屬之新街，其地扼金沙江水口，緬甸與中國互市處，據亞瓦上游，爲緬甸必爭之地，緬甸以兵溯江而上，抵新街，宏榜燒器械輜重，走還鐵壁關，緬兵數萬尾而入，大肆焚掠，是眞履虎尾，咥人凶矣。應琚憂甚，不得以，以得不償失入奏，請棄新附諸土司地，又是武人僞于大君。帝聞報，震怒，詔逮應琚入京治罪，以伊犁將軍明瑞兼雲南總督，時明瑞在伊犁，未至以前，以鄂寧代之，已而應琚至京，革大學士職，旋賜自盡，時丁亥三十二年春三月事也。其年冬十二月，將軍明瑞，率師征緬甸，大破之，惟以好大喜功之故，竟以孤軍而直搗緬甸腹地，由象孔而至小猛育，時已深入二千餘里矣，敵竟蝟集四五萬圍困之，明瑞力戰，陣亡，（小猛盲二字扣合眇能視履虎尾之義，好像是畫龍點眼一般。）事聞，詔明瑞及同時殉難之扎拉豐阿觀音保等，俱賜優卹，並以大學士傅恒爲經略，阿里袞、阿桂爲副將軍，代領其軍，又經一番之大流血，卒大破緬兵，訂和約班師，惟阿里袞已觸瘴卒於軍，經略傅恒亦病足負傷而囘，（易曰跛能履之一徵也。）時已丑三十四年十二月事也。

三、金川復叛事件——自大金川平定後，會伊犁變起，朝廷方專力西北，未暇他顧，遂復有兩金川之亂。先是大金川酋莎羅奔既降，兄子郎卡，掌大金川事，郎卡性桀驁，因中國有事伊犁，遂乘機侵擾鄰境，四川總督阿爾泰，雖傳檄諭止，而抗不受命，帝以大金川勢漸猖獗，諭阿爾泰檄九土司環攻之，時九土司中，（九土司卽松岡，梭磨，卓克基，沃日，革布什咱札，卓斯甲布，小金川，黨壩，巴旺。地與大金川相逼，而兵力相等者，東則小金川，西則綽斯甲布，餘皆小弱，非大金川敵，阿爾泰不能利用小金川等，以制郎卡之跋扈，惟以苟且息事爲得策，於是郎卡遂與小金川，綽斯甲布結和親之約，三部聯合，他土司益不敢抗。會郎卡死，小金川酋澤旺亦老病，子僧格桑用事，與郎卡子索諾木，締好益固，至是索諾木，遂誘殺華布什咱（在大金川西南。）土官，而僧格桑亦屢攻沃日，（亦作鄂克什在小金川東。）遂與官兵戰，事聞，帝以前此出師，本以赦小金川，今小金川反悖逆，罪不赦，總督阿爾泰，歷載養癰，事既發，又按兵打箭爐，半載不進，褫其職，尋賜死，以侍郎桂林代爲總督，詔大學士温福，自雲南馳往四川，與桂林率兵進討。此辛卯三十六年冬十月事也，及壬辰三十七年春，詔阿桂，豐伸額爲四川軍營參贊大臣。桂林與温福，分兩路出兵，桂林出打箭爐；溫福出汶川，爲東西挾擊之計，兩軍次第逼小金川境，而桂林部長薛琮，已抵小金川墨壟溝，敵襲其後路，桂林不赴援，（眇且跛矣。）致全軍陷沒，泅水歸者僅二百餘人，桂林匿不以聞（武人爲于大君也。）被欬褫職，詔以參贊大臣阿桂代之。阿桂以皮船宵濟，連戰有功，直搗小金川根據地美諾，小金川酋僧格桑，送其妻妾於大金川，而自赴澤旺所居之底木達，澤旺閉寨門不納。遂由美臥溝，竄入大金川，於是小金川平。

以上所敍關於烏什回人之亂，緬甸之入寇與征討，金川復叛等事，爲清廷乾隆乙酉三十年至三十八年，所終日乾乾夕惕若厲之事，雖結果皆獲无咎之占，但其所詔用武人，大多有僞于大君，不是有「眇」「跛」之弊、便是有「虎尾」「咥人」之患，造成清室中葉衰頹之幾微，這是誰都不能否認的！不過，此際帝於武功之餘，并能承陳閣老之志，愛護漢族文化，詔開四庫全書館，以紀昀爲總纂官，集中國四千年之文化而整理之，可謂與夫子贊言「君子進德修業，忠信所以進德也，修辭立其誠，所以居業也，知至至之，可與幾也，知終終之，可與存義也。」的意思相符，因此，舉國上下，頗有熙和太平的氣象呢！

讚曰：眇而能視跛能履，虎尾咥人嘆政苛，

位不當也空負命，武人僞報禍殊多！

謙謙君子能修業，靄靄吉人立其誠，

居上不驕居下順，乾乾夕惕自安平。

公元一七七四年甲午，至一七八三年癸卯，卽乾隆三十九年至四十八年値卦乾之小畜六四爻，

辭曰：「有孚，血去惕出，无咎。」

象曰：「有孚惕出，上合志也。」

乾之本卦九四爻辭曰：「或躍在淵，无咎。」

子曰：「上下无常，非爲邪也，進退无恒，非離群也，君子進德修業，欲及時也，故无咎。」

【註一】有孚，孚，卵孚也，見說文段註，引通俗文「卵化曰孚。」又云：「卵因伏而孚，孚者因卽呼伏爲孚，凡伏卵曰抱。」徐灝說文解字注箋「孚伏抱一聲之轉，今俗猶謂鷄伏卵爲步，卽孚之重脣音稍轉耳。」又通包，古孚包一聲，國語晋語「信，文之孚也。」註「孚，覆也。」按覆卽包義，說文字通云：「古孚與包通，从包之字與从孚者同，如脬爲胞，桴爲枹，莩爲苞，捊爲抱之

類可證，說見爾雅。」按伏為覆，藏也，國語晉語：一物莫伏於蠱。」註：「伏，藏也。」左傳莊十年，「懼有伏焉。」謂懼有伏藏之兵也。」有孚，即有所藏伏的意思。又孚，信用聲譽也，有孚，有信譽之謂也。

【註二】 血，血液也，血氣也，血淚也，可悲痛之事也，文選李陵答蘇武書：「戰士為陵飲血。」善註：「血即淚也。」

【註三】 去，違也，離也，往也。

【註四】 惕，懼也，驚也，憂也，國語楚語：「豈不令諸侯之心惕惕哉？」

【註五】 出，對入言，由內而外也。

按「有孚血去惕出」六字，即指明有伏禍，而令人可悲可懼之事。

【註六】 上，尊上也，古稱帝王為上。

【註七】 合，合口一聲也，應當也，白居易詩：「祗合隨雞逐鴨飛。」近世公牘所云：「合行處締。」「理合備文。」之合字均此義。

【註八】 志，心之所之謂之志，又私意也，禮少儀：「義歟！志歟！」

此段預言，有關於因文字伏禍而成血獄事件，茲分敘如下：

一，丁酉四十二年十一月殺新昌舉人王錫侯——初，新昌縣民王瀧南，呈首舉人王錫侯刪改康熙字典，另刻字貫一書，經江西巡撫海成，訊明奏呈王錫侯刪改字典實屬狂妄不法，應請革去舉人，以便審擬，至是帝諭軍機大臣等，略謂海成奏呈舉人王錫侯狂妄不法一摺，朕初閱，以爲不過尋常狂誕之徒，妄行著書立說，自有應得之罪，已批交大學士九卿議奏矣，及閱其遞到之書第一本序文後凡例，竟有一篇，將聖祖、世宗廟諱及朕御名字樣開列，深堪髮指，此實大逆不法，爲從來所未有之事，罪不容誅，應照大逆律問罪，以中國法而快人心。易云：「有孚血去惕出」又云：「有孚惕出，上合志也。」乃海成僅請革去舉人審擬，所謂人臣尊君敬上之心安在？惕之義大矣！而於亂人賊子，人人得而誅之之義又安在？海成實屬人良昧盡，負朕委任之恩，着傳令嚴行申飭，（不外惕字。）至王錫侯身爲舉人，乃敢狂悖若此，必係久困潦倒，胸多牢騷，故以露於筆墨，其平時所作詩文，尚不知如何訕謗，此等悖逆之徒，爲天地所不容，故使其自行敗露，不可不因此澈底嚴查，一併明正其罪云云，旋查獲王錫侯，著書十種，俱有悖謬不法之處，乃解京治罪，殺之，（血去，惕出也。）海成暨藩臬各官，均以失察革職，交刑部治罪。（惕之也。）

二、戊戌四十三年十月，戮已故浙江舉人徐述夔屍，并奪前禮部尚書沈德潛職銜，尋戮其屍——徐述夔，字賡雅，浙江人，康熙舉人，乾隆初年卒，遺書一柱樓詩，中有：「清風不識字，何得亂翻書。」及「舉杯忽見明天子，且把壺兒拋半邊。」等句，爲人檢舉，謂「清風」指「大清」言，「壺兒」指「胡兒」言，均含譏刺，（有孚，伏藏也。）帝大怒，詔戮其屍。其子食田，食書俱坐斬。血去惕出也。前禮部尚書沈德潛，曾爲逑夔作傳，詔毀其御賜祭葬碑，奪文慤謚，革太子太保銜，幷撤出賢良祠。德潛字雅士，號歸愚，江蘇長洲人，年六十餘，以庶常召試，及成進士，已將七十，高宗召對，論歷代詩源流升降，大賞之，稱爲老名士，命直上書房，擢禮部尚書，寵幸備至，卒年九十七，御賜詩極多，至與錢陳群幷稱東南二老，帝每有所作，經德潛推敲者爲多。嘗語人曰：「朕於德潛，可謂以詩始，以詩終矣！」後德潛卒；帝微聞以捉刀語告人，由是憾之，及逑夔獄起，帝復檢閱其遺稿，詠黑牡丹詩有：「奪朱非正式，異種亦稱王。」之句，指爲誹謗，詔戮其屍，當時文字之禍，且較康熙而加烈。御史曹一士上疏，請禁挾仇誣告詩文，以息惡習，略謂往者告作語言，顯有背逆之跡，如罪人戴名世，汪景祺等，聖祖世宗因其自蹈大逆而誅之，非得已也，比年以來，小人不識兩朝所以誅殛大憝之故，往往挾睚眦之怨，借影响之詩，攻訐詩書，指摘字句，有司見事生風，多方窮鞫，或致波累師生，株連親故，破家亡命，甚可憫也。臣愚，以爲井田封建，不過迂儒之常談，不可以爲生今反古，述懷詠史，不過詞人之習態，不可以爲援古刺今，卽有序跋，偶遺紀年，亦或草茅一時失檢，非必果懷悖逆，敢於明布篇章，使以此類，悉皆比附妖言，罪當不赦，將天下告訐不休，士子以文爲戒，殊非國家義以正法，仁以包蒙之意。卵，包蒙也，孵則爲有孚矣，義之所在也。請勑下直省大吏，嗣後凡有舉首文字者，苟無的確踪跡，其所告本人之罪，依律反坐，以爲挾仇誣告者戒。疏奏不報。

三、壬寅四十七年七月，四庫全書成——先是太宗在奉天時，已留心典籍，廣爲搜羅，日積月累，至乾隆朝而大備，乾隆三十八年，帝特詔開館修四庫全書，復徵求天下書籍，以紀昀爲總纂，體例及提要目錄，皆其手定，又輯永樂大典遺書，計五百四十部，凡十有三年而告成，既成之後，先繕寫四分，特建文淵、文源、文津、文溯四閣，以資藏庋，文淵閣在大內，文源閣在圓明園，文津閣在熱河，文溯閣在奉天。易曰，或躍在淵，淵，源也，津也，溯也；淵源浩博，津溯同流耳。至是以江浙爲人文淵藪之地，多力學好古之士，願讀中祕書者，自不乏人，因於揚州大觀堂建文匯閣，鎮江金山寺建文宗閣，又杭州聖因寺行宮，建文瀾閣，連前共七閣，其中六閣从水字旁，惟一閣以宗字稱之。又杭州之聖因與文瀾閣之涵義，則與安瀾園陳閣老之因有關矣。命續繕三分，各頒一分貯之，以便士子就近觀摩謄錄，嘉惠藝林，誠盛軌也。

綜觀以上所述，乾隆帝之興文字獄，又提倡漢學，似乎有上下无常，進退无恒，躍來，躍去之感，但其意志非爲邪也，亦非離群也，及時而進德修業修四庫全書也。以塞漢人言其摧殘文人文字獄。之詬，而保守他的家天下罷了无咎之義也。

讚曰：孚伏禍機興字獄，幾個血去志哀吟，

清風明月成禁語，異種稱王忌諱深。

上下无常多進退，是非得失賦離情，

淵源津溯宗瀾匯，別有懷思費經營！

公元一七八四年甲辰，至一七九三年癸丑，即乾隆四十九年至五十八年，值卦乾之大有卦六五爻。

辭曰：「厥孚交如，威如，吉。」

象曰：「厥孚交如，信以發志也；威如之吉，易而无備也。」

乾本卦之九五爻辭曰：「飛龍在天，利見大人。」

子曰：「同聲相應，同氣相求，水流濕，火就燥，雲從龍，風從虎，聖人作而萬物覩，本乎天者親上，本乎地者親下，則各從其類也。」

【註一】厥，撅也，撅發之意也，又厥原務本之義也。

【註二】孚，信也，見爾雅釋詁，說文亦有信也一訓，徐鍇云：「鳥之孚卵，皆如其期，不失信也。」詩大雅：「萬邦作孚。」

【註三】交，俱也，見小爾雅廣言，書禹貢：「庶土交正。」註：「衆士俱得其正。」又交通之義，易泰：「天地交而萬物通也。上下交而其志同者也。」

【註四】從，從隨也，見說文段註：「從隨即隨從也，從隨必以口，从女者，女子從人者也。」

按引伸之，凡順從皆曰如。

【註五】 威，尊嚴也，書洪範：「惟辟作威。」又震也，國策：「聲威天下。」

【註六】 信，使者也，演繁露：「晉人書問，凡言信至或遣信者，皆指信爲使臣也。」世說文學：「司空鄭沖馳遣信，就阮籍求文。」按今謂書函爲信，以其由信使齎來也。

【註七】 發，猶致也，禮檀弓：「晉獻文子成室，晉大夫發焉。」註：「作室成，諸大夫亦發禮以往。」此謂致賀也。呂氏春秋報更：「因發酒於宜孟。」註「發，猶致也。」

【註八】 志，心之所之謂之志，論語爲政：「吾十有五而志於學。」又私意，見前註，又記也，周禮春官保章氏：「掌天星以志星辰日月之變動。」註：「志，古文識記也。」又記載之書曰志，周禮春官小吏「掌邦國之志。」註引鄭司農云：「志，春秋傳所謂周志，國語所謂鄭書之屬是也。」按後世之府縣志，即沿此稱，字亦作誌。

【註九】 易，改變也，國語晉語：「子常易之，」註：「易變也。」按左傳昭元年：「子常易之。」註：「易，猶反也。反亦改變之意，又交易也，荀子正名：「易者，以一易一。」註：「易，謂以物相易。」又通場，闢地以聚人物者皆曰場，如文場，戰場，戲場等是，荀子富國：「觀國之治亂臧否，至於疆易，其端已見矣。」註：「易與場同。」按埸謂其事起訖之時期也。王禹偁詩云：「紅藥開時醉一場。」

【註十】 備，慎也，見文說，又預也，見玉篇：「預者，備也。」預備即謹慎之義。

此段預言，有關於此際乾隆帝之聲威震天下，四方來朝服之全盛時期，以及御製十全記成，立碑志等事，茲分敍如下：

一、千叟宴——乙巳五十年春正月，時帝已七十有五歲，御宇五十年矣，特御乾清宮，賜千叟宴，自親王郡王以下外，至蒙古回部番酋及朝鮮國等，年六十歲以上者皆入宴，凡三千人，此時此境，正是上下孚洽，交誼廣暢，車如流水馬如龍，使臣致賀，旗志颺揚，聲威震動天下之時，易曰：「厥孚交如，威如，吉，又曰：「厥孚交如，信以發志也威如之吉，易而无備也，」如此。其太平安寧氣象，吉也可以在廣場聚衆盡歡，而不必防備不虞之事，誠如易所謂：威如之吉，易而无備呢！

二、封鄭華爲暹羅國王——華，鄭昭子也，初昭起義師，擊退緬甸守兵，光復舊地，重建新暹羅國，遣使入貢方物，使命未返，而昭爲怨家所殺，時華擁兵在外，聞變，舉兵入討賊，誅之。自稱珍立索由提耶王，復遣使入貢中國，至是，暹使至京，帝以其雪仇復國，即册封爲暹羅王，是爲今暹羅國王之祖。易曰：厥孚交如信以發志也之一義也。時丙午五十一年九月事也。

三、緬甸遣使奉表入覲，詔暹羅罷兵——自乾隆三十四年中緬和約簽訂後，緬人幷未履行入貢歸俘條約，帝滋不悅，當時雖諭傅恒班師，而仍令阿桂溫福等，相繼備邊，徐圖進取，會金川事起，不暇南顧，及四十一年，金川平定，復命阿桂赴雲南，會同滇督李侍堯勘定邊界，增厚兵力。會緬甸內亂起，前王孟駁卒，嗣王贅角牙，於四十四年，爲臣孟爾所殺，國人又殺孟魯而立孟雲，內亂迭作，國勢漸衰，孟雲少時嘗爲僧，前此興釁，皆未與聞，既卽位，值暹羅入境尋仇，東徙蠻德，又聞暹羅已親附中國，得受王封，益懼，乃於五十三年遣使由木邦賫金葉表文、及金塔寶石馴象等物，懇求進貢，並請返俘虜如約，表言自嗣國後，深知孟駮父子前罪，久欲還俘進貢，因暹羅侵擾，是以稽遲，帝鑒其意眞誠，特許通好，幷諭暹羅使罷兵。亦厥孚交如之吉也。　時戊申五十三年九月事也。

四、平定台灣之亂——林爽文，爲台灣彰縣巨族，世居縣之大里杙莊，以豪富雄一方，聚衆結社，號曰天地會，卽三合會。　橫行數十年，吏無敢問，丙午五十一年十月知府孫景燧，檄同知程峻，及副將赫生額，游擊耿世文，率兵役往捕，不敢入，駐營於五里外之土墩，諭村民擒獻，否則村且先焚，並焚鄰近數十村落以怵之，爽文遂因人民怨怒，集衆，夜攻營，殲其全軍，翊日，爽文乘勢陷彰化，尋又陷諸羅、景燧及都司王宗武，同知程峻、長庚劉亨基，知縣董啓埏、湯大奎，巡撫馮啓宗，悉爲所殺，爽文自稱盟主大元帥，莊大田亦起兵鳳山，約會於丁未五十二年二月，分水陸二路犯府城，總兵柴大紀得報，遣參將郝壯猷赴南路以拒大田之衆，而自將部兵禦爽文於鹽埕橋，殺其衆千餘，時福建水師提督海澄公黃仕簡，陸路提督任承恩各以兵渡海至台，畏葸不敢前，而大紀督率官兵義民，收復彰化、鳳山、諸羅、鹿仔港、竹塹等處，郝壯猷在南路，亦頗有斬獲，帝聞，褫仕簡承恩職，令閩浙總督常青爲將軍，至台灣督師，而以大紀壯猷分攝水陸提督。惟壯猷在鳳山之役失利，遁歸府城，至是，與仕簡承恩，同被逮入京，而斬壯猷以徇軍中，常青至台灣，與恒瑞引兵出南路，離府城十里，遇敵卽退，疏請增兵萬人，敵以其暇，得蠶食各村，於是台人之不從反對者，亦劫使從己，旬日間，驟增兵十餘萬，林爽文驅以攻諸羅，諸羅爲府城屛障，賴柴大紀力守，得不陷，靑遣兵往援，皆畏敵勢，不敢進，恒瑞復張皇敵勢，疏請兵六萬，帝遣福康安爲將軍，海瀾察爲參贊大臣，馳赴台灣，代常青督辦軍務，台灣各村民，見大兵雲集，望風披靡，林爽文遁入集集埔，據溪岸，壘石環數里，海瀾察帥軍騰險而至，爽文與其黨數十人走靑谷，悉就擒。移師攻莊大田於牛莊，追至極南之瑯嶠，先遣兵截其走路，大田亦就擒，餘衆悉定，台灣平。此戊申五十三年二月事也。

五、封光平爲安南國王——阮文惠襲據安南，自知賈禍，深懼淸兵再討，又方與暹羅稱兵，恐暹羅潛乘其後，於是，叩關謝罪，賚表乞降，詞至恭順，帝聞報，責以先送出東京被獲官兵，文惠得覆，即送官兵出境，并改名光平，遣其兄子光顯賚表入京，貢獻方物，帝與光平敕約二事，如約，遂賜光平敕印，封安南王，於是安南遂復為中國之藩屬國。

六、各國入貢轄免天下錢糧及——庚戌五十五年春正月，以八旬萬壽，普免天下錢糧，夏六月，緬甸遣使入覲，詔封孟雲為緬甸王，并定十年一貢之制，秋七月，安南國王光平入覲，八月暹羅國王鄭華，遣使入覲，各貢方物。

七、與俄羅斯續開恰克圖市場——自雍正五年與俄羅斯訂定恰克圖條約後，以恰克圖為兩國通商之地，乾隆二年，停止北京貿易，令統歸恰克圖，二十七年，設庫倫辦事大臣，凡中俄文牘，皆經其手，迄二十九年，以俄人私收貨稅，及責償邊民所失馬匹，以少報多二事，詔閉恰克圖市場，三十三年，庫倫大臣慶桂奏俄人恭順，請修改雍正五年恰克圖界約第十條，仍允與俄國開市如初，其後四十四年及五十年，復以他故，閉市者再，至是俄人悔過，復請開市，詔駐劄庫倫大臣，與俄人重訂恰克圖開市條約五條，當時俄人以商務關係，一切皆遷就從命。

八、征服廓爾喀——辛亥五十六年十一月，廓爾喀入寇後藏，詔以福康安爲將軍，海蘭察奎林爲參贊大臣，率師討之，福康安既受命，以五十七年二月，由青海馳抵後藏，四月，連敗廓爾喀屯界之兵，盡復後藏地，六月，遂大舉入尼泊爾，踰喜馬拉雅山，奪取距濟隆八十里之鐵索橋，廓爾喀人懼，卑詞乞和，定五年一貢例，與其東境之哲孟雄及布丹等國，并爲我國之藩屬。

九、御製十全記——十全記者，謂兩平準噶爾，兩平金川，一平回部，一平苗疆，一平緬甸，一平安南，一平台灣，一平廓爾喀也。御製既成，令繙寫，滿、漢、蒙、藏四體字，建蓋碑亭，以昭武功。

十、英吉利使臣馬戛爾尼入覲——我國與歐洲各國之交涉，俄國最早，英國次之，中俄交涉，爲西北陸地之通商，而中英交涉，則在東南海上之貿易。英人之始至中國也，約在十六世紀之末，其時，未經中政府允許，不能享有通商權利，及康熙二十三年，大開海禁，沿海各港，准各國通商，於是英人由東印度商會之力，始得在廣東之廣州建一商館，與中國正式通商，其後，英人以粵海關稅過重，不如浙海關稅之輕，乃舍廣州，轉趨於浙江之寧波、舟山等處，至乾隆二十年，英人及歐洲各國商船於浙海者日衆，高宗欲限制之，乃更定浙海關稅，視粵海加重，於是，英人氣沮，復回廣州，未幾，而發生有交涉事件，懸未解決，乾隆五十七年派遣大使馬戛爾尼，副使斯當東至中國，提出要求：一、許英國派員駐京，管理本國商務。二、許英國商人在舟山、寧波、天津諸港通商。三、英人願效俄羅斯例，於京師設一商館，收貯貨物發賣。四、願求在舟山附近無城砦之小島，租借一處，爲居留商人，爲收貯貨物之地。五、於廣東附近，亦請租借一處，并准令寄居澳門之英人，得自由出入。六、請於澳門、廣州間內河輸運貨物，得免通行稅，或減輕稅額。七、許英人在通商地傳教。馬戛爾尼至中國，適值高宗八旬萬壽，又當武功十全紀盛之時，政府以爲其朝貢祝壽而來，既至天津，直隸總督，循例予以旗章，題曰「英國貢船」，强使立之船首，比至京，又强其至熱河離宮覲見，行叩頭跪拜禮，馬戛爾尼，悉允從之，於是，遂以英吉利爲朝貢之一，而於馬戛爾尼之請求，則以爲荒遠小國，不識天朝體制，妄行乞請，嚴旨駁斥，一方則厚賜筵宴，賞賚優加，以盡懷柔之意，馬戛爾尼既歸，而中英交涉，自此起矣！易曰：「易而无備也，」此事堪一咤爾。

以上所志十事，是乾隆四十九年至五十八年的光榮歷史，當時萬壽節慶典，安南、暹羅、朝鮮、琉球，西藏兩喇嘛及蒙古各盟族，西域各邦部落，俱遣使表祝厥孚交如。乾隆帝御太和殿受慶賀禮，八荒環叩，萬象嵩呼威如也。禮畢，入宮，皇子，皇孫，皇曾孫，皇玄孫，依次舞綵，稱頌如儀，飛龍在天，利見大人。宮廷內外，大宴三日，特旨普免天下錢糧，表示普天同慶的意思，易曰：「同聲相應，同氣相求，水流濕，火就燥，雲從龍，風從虎，聖人作而萬物覩，本乎天者親上，本乎地者親下，則各從其類也。」此盛況可比之。

讚曰：厥孚寰宇入威如，萬國衣冠集漢墟，
信是天朝虎龍宴，易而无備笑談餘。
聲應氣求同志趣，風雲際會及時孚，
飛龍天上群賢輔，利見大人萬壽圖。

公元一七九四年甲寅，至一八〇三年癸亥，即乾隆五十九年至六十年，嘉慶元年至八年，值卦乾之夬上六爻。

辭曰：「无號，終，有凶。」

象曰：「无號之凶，不可見也。」

乾之本卦上九爻辭曰：「亢龍有悔。」

子曰：「貴而无位，賢人在下位而無輔，是以動而有悔也。」

【註一】號，號令也，易渙：「渙汗其大號。」又年號也，如「康熙」「雍正」「乾隆」等是。

【註二】終，末了也，又壽終也。

【註三】凶，凶服，喪事也。

【註四】亢龍，亢，高也，見廣雅釋詁疏證：「亢者，王肅註乾卦云：『窮高曰亢。』」淮南子脩務，厲節亢高以絕世俗。」龍，君位也，亢龍，寓示禪位後之太上皇也。

【註五】悔，咎也，公羊傳襄二十九年「尙速有悔於予身。」

【註六】貴，尊貴也。

【註七】賢人，多才之人也，又賢，賢勞也，獨勞於政事者，曰賢人。

【註八】輔，助也，書湯誓，「爾尙輔予一人。」又官名，宰輔也。

【註十】動，轉變也，呂氏春秋威論：「物莫之能動。」按凡物更易其原有地位或形式者，皆曰動。

此段預言，有關於乾隆帝之禪讓帝位於皇十五子，而以太上皇自居亢龍之謂也。但不久，便有白蓮教之亂有悔也。幷於己未嘉慶四年正月崩无號，終，凶三事幷驗。所謂无號者，卽是乾隆帝遜位後，不再續用「乾隆」年號，而改爲嘉慶年號，不再以乾隆帝的名義發號施令，而係用嘉慶帝的名義發號施令的意思。

又乾隆帝雖居太上皇的尊貴，但已非當權的皇帝地位，貴而无位。因此，他那一班原有賢勞臣子，便失去寵護，賢人在下位而無輔。轉變爲有悔的事了，是以動而有悔也。茲分敘如下：

一、決心禪位的原因與立皇太子之事——帝之始卽位也，嘗焚香告天，謂若得在位六十年，卽當禪位嗣子，不敢上同聖祖六十一之數，乙卯六十年秋九月，帝御勤政殿，召皇子皇孫及王公大臣入見，宣示恩命，冊立皇十五子嘉親王顒琰爲皇太子，以明年丙辰爲嗣皇帝嘉慶元年，卽於元旦舉行授受之禮，冬十二月，帝諭內外大臣，明年正月元旦，朕歸政嗣皇帝後，凡有繕奏事件，俱書太上皇帝，其奏對，則止稱太上皇，（亢龍有悔也，悔懊悔也，讓位而不讓權也。）

二、禪位大典情形——乾隆六十年，帝正位東宮，元年元旦，舉行授受大典，帝侍太上皇帝，詣奉先殿堂子行禮。太上皇帝，御太和殿，親授帝寶，帝跪受寶，太上皇帝受賀畢，還宮，帝卽位，受賀，奉太上皇傳位詔書，頒行天下，覃恩有差，是日，帝侍太上皇帝詣壽皇殿行禮，辛亥，帝奉太上皇帝命，冊立嫡妃喜塔臘氏爲皇后。

三、白蓮敎之亂，乾隆四十年，安徽劉松爲白蓮敎首領，於河南鹿邑縣，聚衆謀亂，事發被捕，遣戍甘肅，其徒劉之協宋之淸等，復分赴川陜湖北等處布敎，日久，黨徒益衆，詭言：刼運將至，以同敎人河南鹿邑陳氏子曰發生者，詐稱明裔朱氏，謀爲變，事發，發生誅死，之協逸去，高宗責所司窮索，自河南而安徽，而湖北，三省大吏，輾轉根究，不肖州縣，變本加厲，按戶搜緝，胥吏乘之爲奸，人民坐是破家亡命者，不可勝計，會是時，以征苗軍起，調兵轉餉，牽動七省，各地失業無賴之民，囂然思亂，其時又嚴禁私鑄，梟桀者益無所藉以謀生，且乾隆六十年來，人口增殖，較之康熙末年，殆多至十倍以上，（康熙末年人口二千五百三十八萬 乾隆末年二億九千七百餘萬。）而其時財力之盈絀，適成反比例，蓋以乾隆時，用兵四出，增兵增餉，歲以巨萬計，民間財力，隱受其困，加以權臣貪婪，掊克成風，民間益咨嗟愁怨，教匪乘之，亂端遂作，至嘉慶元年，荊州之枝江宜都、宜昌之長樂、長揚一帶，教徒紛起，群以官逼民反爲詞，揭竿謀亂，旬日之間，蔓延湖北河南等省，而襄陽教徒數萬，勢尤猖獗，由嘉慶元年起詔命征剿，至九年之久，方見平息。

四、己未年春正月，太上皇帝崩——太上皇帝，在位六十年，又內禪四年，享壽八十有九歲，至是崩，謚曰純皇帝。易曰：「无號，終有凶。」

五、大學士和坤有罪賜死，籍其家。——和坤之進身與史略，經在本卦初爻時敘及之，至是太上皇帝崩，已失去倚護之力，御史廣興王念等首上疏，糾參和坤，帝立下詔褫奪坤大學士并逮其黨戶部尙書福長安下獄，以坤二十大罪宣示天下，賜自盡，福長安等皆伏誅，其子額駙豐紳殷德奪爵，并藉其家財入宮，其財產先後抄沒者，凡百有九號，已估價者二十六號，值銀凡二百二十三兆八十九萬兩有奇，未估者尚有八十三號，從古貪婪蠹國之臣，未有如和坤之甚者，然一朝藉沒，反爲殺身之具，正可以爲天下之貪污者一鑒也！

讚曰：遜位改元无號令，壽終正寢有凶名，乾隆太上當斯數，方信預言不可更！亢龍有悔能禪讓，佳話永留歷史中，應是貪婪召禍患。乾坤自古有餘衷。

綜觀皇極經世以會經運，值乾卦六十年，由乾隆九年至六十年，又自嘉慶元年至八年，所主吉凶休咎，可謂無不恰合，而且乾卦六爻純陽，由初九至九五，正是乾隆九年至五八年，自乾隆五九年起，行上九爻，亢龍有悔之時，而乾隆帝適爲六十一歲，乃禪讓皇太子，自居太上皇之位，至六十四年而終，切合乾卦用事之數，（與邵子六十四卦除四不用之義相符。）即以初爻「潛龍勿用」之義，而暗示乾隆帝初遊江南，潛訪陳閣老之事，二爻以「利見大人」之義，而暗示乾隆帝再次南巡，駕幸杭州江寧，以便利見大人之事；三爻以「君子終日乾乾，夕惕若厲」之辭，而暗示國家不靖，邊患連綿之事，四爻以「或躍在淵，无咎。」之義，而暗示乾隆帝廣設文淵、文源、文津、文溯、文瀾、文匯、文宗等閣，以明滿漢宗系淵源之事；五爻以「飛龍在天，利見大人。」之義，而暗示國家戰功之輝皇，四夷朝覲之盛況；上九爻以：「亢龍有悔」之義，而暗示乾隆帝之貴而无位，賢人在下位而无輔，是以動而有悔的事。卽以每十年所直變卦之辭文言之，如姤卦初爻之「繫於金柅，」而預言有大小金川事變等事；如同人卦二爻之「同人於宗」而預言新疆回人之作亂與討伐事件，如履卦三爻之：「眇能視，跛能履，履虎尾，咥人凶，武人爲于大君。」而預言各大臣官吏之貪狡行爲與武人之僞于大君，牽連戰禍之事；如小畜卦四爻之「有孚，血去惕出，无咎。」而預言乾隆帝借文字獄以警惕文人漢吏之事；如大有卦五爻之「厥孚交如，威如吉。」而預言乾隆帝八旬萬壽節之盛況，與國家强盛，四夷朝服情形；如夬卦上爻之「无號，終，有凶。」而預言此際乾隆帝之遜位以至壽終之事。凡此種種徵信，無一不令人驚奇，無一不令人感到津津有味，這不是中國哲學的光榮嗎？

䷀ 乾下乾上

**乾元亨利貞。** 乾渠焉反。○六畫者伏羲所畫之卦也。一者奇也。陽之數也。乾者健也。陽之性也。本註乾字三畫卦之名也。下者內卦也。上者外卦也。經文乾字六畫卦之名也。伏羲仰觀俯察。見陰陽有奇耦之數。故畫一奇以象陽。畫一耦以象陰。見一陰一陽有各生一陰一陽之象。故自下而上。再倍而三。以成八卦。見陽之性健。而其成形之大者爲天。故三奇之卦名之曰乾。而擬之於天也。三畫已具。八卦已成。則又三倍其畫。以成六畫。而於八卦之上各加八卦。以成六十四卦也。此卦六畫皆奇。上下皆乾。則陽之純而健之至也。故乾之名。天之象。皆不易焉。元亨利貞。文王所繫之辭。以斷一卦之吉凶。所謂彖辭者也。元。大也。亨。通也。利。宜也。貞。正而固也。文王以爲乾道大通而至正。故於筮得此卦而六爻皆不變者。言其占當得大通。而必利在正固。然後可以保其終也。此聖人所以作易教人卜筮。而可以開物成務之精意。餘卦放此。

意與春秋傳所載穆姜之言不異。疑古者已有此語。穆姜稱之。而夫子亦有取焉。故下文別以子曰表孔子之辭。蓋傳者欲以明此章之爲古語也。○**初九曰。潛龍勿用。何謂也。子曰。龍德而隱者也。不易乎世。不成乎名。遯世无悶。不見是而无悶。樂則行之。憂則違之。確乎其不可拔。潛龍也。** 樂音洛。確苦學反。○龍德聖人之德也。在下故隱。易謂變其所守。大抵乾卦六爻。文言皆以聖人明之。有隱顯而无淺深也。○**九二曰。見龍在田。利見大人。何謂也。子曰。龍德而正中者也。庸言之信。庸行之謹。閑邪存其誠。善世而不伐。德博而化。易曰。見龍在田。利見大人。君德也。** 行下孟反。邪以嗟反。○正中不潛而未躍之時也。常言亦信。常行亦謹。盛德之至也。閑邪存其誠。无斁亦保之意。言君德也者。釋大人之爲九二也。○**九三曰。君子終日乾乾。夕惕若厲。无咎。何謂也。子曰。君子進德脩業。忠信。所以進德也。脩辭立其誠。所以居業也。知至至之。可與幾也。知終終之。可與存義也。是故居上位而不驕。在下位而不憂。故乾乾因其時而惕。雖危无咎矣。** 幾音機。○忠信主於心者。无一念之不誠也。脩辭見於事者。无一言之不實也。雖有忠信之心。然非脩辭立誠。則无以居之。知至至之。進德之事。知終終之。居業之事。所以終日乾乾而夕猶惕若者。以此故也。可上可下。不驕不憂。所謂无咎也。○**九四曰。或躍在淵。无咎。何謂也。子曰。上下无常。非爲邪也。進退无恒。非離羣也。君子進德脩業。欲及時也。故无咎。** 離去聲。○內卦以德學言。外卦以時位言。進德脩業。九三備矣。此則欲其及時而進也。○**九五曰。飛龍在天。利見大人。何謂也。子曰。同聲相應。同氣相求。水流濕。火就燥。雲從龍。風從虎。聖人作而萬物覩。本乎天者親上。本乎地者親下。則各從其類也。** 應去聲。○作起也。物猶人也。覩釋利見之意也。本乎天者。謂動物。本乎地者。謂植物。物各從其類。聖人人類之首也。故興起於上。則人皆見之。○**上九曰。亢龍有悔。何謂也。子曰。貴而无位。高而无民。賢人在下位而无輔。是以動而有悔也。** 賢人在下位。謂九五以下。无輔。以上九過高志滿。不來輔助之也。○此第二節。申象傳之意。

# 易元會運　卷五

## 易元會運　公元一八〇四年起至公元一八六三年止

公元一八〇四年甲子，至一八一三年癸酉，卽嘉慶九年至十八年，

值卦遯之同人初九爻。

辭曰：「同人于門，无咎。」

象曰：「出門，同人又誰咎也。」

遯本卦之初六爻。辭曰：「遯尾厲，勿用，有攸往。」

象曰：「遯尾之厲，不往，何災也。」

【註一】出門，出，對入言，由內而外也。門，房屋垣牆所設以通出入者，如門戶是，出門卽暗示門戶之外，如港外，海外是。又門，言關鍵，謂事之所由起也。易繫辭：「乾坤其易之門邪？」

」疏：「易之變化，從乾坤而起，猶人之與動由門而出，故乾坤是易之門。」引申之，奇門遁甲分八卦爲八門，而教宗之分門別類，各有其一門，亦門之意義也。其他如地方名之澳門，江門等亦與門字有關焉。

【註二】遯，遁也，逃也。

【註三】尾，後也，又追隨末後曰尾。

【註四】攸，水行貌。

此段預言有關於（一）李長庚之追緝海盜以至殉國；（二）英國船艦登陸澳門；（三）天理教等教門之作亂。茲分敘如下：

一、李長庚之嚴厲追緝海寇蔡牽朱濆及殉職情形——嘉慶九年，帝命李長庚總督水師閩浙，追緝海寇蔡牽與朱濆。長庚奉命後，即在馬蹟洋將敵陣衝作兩段，朱濆率艦逃走，蔡牽勢成孤立，也轉舵前奔，長庚追殺之，擊沉敵船二艘，但未獲匪首。是年冬，又敗朱濆於甲子洋。嘉慶十年，蔡牽聚船百餘艘東犯台灣，攻入鹿耳門，沉舟塞港，截阻官兵援應，并結連土匪萬餘人，圍攻府城，自稱鎮海王。入台，大震，長庚到台灣，會總兵許松年王得祿駕小舟，率兵由小港潛入府城，自己守住南汕北汕兩口，堵住蔡牽出路，蔡牽急發兵抵禦，五戰皆北，失了卅多號小戰船并黨羽千人，從北汕港遁走，適海風作浪，長庚戰艦漂搖，官兵急切不能自主，乃被蔡牽脫逃。嘉慶十一年長庚方思修理船隻，整備軍械，爲大舉出洋計劃，竟爲閩督奸官阿林保所妬忌，而激其出港追逋。敵船見長庚出來，望風趨避，都逃至粵海，長庚追至竿塘，方尋着敵船數隻，接連放砲，擊壞敵船兩艘，活擒蔡牽之侄蔡天來。蔡牽因長庚至粵，復北航至浙，長庚亦隨尾追到浙江，在温州海面，將其擊敗。蔡牽又自浙竄粵，自粵竄閩，盤旋海上，長庚只是尾追不捨，遇着了他，便首先衝陣，不管死活，與他爭戰，弄得蔡牽走頭無路。（皆遯尾勿用有攸往之義。）嘉慶十二年，長庚命總兵許松年等擊朱濆，自率精兵專勦蔡牽，朱濆被許松年擊敗，勢已窮蹙；長庚亦連敗蔡牽數陣，蔡牽只存得海船三艘，長庚擬一鼓殲陣，檄福建水師提督張見陞一同窮追。蔡牽逃至黑水洋，長庚率水師追及，蔡牽逃無可逃，乃與長庚決一死戰。長庚親自擂鼓，督衆圍攻，不料爲蔡牽砲彈所傷，出師未捷，而身先逝。（易云「遯尾之厲，不往何災也？」誠可一嘆也！）張見陞本庸懦，見中軍船亂，遽引舟師退，牽隨逸走安南。帝聞訊，大爲震悼，特旨追封長庚爲壯烈侯，賜謚忠毅，飭地方官保護棺柩回籍，俾立專祠。隨令其稗將王得祿任福建提督，邱得功任浙江提督，勉其同心敵愾，爲長庚等雪讎。嘉慶十三年，蔡牽自安南回棹，得朱濆資助，復聯合游弋浙海，會阮亢復爲浙撫，用反間計離之，濆獨走閩，爲長庚部將許松年所轟斃。其弟渥代領其衆，逾年七月，渥率衆三千人，船四十二，砲八百尊降於閩。牽因往來閩浙兩岸，勢益孤，得祿得功，遂於本年八月合剿牽於漁山外洋，牽舟尙三十餘，而砲彈已盡，乃用番銀代之，兩軍以全力注牽船，血戰一日夜，燬其砲樓，牽知不免，轟砲自裂其船，沉於海，餘衆千三百人，以次年繳械，降於得功，閩海遂平。

二、英艦至澳門事件——嘉慶十三年間，英吉利人屢乞通商，帝批斥之，忽廣東沿海的澳門島外，來英艦十三艘，投書粵督，聲明願協助征剿海寇，只求通商爲報，粵督吳熊光以海寇漸平，抗詞拒絕，英艦仍逗留未去，反入澳門登岸，分據各砲臺，熊光據事奏聞，有旨責熊光辦理遲延，革職留任，并云：「英艦如再抗延，當出兵剿辦。」熊光通知英將，英將乃起錠囘國。易曰：「同人於門，无咎。」蓋是之謂歟？

三、天理教之作亂事件——海寇之肅清也，朝廷惟舖張功烈，未嘗改革秕政，而天理教之亂又起。天理教者，白蓮教之緒餘也。先是白蓮教會，依託佛道二教，造作經卷畫像，流布內地，愚民無知，翕然從之，而不逞之徒，更竊其緒餘，別立名目，以爲聚衆斂財之計，其在畿南一帶者，有八卦，榮華，紅陽，白陽諸名，八卦黨徒尤盛，偏布於直隸山西河南山東等省，以河南滑縣李文成及京師林清爲之首，後又變名爲天理教，勾結日廣，嘉慶十六年秋，彗星見西北方，欽天監謂其占主兵，奏改十八年閏八月於次年二月。諸黨人竊喜，謂清朝不利閏八月，又以其經有：「二八中秋，黃花落地。」之說，轉相附會，以彗星之見，謂應在十八年九月十五日午時，相約於是日起事，時李文成黨徒數萬，其勢最盛，而林清密爾宮禁，賄通內侍，外恃文成之援，將乘仁宗駕幸木蘭秋獮之時，襲踞京師，謀定，中外莫知也。是年秋，滑縣知縣强克捷微聞之，卽捕文成下獄，刑斷其脛，賊黨以事迫，不及至九月十五日之期，遂於九月七日先舉事，聚衆三千餘，破滑縣，出文成於獄，强克捷被戕死，並屠殺其家，于是直隸之長恒，東明；山東之曹縣金鄉等地，同時殺官圍城，而曹縣定陶皆陷。事聞，帝命直隸總督温承惠爲欽差大臣，會同河南巡撫高杞，山東巡撫同興幷力勦辦。李文成既於初七日舉事，林清尙未知，其黨曹福昌，度十七日帝駕次白澗，留守諸王大臣，且出扈，欲以是日乘虛窃發，而林清狃於經讖，不欲改期，密令其黨二百餘，以十五日集菜市，由宣武門潛入，各藏兵器，雜酒肆中，待日晡，則分犯東西華門，約太監劉得才及楊進忠等，分道引入，閻進喜等爲內應，而自伏黃村，以俟文成黨衆，齊集而後進。至期，東華門護軍，覘其異，遽閉關格拒，教徒闌入者，僅十餘人，餘悉奔散，其入西華門者，八十餘人，反關以拒官軍。初，教徒得內監嚮導，已知大內在西，至是誤由尙衣監文淵館，斬關入，侍衞急閉隆宗門拒之，不得入，遂叢集隆宗門，或手執白旗，登垣指揮。時皇子等在上書房，聞變，皇次子綿寧，急命進撒袋鳥銃腰刀，命諸太監登垣瞭望，俄見有手白旗攀垣，將踰養心門入者，綿寧發鳥銃殪之，再發再殪，貝勒綿志，亦以銃殪敵一人，敵乃不敢進，將火隆宗門，會留守京師諸王大臣，率禁旅自神武門入衞，敗敵於中和門外，薄暮，忽大雷電，教徒震死者數人，餘竄匿，竭二日一夜之力，搜捕略盡，並擒通謀諸內監，至十七日，誘擒林清于黃村；是時京師連日雷電風霾，訛言四起，居民自相驚擾，帝方自熱河回蹕，將謁東陵，中途聞變，即日返宮，十九日車駕抵京師，人心始定。此清朝立國一百七十年定鼎燕京以來之第一次意外事件，帝特爲此，下詔罪己，然則此際値卦所謂「同人於門，无咎。」之說，倒是一件很有趣味的預言呢！（門指大內各門也。）

讚曰：遯尾而追危厲境，攸然以往致災殃；
忠貞千古長庚志；海寇至今不敢狂。
門戶關連干國政，城門要隘禁閑人；
隆宗門外拒强匪，百世預言出澳津。

公元一八一四年甲戌，至一八二三年癸未，即嘉慶十九年至二十五年，又道光元年至三年，值卦遯之姤卦九二爻，

辭曰：「包有魚，无咎，不利賓。」

象曰：「包有魚，義不及賓也。」

遯之本卦六二爻辭曰：「執之，用黃牛之革，莫之勝說。」

象曰：「執用黃牛，固志也。」

【註一】包，包賣包攬，包私包納之義也。

【註二】魚，魚肉也，喻無力抵抗，任人欺凌屠戮，如魚與肉之任人割食也，史記項羽紀：「如今人方為刀俎，我為魚肉。」又張儀傳：「毋為秦所魚肉也。」

【註三】賓，外賓也，客也。

【註四】執之，捕之也。

【註五】黃牛，黃色之牛，其有黃黑色相間者為犂牛。

此段預言，有關此際回疆變亂與嚴禁鴉片等事，茲分敘如下：

一、回疆之亂——倡之者爲回人張格爾，張格爾者，故回酋大和卓木博羅尼都之孫也，初高宗平定天山南北路，大和卓木被誅，其子薩木克，偕喀什噶爾人民，自巴達克山逃入浩罕國，高宗慮其潛蓄勢力，終爲邊患，歲賂浩罕王銀一萬兩，使加約束，薩木克有三子，次即張格爾，雄武有胆力，以誦經祈福，傳食諸部，天山南路諸回教徒聞之，漸有擁載意，而中國所設官吏，又以統治無狀，失回衆心，蓋自烏什變亂以來，清廷雖號稱愼選賢能，改良積習，期與回民休息，實則法令暗弛，弊風大作，參贊大臣以下，恃邊遠無稽察，恣爲暴行，所屬章京駐防，又乘勢與各城伯克，因緣爲奸，朝廷歲征錢糧，土貢不過數十取一，而官吏輒於正供外，需索百端，上下朋比而瓜分，又廣漁回女，奴使而獸畜之。包有魚也。回民怨苦久矣。嘉慶末，參贊大臣斌靜，益以荒淫招衆怒，張格爾知有機可乘，遂率故國逃人，自浩罕而北，投布魯特，假其衆數百，以襲喀什噶爾邊境，布魯特頭目蘇蘭奇入邊告警，反爲章京綏善所逐，蘇格奇憤走出塞，因與張格爾合，騷掠近塞，領隊大臣色普徵額擊退之，而斌靜遂以蘇蘭奇通逆滋事入奏，此嘉慶二十五年事也。是年秋，仁宗崩，宣宗旻寧即位，疑斌靜所奏不實，命伊犁將軍慶祥往勘，具得斌靜奴畜回民，漁獵回女諸罪狀，詔逮入京治罪執之，用黃牛之革，莫之勝說也。以永芹代爲參贊大臣，回亂稍平。執用黃牛，固志也。按斌靜爲清廷命吏，竟與各貪吏包攬稅收，魚肉回人，引致喀什噶爾人及張格爾之死灰復燃，起而作亂，幸得領隊大臣色普徵擊退之，尚諉爲蘇蘭奇通逆滋事，但瞞不過道光帝之疑，命伊犁將軍往勘，具得其罪狀，詔逮入京治罪，另派大臣替代，以平回人之怒，而鞏固統治之志，易云：「包有魚，无咎，不利賓也。」與執用黃牛，犁牛也，尹犁之義也。固志也。」等語，質之這段史實，是很有意義的事呢！

二、嚴禁鴉片事件——道光帝卽位，首申鴉片煙禁，凡洋艘至粵，先由粵中行商出具所進貨船並無鴉片甘結，方准開艙驗貨，如有欺隱，查出加等治罪。隨又飭海關監督，有無收鴉片煙稅，據實奏明，又申諭海口各關津，嚴拿夾帶鴉片煙，幷定失察鴉片罪名，三令五申，頗爲嚴厲。無如沿海奸民，專爲作弊包攬私販，仍然不絕，且因清廷申禁，那包賣的窰口，反受英人賄賂，於中取利，大發其財。包有魚之謂也。這物含有毒質，常人吸了，容易上癮，起初吸着，精神陡長，氣力倍生，就使晝夜幹事，也不疲倦（看似無咎。）及至吸上了癮，精神一天乏一天，氣力一日少一日，往往骨瘦如柴，變成餓鬼一般，此時不吸，倒又不能，半日不吸這物，眼淚鼻涕，一齊迸出，比死還要難過。（實是「不利賓」之物。）道光元年冬十二月之重申禁令，嚴拿夾帶鴉片煙人犯，便是與此際値卦遯二爻所云的「執之，用黃牛之革，莫之勝說。」象曰：「執用黃牛，固志也。」的意義，是分毫無差的！

按黃牛之革便是亟力革除的意義，而莫之勝說，便是三令五申的意思。

讚曰：胆大包天貪污吏，廣漁女色惱囘人，
尹犁之義黃牛力，不利賓也固有因。

鴉片害人不利賓，吸之有毒敗精神，
莫爲勝說當嚴禁，固志黃牛種族珍。

公元一八二四年甲申，至一八三三年癸巳，即道光四年至十三年，
值卦遯之否卦六三爻，

辭曰：「包羞。」

象曰：「包羞，位不當也。」

遯本卦之九三爻辭曰：「係遯有疾，厲，畜臣妾吉。」

象曰：「係遯之厲，有疾，憊也，畜臣妾吉，不可大事也。」

【註一】包羞，包，包容也，羞，辱也，可恥也。包羞，謂含羞忍辱，包容可恥也。

【註二】係遯，係，聯帶也，關係也；遯，欺誑也。隱避也，係遯，謂聯帶關係有欺誑隱避之事也。

【註三】 厲，嚴肅也，凶惡也。

【註四】 憊，疲倦也。

【註五】 大事，國家大事，父母喪事皆稱爲大事。

此段預言，有關於此際清吏之庸駑無能，包羞可恥故事，其次對於相傳宮闈姑熄媳案，亦有很大關係，分敍如下：

一、關於大臣之昏庸無能包羞可恥故事——自嘉慶二十五年張格爾叛亂，詔逮參贊大臣斌靜入京治罪，以宗室永芹代之之後，永芹到了回疆，亦是沒有擺佈，雖不比斌靜荒淫，無如庸庸碌碌，總不能立平匪亂，張格爾却外集黨羽，內通回戶，屢次騷擾近邊，清兵出塞，他卽遠遁，又或詭詞乞降，變端百出，弄得永芹束手無策，因循遷延，包羞之義。直達三年。道光五年夏季，邊報張格爾大舉入寇，領隊大臣巴彥圖，自恃勇力，率兵二百人，出塞掩捕，走了四百里，并沒有張格爾蹤跡，他竟勃然大憤，（老羞成怒也。）行到布魯特地方，見有回衆游牧，率妻挈子，約有二三百人，遂縱兵殺將過去，回衆嚇得四散，只有青年婦女，黃口兒童，一時不能急走，被他一個殺一個，可憐這班無罪無辜的婦孺，都作了身首異處的屍骸。巴彥圖憤已少洩，當下回軍，踰山越嶺而還，無復行列。（可羞之至。）誰知逃走的回民，因妻子被殺，哭訴回酋沃列克。沃列克大怒，領部衆二千名前來追襲，把巴彥圖圍住，十個殺一個，霎時把淸兵掃光，隨卽與張格爾聯合進兵，勢甚猖獗。永芹無可隱諱，慌忙拜本乞援，詔褫永芹職，以長齡爲伊犁將軍代慶祥，鎭守伊犁，并命慶祥往代永芹，視師喀什噶爾，以禦回兵。

詎慶祥到喀什噶爾，因未悉回務，竟受伯克阿布都拉所愚，且又不識戎機，爲張格爾所逞，把清兵殺得七零八落，兵盡力殘，領隊大臣烏凌阿穆克登布等，統同戰歿，慶祥坐守孤城，左思右想，無能爲計，只認定了一個死字，投繯自盡，包羞一至於此。詔受長齡爲揚威將軍，陝甘總督楊遇春，山東巡撫隆阿爲參贊，督師助剿，軍未集，而慶祥已先死亡了。

長齡等于六年十月抵阿克蘇，時張格爾復糾衆十餘萬，抗拒于沙布都爾莊，旋又移師渾河北岸，阻河爲陣，亙二十里，築壘爲蔽，鑿穴列銃，鼓角震天，長齡見敵勢浩大，未免心怯，幾擬退兵，幸楊遇春識膽過人，不愧參贊，適逢風變，乃乘勢渡河，出其不意，攻其不備，大破敵兵，遂抵喀什噶爾，克復各城，惟張格爾仍遯去無踪，至戊子八年春正月，始在重賞捕緝之下，爲布魯特人擒獲獻出，械送京師，夏五月，帝御午門受俘，張格爾囚於鐵檻，以供衆覽，帝欲見之，大臣等恐張格爾於帝前陳吏治之弊，進以毒藥，使失其口舌之能，故於帝前，口角吹沫，情形甚苦，所問之事皆不能答。為人包羞也。遂判磔殺之刑。

二、關於相傳道光皇貴妃鈕祜錄氏被太后鴆殺案——皇貴妃鈕祜錄氏係侍衛頤齡的女兒，幼時嘗隨官至蘇州，蘇州女子多半慧秀，通行七巧板拼字，作爲蘭閨清玩，鈕祜祿隨俗演習，熟能生巧，發明新制，斲了木片若干方，隨字可以拼湊，艷名慧質，傳誦一時，道光九年，帝親選秀女，頤齡便把女兒送入，爲道光帝所選中，且得恩寵，立封爲貴人，畜臣妾之義也。，吉不一年，就升爲嬪，再一年，復升爲妃，因她才貌雙全，特賜一個「全」字的封號，道光十一年六月初九日，生下一子，取名奕詝，就是後來嗣位的咸豐帝。道光十二年，皇后佟佳氏病故，全妃鈕祜祿氏，受封爲皇貴妃，與皇后只差一級，皇后崩逝，乃由全妃補缺。道光十三年，皇后百日服滿，皇貴妃鈕祜祿氏奉皇太后懿旨，總攝六宮事務，越一年，册爲皇后。道光帝素知孝養，見皇太后健康逾恒，倍加喜悅，親製皇太后六旬壽頌十章，皇后鈕祜祿氏向來冰雪聰明，詩詞歌賦，無一不能，亦恭和御詩十章，獻上太后，道光帝越加快意。惟是因此皇太后別寓深衷，向道光帝表示惋惜，告帝以：「婦女以德爲重，德厚乃能載福，若仗一點材藝，恐非福相。」云云，（不可以大事之義。）不意此種評論，傳到皇后耳中，竟不以爲然，而與太后成下嫌隙，對於太后常有譏刺挺撞之象，蹉跎數歲，誹語流言，布滿宮闈。（係遯之義。）道光十九年臘月，皇后偶患寒熱，（有疾厲也。）皇太后親自臨視，詳問疾苦，頗也殷勤。過了年，已是元旦，皇后病已少瘥，起至太后前叩頭賀喜，過了二日，太后特派太監賜皇后一瓶旨酒，皇后謝過了恩，把酒酌飲，很是甘美，竟一飲而盡，到夜間，不知怎麼竟崩逝了。醫學有勞復之疾或憊勞之故也。道光帝非常痛悼，心中也很自動疑，但因家法森嚴，不便異論，且素性頗知孝順，只好隱忍過去亦包羞之義也。特謚大行皇后爲孝全皇后，嗣後不再立中宮，暗報多年情誼，并擬立皇四子奕詝爲皇太子，而此鴆毒一案，千古傳疑，不敢信其有，亦不敢謂其必無，惟以此際值卦遯之九三爻辭曰：「係遯，有疾厲，畜臣妾吉。」象曰：「係遯之厲，有疾，憊也，畜臣妾吉，不可大事也。」與否卦之六三爻辭曰：「包羞」。象曰：「包羞，位不當也。」則似斷言因疾憊勞復也。而亡，且太后所言：「恐非福相」一語，與「不可大事也。」

恰合，但皇后聞此言而有「包羞」以爲「位不當也。」之憾，事成陳跡，見仁見智者有之，但易經早已有料及，亦是一件很可徵信的預言呢！

按此事追原厥始，及沿革時間，當以此際値卦之時也。

讚曰：「貪汚政治實包羞，位不當焉直下流；

民亂國危由此漸，滿朝風雨惹人愁。

係遯有疾厲人心，不可事功諱莫深；

憊復包羞千古恨；畜臣妾吉兮古猶今。

公元一八三四年甲午，至一八四三年癸卯，卽道光十四年至二十三年，値卦遯之漸之六四爻。

辭曰：「鴻漸於木，或得其桷，无咎。」

象曰：「或得其桷，順以巽也。」

遯本卦之九四爻，辭曰：「好遯，君子吉，小人否。」

象曰：「君子好遯，小人否也。」

【註一】鴻，鳥名，爲雁之大隻者，頭頸及背面暗黃褐色，翼黑褐色，尾灰褐色，嘴尖黑，與鵝及鴨相似，古人以鴻雁遞寄信片，故書信亦有片鴻與鴻片之稱。

【註二】漸，徐進也，凡由淺入深，由近至遠皆曰漸，如徐徐而進，即言漸漸而進也。

【註三】於，同于，又古姓氏，黃帝有於則，始造履。則即於氏始祖也。

【註三】木，樹木也，叢木曰林。

【註四】桷，音穀，植物名，幹高自五六尺至二三丈，葉爲橢圓，緣邊有缺刻及大小之鋸齒，新葉細毛，老葉無之，春末開花，五瓣，淡紅色，花後結小球果，如豌豆大，赤色或黃色，其狀似「象穀。」象穀即罌粟之別名也，（見辭海「罌粟」與「桷」註解。）

【註五】巽，通遜，讓也，書堯典：「汝能庸命巽朕位。」

【註六】好，相善也，詩鄭風：「女曰鷄鳴。知之好之。」箋：「謂與已和好」。又讀號韻，私好也，書洪範：「無有作好。」

【註七】君子，有才幹仁德之士也。

【註七】小人，乏才幹仁德之人也。

此段預言，閱完上敍註解，已可以明白暗示林則徐鴉片事件，易經預言，多以射謎式而令人會意領悟之，此卦「鴻漸於木，」與「或得其桷。」「順以巽也。」如未經上面註釋，眞不知所言者什麽？一經點明，那末，對於此際道光十八年間的鴉片戰爭，可以不費思解而明白了。原來公元一八三八年，清廷以英人運華鴉片日多，華人吸者漸衆，屢禁無效，廣東爲鴉片進口之處，乃派林則徐赴廣東查辦，則徐至粵，迫英人交出鴉片二萬餘箱焚之，驅英人出澳門，並絕其互市。

英兵遂於道光二十年，（公元一八四〇年）侵擾粵閩沿海之地，進陷定海，并派人北上，遞國書，訟其事，會宗惑於讒言，黜則徐，命琦善代之，琦善一反則徐所爲，卽與英人訂休戰之約，（好遯也。）而英人復要求割讓香港，（巽讓之也。）清廷怒，又斥琦善，（小人否也。）遣奕山楊芳等赴粵接辦其事，英人以所求不遂，卽進占虎門等砲台，再擾廣東。粵民大憤，組平英團以拒之，英又移軍北犯，攻陷厦門、定海、鎭海、寧波等處。二十二年（公元一八四二年）又陷乍甫、寶山、上海，沿江而上，攻拔鎭江進襲江寧，清廷恐，急派耆英伊里布至江寧與英言和，訂立南京條約，凡一十三欵。其中重要者（一）賠英兵費二一〇〇萬兩，又商欠三〇〇萬兩，煙價六〇〇萬兩，（二）割香港與英、（三）開廣州、福州、厦門、寧波、上海五口通商。（四）協定關稅；開我國與外國訂立不平等條約之端。至林則徐，則被謫戍伊犂，旋復起用，官雲貴總督，好遯君子吉也。洪揚事起，召爲欽差大臣，未至而卒，謚文忠。

按香港地形，如一頁之川島，易曰：「順以巽也」以順字射香港而言遜讓巽者遜也。之，誠妙喻也。

讚曰：片鴻意象鳥鴉樣，徐漸則于木林中；

辭典分明同易說；栴花之喻奪天工。

君子好遯當善始，小人否塞道難通；

南京條約貽羞話；順以巽也指盧峰。

公元一八四四年甲辰，至一八五三年癸丑，即道光二十四年至三十年，咸豐元年至三年，直卦遯之旅卦六五爻。

辭曰：「射雉、一矢亡，終以譽命。」

象曰：「終以譽命，上逮也。」

遯本卦之九五爻，辭曰：「嘉遯，貞吉。」

象曰：「嘉遯，貞吉，以正志也。」

【註一】射鴙，射，以矢射物也，鴙，鳥也，射鴙，打獵之事也。

【註二】矢，箭也。

【註三】亡，音蕪，作無字解。

【註四】譽，聲揚也，論語衛靈公：「誰毀誰譽！」又美稱也。孟子告子：「令聞廣譽施於身。」

【註五】命，受命也，命令也。

【註六】逮，及也，書費誓：「無敢不逮。」

【註七】嘉，嘉許也。嘉贊也。

此段預言，有關於道光帝立太子，及清文宗嗣統的故事，原來皇四子奕詝本是孝全皇后所出，前文已經敘過，道光帝早欲立爲皇儲，嗣後，又鍾愛皇六子，漸改初意，不過孝全崩逝疑案未明，道光帝始終悲悼，倘若不把皇四子立爲太子，終有些過不去，因此，逡巡未決，是時，濱州人侍讀學士杜受田在上書房行走，授皇子讀書，他與皇四子感情最深，滿擬皇四子入承宗社，將來隱隱爲傅相，旋因道光帝意有別屬，未免爲此關懷，會皇四子奕詝奉道光帝命赴南苑校獵，杜老乃與皇四子耳語機宜。皇四子答應而去，至圍場時，諸皇子與高采烈，爭先馳逐，獨他一人呆坐，諸從人亦垂手侍立，諸皇子各來問故，皇四子僅答以身子未快，所以不敢馳逐，（射鵠一矢亡也。）獵了一日。各回宮覆命，諸皇子皆有所得，皇六子奕訢，獵得禽獸比別人更多，入報時，面露得意之狀，惟皇四子兩手空空，毫無一物，道光帝不禁怒道：「你去馳獵鎮日，爲何一物沒有？」皇四子從容稟道：「子臣雖是不肖，若馳獵一日，當不至一物沒有，但時當春和，鳥獸方在孕育，子臣不忍傷害生命，致干天和，且很不願就一日弓馬，與諸弟爭勝。」（射雉一矢無之原因。）道光帝聽到此語，不覺轉怒爲喜道：「好！好！看汝不出有此大度，將來可以君人，我方放心得下哩！」于是遂密書皇四子名，緘藏金匣。易云：「終以譽命，上逮也。」正與此段史實扣合。

又文宗嗣位後，是爲咸豐帝，因追念杜師傅的擁戴大功，立擢爲協辦大學士，杜師傅更力圖報稱，所有政務，時常造膝密陳，因此求賢旌直的詔旨，連篇迭下，如起擢故雲南總督林則徐，漕督周天爵，總兵達洪阿，道員姚瑩等，多是杜協揆暗中保薦，中外翕然稱頌，（易曰：嘉遯，貞吉，以正志也。）

讚曰：「競爭帝位尚機謀，校獵之時策劃周，
射雉既然無一矢，仁心嘉譽反兼收。
荀卿性論從虛僞，杜老誨生巧善柔，
易數先排明此局，方知世事莫强求。

公元一八五四年甲寅，至一八六三年癸亥，即咸豐四年至十一年，
同治元年至二年，值卦遯之咸卦，上六爻。
辭曰：「咸其輔、頰舌。」
象曰：「咸其輔、頰舌，滕口說也。」
遯本卦之上九爻。辭曰：「肥遯无不利，」
象曰：「肥遯無不利，无所疑也。

【註一】　咸，讀平音咸韻，悉也，皆也。音緘，引也，莊子天運：「其有機緘而不得已耶？」同減，損也，漢書昭帝紀：「戶口，咸半」減也，國語魯語「小賜不咸。」又同也，左傳僖二十四年「咸同也。」

【註二】　輔，助也，相也。易泰卦：「輔相天地之宜。」習用爲宰輔，又輔字從車從甫，車，車駕也。舊時以車駕，稱天子，漢書高帝紀：「是日，車駕西都長安。」註「凡言車駕者謂天子乘車而行不敢指斥也。」甫，男子美稱；禮曲禮：「有天王某甫。」注「某甫，且字也。」疏「且字者，未斥其人，且以美稱配成其字。」——又輔通酺，左傳僖五年：「酺作輔，段玉裁云「古多借輔爲酺，酺頰也，此爻、輔、頰、舌，均屬面臉之物，有關面子之事，舊唐書張濬傳「濬出軍，討太原，楊復恭奉卮酒，屬濬，辭，復恭曰：「相公握禁兵，擁大旆，單獨一面，不領復恭意作面子耶？」濬笑曰：「賊平之後，方有面子。」

【註三】　滕口說也，滕通騰，傳也，滕口，即以口傳授也，任昉報隨倕書「術兼口傳之書。」說，遊說也，謂以言語喻人，使從己也，孟子盡心「說大人則藐之。」又本爻說與頰字幷見，有說項緩頰之義，一隅三反，讀者宜知之。

【註四】　肥，豐也，與咸字，便是明晦格，射咸豐之年號也。又地方名，如肥水合肥等是。

【註五】遯，逃也，隱也，見前解。

【註六】無所疑也，疑，信之反，無所疑，便是深信他的意思。

此段預言，觀以上各欵解說，可以明白此際咸豐帝處境的複雜，而作者，亦不免費一番工夫，加以分析之，好像太平天國的內亂，英、法、美、俄等國的侵犯，輔相大臣的良莠不齊，咸豐帝的逃難熱河，以及同治帝的嗣位等，茲分敘如下：

一、太平天國事件——洪秀全，廣東花縣人，生於嘉慶十七年，父母早喪，因失志科考，環境困難，忽聞朱九儔創上帝教，勸人行道，乃與友馮雲山拜之爲師，誠心皈依，九儔死，秀全繼承師說，設壇宣講，人教者頗爲踴躍，滕口說也。旋在廣西桂平縣結成會社，取洪字偏旁三點水之意，而稱爲三點會亦輔頰舌之點也。佳平人楊秀清、韋昌輝；貴縣人石達開、林鳳祥、秦日綱；武宣人蕭朝貴；揭陽人羅大綱；衡山人洪大全等皆依附之。經過數次的宣傳，入會的人，盈千盈萬，遂畜異謀，於道光三十年起義，光緒元年，攻陷永安州，建號太平天國，自稱天王（輔字從車從甫之應。）封楊秀清爲東王，蕭朝貴爲西王，馮雲山爲南王，韋昌輝爲北王，（亦輔字之義。）石達開爲翼王，秦日綱等十人爲丞相、軍師，而與清朝抗衡，清軍因他蓄髮易服，稱爲髮逆，亦稱之爲長毛賊，而洪秀全則稱清朝爲妖，連下湘、鄂、皖、蘇各省，定都金陵，下令改陽曆，易服制，尙新學，廢科舉，興女學，戒纏足，廢娼妓，禁鴉片，規模大具，復出經略四方，清軍屢爲所敗，先後攻拔六百餘城，勢力所及者，十有六省。其後，因諸將互相忌殺，人心渙散，清朝復重用曾國藩、左宗棠、李鴻章等分道進攻，各地相繼失守，同治三年，金陵亦爲曾國荃等所破，秀全仰藥死，太平天國遂亡，共歷十五年，起公元一八五〇年至一八六四年。

按鑑別面容之秀陋者，常以面頰口舌聲音等各事之是否咸相輔配，然後評判之，今是爻云「頰舌滕口說，咸其輔。」正與「秀全」之稱扣合也，讀者宜細心觀玩爻辭而思繹之，當可明白也。

二、英法聯軍破北京事件——自鴉片戰爭，英國割據香港，并開五口通商後，歐州各國如美、法等，見中國的弱點，亦承勢染指，直接遣使至粵，請援例通商，道光二十四年，與美使柯身協定中美商約三十四歘，又與法使拉萼尼協定中法商約三十三歘，大旨仿照英例，惟約中更有「利益均霑。」四字，添了後來無數糾葛。當時南京條約中，五口通商，廣州是排在第一個口岸，英人欲援約入城，粵民不肯，合詞請欽差大臣耆英申禁，耆英不肯，衆百姓遂創辦團練，按戶抽丁，自行抵制英人，不受官廳約束，英使見民氣激烈，亦不敢遽行進城，旋由耆英向英使商緩二年如約，事乃暫寢，而耆英不久奉召回京，另授徐廣縉爲兩廣總督，葉名琛爲廣東巡撫。越年，英政府改任文翰爲香港總督，申請二年入城的契約，舊事重提；新官不答，英船乃闖入省河，因見兩邊岸上，義勇密集，槍械森列，旗幟鮮明，不敢侵犯，深恐萬一決裂，各船盡成虀粉，因與徐制臺會面時；虛心下氣，情願罷兵修好，不復言入城事；廣縉亦温言撫慰，勸其休犯衆怒，方好在廣州海口開艙互市，文翰應允，下令將英船一律退去，廣東亦因此安靜了數年。徐廣縉調任湖廣後，巡撫葉名琛就升爲總督，會英政府召回文翰，改派包冷來華，包冷復請英商入城，名琛不許，包冷屢次申約，名琛皆不答覆，有時連咨請別事，也東之高閣，清廷因廣東數年無事，以爲名琛有絕大才能，坐鎮雍容，故擢升爲體仁閣大學士，留任廣東，名琛益大言自負。咸豐六年，英政府復遣巴夏禮爲廣東領事，巴夏禮又來請入城，名琛仍用老法子，一字不答。巴夏禮素性負氣，竟日夜尋釁，謀攻廣東，適值東莞縣會黨作亂，按察使沈棣輝督官紳兵勇，把會黨擊退，匪黨遁居海島，投入英籍，獻議巴夏禮，請攻廣東。巴夏禮遂訓練水手，借故開衅，炮攻黃埔，名琛不特不爲抵禦；且縱任兵勇把洋人商館及十三家洋行統行燬去，因此惹起美法二國連派軍艦，同攻省城。既登陸，粵兵敗退，巡撫柏貴，知事不妙，忙令紳士伍崇曜出城議和，英領事巴夏禮迫栢撫與英法諸官一同列銜出示安民，將名琛搜去幽禁於印度（輭禁至死。），并連結美、法、俄三國兵艦進襲天津，攻陷大沽口，提出條約議和。所訂條約之簽押，因要鈐用國寶，定期來年互換，各國艦隊次第退出。迨翌年屆期，各國艦隊又駛往天津，遵例換約，適直親王僧格林沁在大沽口經營防務，修築砲臺，叢植木樁。遙見洋艦駛進，忙遣員蕩舟出口，往晤各國使臣，告以大沽設防，請改由北塘駛入，使臣多半聽命。獨英艦長抗不遵行，竟駛入大沽，截住港口鐵鏈，用砲炸裂，魚貫而進，幷豎起紅旗，要與中國開戰，僧王亦傳下軍令，俟外人逼近砲臺方開砲轟擊，英艦竟將港內鐵鎖木樁一概毀掉，進攻砲臺，守兵開砲還擊，把英艦轟沉數艘，餘船亦中砲，不能行，只有一艘逸去，英兵死了數百，砲臺上面的武弁，亦傷亡數人，只美使華若翰遵約改道行走，纔得換約，清廷狃於小勝，方私相慶賀，不料英人暗圖報復，在廣東修造船隻，招募潮勇，再圖入侵。咸豐十年六月，大舉再犯天津，直破大沽，派兵北上，擾及河西，京城裏面，風聲鶴唳，一夕數驚，咸豐帝一面遣怡親王載垣再赴通州議和，一面收拾行李，出駐圓明園，英使額爾金不肯罷休，率洋兵北上，警報遞入圓明園，一班大臣，驚惶萬狀，慫恿咸豐帝北狩，於是咸豐帝乃與后妃及四春娘娘，皇太子等一百餘人，啓鑾北狩，遯居熱河。肥遯也。而圓明園竟爲英法聯軍延燒三夜三日，內外庫欵搜括淨盡。亦是肥遯之義。其損失不堪言狀，迫清廷屈辱，接受天津條約議和之後，咸豐帝亦因此失面子，心灰意懶，不願回鑾，借樂排悶，色慾消愁，因此未免斵害身體，於是享年三十一歲，遂崩於避暑山莊行殿寢宮，由皇太子載淳嗣位，是爲同治

咸釋同之驗。

按上敘外患之事，清廷處處顯見懦弱無能，而大臣防禦之失策，每至被迫作城下之盟，訂約議和，或倩通譯緩頰，或由外使居中斡旋，滕費口舌，此皆咸豐。其輔、頰舌、與咸引其輔頰滕口說也舌之驗。至於咸豐帝的逃難熱河，除攜帶豐裕肥的行李外，并攜帶有后妃及圓明園姝麗等胭脂肥美，而遯居之，其在個人之享受，當是无不利也。再另由一方面言之，此際內患，太平天國之席捲六百城財富，與外患英法聯軍的焚毀圓明園，奪去庫藏珍品，皆是肥遯而无不利的事，難怪夫子讚易至此，亦要慨嘆一聲：「肥遯，无不利，无所疑也！」

讚曰：輔頰舌咸居面上，天生相配秀全形，
以斯三點成洪志，十五年中幾滅清；
滕口說也傳教義，肥遯華夏六百城；

可憐帝子驚魂魄，外患內憂羈客情。

統觀遯卦六爻，所歷六十年，由公元一八〇四年至一八六三年，卽嘉慶九年甲子至同治二年癸亥的吉凶休咎，正是清廷逐漸衰弱的時期，由遯卦遯字的釋義，遯是「遁逃」「欺誑」和「隱避」的意思，所以此際的歷史沿革，正有如海寇蔡牽、朱憒的遯逃和李長庚的尾追，初爻遯尾之謂。道光帝命伊犁將軍逮捕回疆參贊大臣斌靜，二爻執之用黃牛之革之驗又伊犁之犁字釋爲牛也。太后鴆毒孝全皇后，關係姑媳勃谿疑案三爻係遯之驗。，鴉片戰爭，中英交惡，旋議和訂立南京條約修好，好遯之驗。皇四子奕詝因遯避射獵而反得道光之嘉許嘉遯之驗。以及太平天國之起義，連下六百餘城，富敵清朝；四國聯軍入北京，搜括圓明園及和約獲得賠欵；暨咸豐帝肥擁后妃姝麗，遯居熱河（肥遯之驗。）等等史實，不特先後次序相符，而且意義顯然無訛，卽以每十年所主直卦如遯之同人卦，以一個「門」字而暗示「澳門」英軍登陸等事；遯之姤卦，以一個「魚」字而暗示清吏之發生魚肉人民，官迫民反等事，遯之否卦，以「包羞」二字，而暗示各命吏的荒淫失德，含垢可恥等事；遯之漸卦，「以鴻漸於木」而暗示林則徐之姓名，以一個「桷」字，而暗示鴉片之事件；遯之旅卦，以「射雉一矢亡，終以譽命。」一語，而暗示道光帝確立太子之事，遯之咸卦，以一「咸」字而暗示此際之「咸豐」與「同治」年號以及種種之史事，凡此種種徵信，確是中國政治哲學預言的無訛，而周易與皇極易數的準確，是很值得寶貴和推崇的事呢！

䷠ 艮下乾上

遯亨小利貞。遯，徒困反。○遯，退避也。爲卦二陰浸長，陽當退避，故爲遯。六月之卦也。陽雖當遯，然九五當位而下有六二之應，若猶可以有爲。但二陰浸長於下，則其勢不可以不遯。故其占爲君子能遯，則身雖退而道亨。小人則利於守正，不可以浸長之故而遂侵迫於陽也。小謂陰柔小人也。此卦之占，與否之初二兩爻相類。○象曰：遯亨，遯而亨也。剛當位而應，與時行也。以九五一爻釋亨義。小利貞，浸而長也。長，丁丈反。○以下二陰釋小利貞。遯之時義大矣哉。陰方浸長，處之爲難，故其時義爲尤大也。○象曰：天下有山，遯。君子以遠小人，不惡而嚴。遠，袁萬反。○天體无窮，山高有限，遯之象也。嚴者，君子自守之常，而小人自不能近。○初六遯尾厲，勿用有攸往。遯而在後，尾之象，危之道也。占者不可以有所往，但晦處靜俟，可免災耳。象曰：遯尾之厲，不往何災也。○六二執之用黃牛之革，莫之勝說。勝，音升。說，吐活反。○以中順自守，人莫能解，必遯之志也。占者固守，亦當如是。象曰：執用黃牛，固志也。○九三係遯，有疾厲，畜臣妾吉。畜，許六反。○下比二陰，當遯而有所係之象，有疾而危之道也。然以畜臣妾則吉。蓋君子之於小人，惟臣妾則不必其賢而可畜耳。故其占如此。象曰：係遯之厲，有疾憊也。畜臣妾吉，不可大事也。憊，音敗。○九四好遯，君子吉，小人否。好，呼報反。否，方有反。○下應初六，而乾體剛健，有所好而能絕之以遯之象也。唯自克之君子能之，而小人不能。故占者君子則吉，而小人否也。象曰：君子好遯，小人否也。○九五嘉遯，貞吉。剛陽中正，下應六二，亦柔順而中正，遯之嘉美者也。占者如是而正則吉矣。象曰：嘉遯貞吉，以正志也。○上九肥遯，无不利。以剛陽居卦外，下无係應，遯之遠而處之裕者也。故其象占如此。肥者，寬裕自得之意。象曰：肥遯无不利，无所疑也。

# 易元會運 卷六

## 易元會運 公元一八六四年起至公元一九二三年止

公元一八六四年甲子，至一八七三年癸酉，卽同治三年至同治十二年，值卦訟之履卦初九爻，

辭曰：「素履，往，无咎」

象曰：「素履之往，獨行願也。」

訟本卦初六爻辭曰：「不永所事，小有言，終吉。」

象曰：「不永所事，不可長也，雖小有言，其辯明也。」

【註一】 素履，言平凡自安也，謝靈運遠征賦：「結素履之落緒。」文素，空也，如素王，謂有王者之道，而無王者之位也，莊子天道「以此處下立聖，素王之道也。」註：「有其道而無其爵者，所謂

素王自貴也。」家語本姓解齊太史子與見孔子，退曰：「或者天將欲與素王之乎？夫何其盛也！」按春秋左傳序：「立素王。」孔疏：「素，空也，言無位而空王之也。」如素餐，陳奐傳疏註孟子盡心篇云：「無功而食，謂之素餐。」文選曹子建求自試表註引韓詩云：「素者質也，人但有質樸而無治民之材，名曰素餐。」論衡量知：「素者，空也，空虛無德，餐人之祿故曰素餐。」履，行也，為也，禮表記：「處其位而不履其事則亂也。」即空處其位而不履其事的意思。

【註二】 訟，爭辨也，凡辨論是非曲直的事皆謂訟。又自責也，論語公冶長：「吾未見其過而自訟者也。」包註：「訟猶責也。」

此段預言有關於（一）同治帝嗣位時宮廷之訟非及兩宮垂簾聽政，空有帝名而無帝實。（二）同治帝之夭殤。（三）焚燬法國教堂事件之發生等故事，茲分敘如下：

一、穆宗之嗣位與兩宮垂簾訓政前之訟非——咸豐十一年七月，文宗崩，宗室載垣、端華、肅順三人受遺詔，立皇長子載淳為皇太子，而與軍機大臣景壽、穆蔭、匡源、杜翰、焦祐瀛等共八人，自署爲贊襄政務王大臣，總理政務，是時政治中心，歧而爲二，一在熱河，以肅順爲首領，一在北京，以奕訢爲首領，而肅順殊不以奕訢爲意，以爲幼主，吾輩所擁立，吾何事不可爲，由是一時詔旨，皆出肅順之意，口授軍機處行之，既不利幼主之回鑾，又不欲留京王大臣來奔喪，常以譎術制止，而不知兩宮太后及奕訢黨與，已窺伺於其後也。是年八月，御史董元醇以皇太子年幼，天步方艱，疏請兩宮皇太后垂簾聽政，并派近支親王一二人輔政，以繫人心，太后將從其請，而肅順等三人抗論以爲不可，有臣等受遺詔贊襄皇上，不能聽命於太后之語，退復以家法無太后垂簾故事，命軍機處駁還之（訟也）。已而恭親王奕訢至熱河見載垣等，卑遜特甚，肅順尤蔑視之，太后將召見，杜翰曰：「恭王與太后叔嫂不通問，且太后居喪，尤宜遠嫌。」肅順稱善，即阻奕訢，使不得進見兩宮。後奕訢設計得獨進見，太后慮肅順等專恣，因與奕訢密謀，誅殺肅順、端華、載垣三人之策。謀既定，即召鴻臚少卿曹毓英，密擬拏問各旨，以備到京發表，而令奕訢先還京。太后旋即下詔回鑾，肅順力阻曰：「皇上冲齡，北京無備，臣等不敢奉詔。」太后曰：「倘有意外與汝等無關，乃使肅順護送梓宮，於九月二十三日出發，而別命載垣、端華等，扈蹕先從間道行。於是大學士賈楨、周祖培，尚書沈非霖等，復合疏請兩宮太后垂簾，皖豫督師內閣學士勝保，亦奏請簡近支親王輔政。十月朔至京師，太后即下詔暴載垣、端華、肅順等罪狀，解三人贊襄王大臣之職；降旨拏問，而以恭親王奕訢爲議政王。「奕訢奉詔，即命司衞執載垣、端華二人，擁至宗人府幽之，時肅順方次密雲，緹騎至，肅順閉戶拒捕，緹騎毀外戶入，肅順咆哮詈罵，遂械送京師，旋賜載垣、端華自盡，棄肅順於市，景壽、穆蔭、杜翰、焦祐瀛等俱革職，穆蔭遣戍軍臺，並嚴治黨援，尚書陳孚思，侍郎黃宗漢等均革職發遣有差。易訟卦曰：「不永所事，小有言，終吉。」象曰：「不永所事，訟不可長也，雖小有言，其辨明也。」觀此段史實，可以感到預言的不錯了。

自端華、肅順、載垣被誅後，而兩宮垂簾之局以定。兩宮者，孝貞后鈕鈷祿氏，孝欽后葉赫那拉氏也，孝貞為穆揚阿女，文宗之正后，孝欽為惠徵之女，文宗之寵妃，穆宗之生母也，既垂簾聽政，而同治帝年幼無知，事實等於素履帝位而已。（素履之義。）但幸兩宮，一則德優，一則才優，而且能專任漢人策，內則以文祥、倭仁、沈桂芳等為相，外則以曾國藩、左宗棠、李鴻章等爲將，自軍政吏治黜陟，賞罰，無不諮詢，故卒能削平大亂，開一代中興之局。往，无咎之義。又當時西后警敏有權略，一身事業，均有關大局，舉凡判閱奏章，裁決庶政悉主之，而召對臣下諮訪利弊，西后裁決，悉中窾要。易謂：「素履之往，獨行願也。」不是很有意義麼？

二、同治帝之夭殤——同治十一年，帝年十八，東后欲婚尚書崇文山之女，西后欲婚鳳秀之女，令帝自決，帝擇東宮所擬定者爲后，西后不悅，大婚之夕，皇后對頗稱旨，帝命背誦唐詩，無一字誤，益寵幸。而西后誡之曰：「鳳秀之女，屈爲慧妃，宜加眷遇，皇后年少，不嫻宮中禮節，勿常往其宮。」自是遂絕，西后又陰使內監，時復監視之，帝大不悅，故終歲獨宿乾清宮，內侍有陰導帝微行者，起居多不律，因以致疾，於甲戌十三年冬十月崩，皇后慟極，誓以身殉，遂不復食，未逾百日而亡。易曰：「素履之往，獨行願也。」又曰：「不永所事，小有言，終（壽終之終也）吉。」豈然，豈其然乎！

三、關於焚燬法國教堂事件——中外自互市後，教民與華民，時有齟齬交涉之事，清廷特建總理各國衙門，幷在各口岸設通商大臣，專營外交，英、美、俄、法外，德意志，丹麥、荷蘭、西班牙、比利時、意大利、奧大利、日本、祕魯等國，均以利益均霑的理由，來請互市，均由總理衙門與之訂約，同治九年，因天津有匪徒武蘭珍，迷拐人口，被知府張光藻、知縣劉傑緝獲，當堂審訊，搜出迷藥，供稱係教民王三給與，民間遂宣傳天主教堂，遣人迷拐幼孩，挖目剖心，充作藥料，當時一傳十，十傳百，以訛傳訛，幷將義塚內露出枯骨，均爲教堂棄擲，人情恟恟，都要與教堂反對，通商大臣崇厚及天津道周家勳往會法國領事豐大業，要他交出教民王三，帶回署中，與蘭珍對質，蘭珍又翻掉原供，語多支離，無可定讞，崇厚飭役送王三回教堂，一出署門，百姓爭罵王三，並拾石向其拋擊，以致王三皮破血流，王三哀訴教士，教士轉訴豐大業，豐大業不問情由，與崇厚交涉，咆哮辱詈，崇厚以好言勸慰豐大業，不從，竟取出手槍擊射崇厚，崇厚忙避入內室，一擊不中，豐大業憤憤出署，途中遇着知縣劉傑正在勸解百姓，他又用手鎗亂擊，誤傷傑僕，惹起百姓動了公憤，頓時一擁而上，把豐大業推倒毆斃，道旁隨即鳴鑼聚衆，闖入教堂，將教堂燒得精光，幾釀巨禍。是時，曾國藩任直隸總督，方因頭暈請假，朝命力疾赴津，與崇厚會同辦理，曾侯到津，主張和平解決，不欲重開兵端，致蹈道咸年間的覆轍；又因崇厚就職多年，久習洋務，凡事多虛心聽從。當時法使羅淑亞要求四事：一、賠修教堂；二、安葬領事；三、懲辦地方官，四、嚴究兇手。曾侯擬允他二三條，獨懲辦地方官一事，因與主權有碍，不肯照允，法使亦倔强不肯讓步，勢將決裂。曾侯乃奏報清庭，旨命兵部尚書毛昶熙等到津，令辦教案；一面調湖廣督李鴻章，及在籍提督劉銘傳到京督師，防衞近畿。毛昶隨員陳欽素有膽略，到津後，與法使侃侃力辯，法使不能詰，只固執前說，逕行回京，崇厚奉旨出使法國，即由陳欽署理通商大臣，曾侯遂與陳欽會奏羅淑亞回京緣由，請中外一體堅持定見，幷將連日會議情形，具報總理衙門，當由總理衙門轉奏，奉諭着李鴻章馳赴天津，令同曾國藩等迅速緝兇，詳議嚴辦及早擬結，曾李乃分別定擬，把滋事人民十五人正法，軍流四人，徒刑十七人，朝旨又命將張光藻、劉傑充戍黑龍江，教案纔結。亦不永所事，訟不可長也，雖小有言，其辨明也之驗。

讚曰：素履帝名年紀小，同治天下仰雌威，

獨行其願當斯義，无咎之稱兩不違。

不永其年成短命，小言終吉見當時，

訟中可長招非議，依舊政權入女姬。

公元一八七四年甲戌，至一八八三年癸未年，即同治末年，光緒元年至九年，值卦訟之否卦六二爻，

辭曰「包承，小人吉，大人否、亨、」

象曰：大人否亨，不亂羣也。」

訟本卦九二爻，辭曰：「不克訟，歸而逋其邑人三百戶，无眚。」

象曰：「不克訟，歸逋竄也，自下訟上，患至掇也。」

【註一】包承，包，通胞，同父母所生者謂之胞，如言胞姊、胞妹、胞侄；承，承繼也，承事也；包承，謂以同胞血統繼承的意思。

【註二】小人，指未成年之人，幼弱者之稱。

【註三】大人，指已成年之人，長大者之稱，又指尊長也，如父母親大人是。

【註四】亂，治也，理也，書顧命：「其能而亂四方。」又兵事也，周禮春官大宗伯：「以恤禮哀寇亂。」

【註五】羣，朋輩也，禮檀弓：「離羣而索居。」注：「羣，謂同門朋友也。」和以處衆曰羣，論語：衛靈公：「羣而不黨。」

【註六】克，肩也，見說文克部，鍇註：「肩者任也，負荷之名也，又能也。書堯典：「兄恭克讓」，勝也，書洪範：「二曰剛克，三曰柔克。」又好勝人也，論語憲問「克伐怨慾。」

【註七】歸，回也，執也，如回歸，執歸是。

【註八】逋，亡也，逃竄也，左傳哀十六年「逋竄於晉。」逋逃，謂逃亡之罪人也。

【註九】三百，百音伯；衆多之意，如云百物，百姓。又音陌，勉力也，左傳僖二十八年「距躍三百，曲踊三百。」註「猶厲也。」

【註十】掇，拾取也，詩，「薄言掇之。」又侵掠也，史記張儀傳：「秦得燒掇焚杅於君之國。」

此段預言，有關（一）同治帝駕崩乏嗣，另由文宗奕詝同胞兄弟奕譞之子載湉爲承繼。（二）朝鮮與日本發生嫌隙，讓成交涉的事，兹分叙如下：

一、光緒帝嗣位的故事——同治帝六歲時，卽繼承帝位，因年幼無知，故由兩宮太后垂簾聽政，迨甲戌十三年十二月帝崩乏嗣，由二宮另選文宗奕詝（卽咸豐帝）同胞兄弟奕譞之子載湉入承大統，爲嗣皇帝，嗣皇帝載湉，亦卽西太后胞妹所生，旣卽位，是爲光緒德宗景皇帝，時年僅五齡。初穆宗疾大漸，詔軍機大臣李鳴藻入見，口授遺詔，令鴻藻書之，謂國賴長君，當令貝勒載澍入承大統，凡千餘言；鴻藻奉詔，馳赴儲秀宮中，請急對，出袖中詔以進，西太后大怒，碎其詔，叱鴻藻出，由兩宮西太后召親王大臣等重議，而決立載湉，如前叙。易曰：「包承，小人吉，大人否，亨。」正是預言此際清廷以同胞兄弟同胞姊妹之子爲繼承嗣皇帝，并以年齡僅五歲的小孩子，而不以年長之貝勒的史實相符合呢！

二、朝鮮與日本之膠轕事件——朝鮮國王李熙，係由旁支嗣立（亦包承的意思）封生父李應是爲大院君，主持國柄，李熙年長，親裁大政，大院君退處清閒，黨與亦漸漸失勢，王妃閔氏才貌兼全，爲李熙所寵幸；閔族中倚着王妃的勢力，次第用事，盡改大院君舊政，大院君素主保守，拒絕日本，閔族公卿，多主平和，與日本結江華條件，開元山津與仁川二口岸給日本通商。朝鮮本是中國的藩屬，總理衙門的大員，偏視爲無足重輕，絕不過問。朝鮮恰暗生內訌（不克訟之驗。）一班守舊派，又請大院君出頭，與閔族反對。（自下訟上之驗。）時當光緒八年，朝鮮兵餉缺乏，軍士譁變，守舊派隨趁勢作亂，闖進京城，把朝上大臣及外交官殺死了好幾個，并殺入王宮，搜尋閔妃，恰巧閔妃聞風避匿，無從搜獲，（歸逋竄也之義）遂鼓噪至日本使館，戕殺日本官吏數人。（患至掇也之義。）警報傳至中國，署直隸總督張樹聲，即派提督吳長慶等率軍入朝鮮，長慶頗有才幹，到了漢城，陽說來助大院君，大院君信以爲眞，忙到清營會議，自投牢網，被長慶拏住，立派幹員，押歸天津，還有百餘個黨首，亦由長慶捕獲，盡置諸法。（歸而逋其邑人三百戶无眚之義。）這時候，日本亦發兵到來，見朝鮮已沒亂事，只得按住了兵，索償人命，當下由吳長慶代作調人，令朝鮮賠欵了事，因日本不肯罷休，再遣兵至朝鮮問罪，又令宮內大臣伊籐博文等到中國交涉，與朝命李鼒毅侃侃辯論。議定和約，除納賠欵遣使至日本謝罪外，并准日本駐兵朝鮮，從此朝鮮，被日本認爲保護國了。

讚曰：同胞兄弟兒猶子，姊妹連襟戚共誼；
光緒淵源年紀幼，包承繼統最相宜。
朝鮮內訌招外患，歸捕匪亂訟紛紛，
駐兵成議扶桑約；從此喪權入博文。

公元一八八四年甲申，至一八九三年癸未，卽光緒十年至十九年，

値卦訟之姤卦九三爻，

辭曰：「臀無膚，其行次且，厲，无大咎。」

象曰：「其行次且，行未牽也。」

訟本卦之三爻，辭曰：「食舊德，貞厲，終吉，或從王事，无成。」

象曰：「食舊德；從上吉也。」

【註一】 臀、兩股上端、與腰上聯之部位。

【註二】 膚，身體之表皮也，又切肉曰膚，禮內則「麋膚魚醢。」注「膚，切肉也。」又膚受也，論語顏淵「浸潤之譖，膚受之愬。」邢疏：「皮膚受塵，垢穢其外，不能入內，以喻讚毀之語，但在外萋斐，構成其過惡，非其人內實有罪也。」又按朱熹集註：「膚受，謂肌膚所受利害切身，如易所謂剝牀以膚，切近災者也。蓋浸潤之譖以柔，膚受之愬以剛，一則不覺其入，一則不暇致詳，二者皆難察也。」

【註三】 行，行止也，動靜也，北史崔浩傳「平涼既平，其日宴會，帝執浩手以示蒙遜，使曰：「所云崔公此是也，朕行止必問，成敗决焉。」又行，在也，天子巡幸所在之地，曰行在，漢書武帝紀：「徵詣行在。」舊唐書呂諲傳「肅宗即位於靈武，諲馳赴行在。」天子出行，謂之行幸，唐書常山愍王承乾傳「使我快庶政，有大體後，每行幸，則令監國。」若國家所行之政務，凡立法司法以外之一切統治作用，統稱行政。至於爲帝之「行」，其一舉一動，一進一退，有關於國家興衰存亡，更無待論矣。

【註四】 次且，次，不前不精也，見說文段註「不前不精，居次之意也。」左傳昭二十年「唯有德者能以寬服民，其次莫如猛。」又等第次序也，如「其次」，「次下」等是。且，抑也，國策齊策「王以天下爲尊秦乎，且尊齊乎？」又兼舉之辭又，也，春秋文五年「王使榮叔歸含，且賵。」漢書郊祀志「黃帝且戰且學仙」。姑且也，詩唐風有樞：「且以喜樂。」次且，分解如上義，合釋之卽行不前進也，亦卽「次睢」，行難的意思，易作「次且」，廣雅釋訓作「恣睢」。幷與「趦趄」「趦趄」同。

【註五】 未牽，未，已然之對，言將來也，荀子正論「凡刑人之本，禁暴惡惡，且懲其未也。」又猶不也，無也，否也，孟子公孫丑：「或問勸齊伐燕有諸？未也。」王維雜詩：「來日倚窗前，寒梅着花未？」牽，引之使前也，又連也，易小畜「牽連否」未牽，卽未見牽引提挈的意思。

【註六】食，喫也，又祿也，受納也，禮坊記：「食浮於人」注「謂祿也。」漢書谷永傳「不食膚受之愬。」

【註七】舊德，謂先人之德澤，國語周語「悖帥舊德。」又謂老臣之有德望者，晉書何曾傳：「可謂舊德老成，國之宗臣者也。」

【註八】貞，卜問也　周禮春官大卜「凡國大貞」註：「引鄭司農云：「貞問也，國有大疑問於耆龜」又天府「季冬陳玉，以貞來歲之微惡。」註：「問事之正曰貞，問歲之美惡。」

【註九】厲，嚴也，威猛也，論語述而：「子溫而厲。」危也，易乾「夕惕發厲。」勸勉也，漢書儒林傳「以厲賢才焉。」奮起也　，管子牧民「兵弱而士不厲。」惡也，詩大雅瞻行「降此大厲。」

【註十】從，隨也，禮曲禮「必操几杖以從之。」又詩齊風還「並驅從兩肩兮」傳「逐也。」逐，亦隨義。又順也，禮樂記：「率神而從天。」按聽從服從諸義皆本此。就也，禮檀弓「從而謝焉。」

【註十一】王事，王，君也，夏商周有天下者皆稱王。事，作爲也，王事，即帝王之事也。

【註十二】上，高也，又君也，易剝「上以厚下安宅。」按秦漢以來，上爲皇帝之通稱。卑對尊亦稱上。

此段預言，明示此際光緒帝名曰在位，實際只是任憑兩宮的主裁，猶如行動只有二股足，而自己祇是臀部而已。換言之，不是殿下，而是臀下，不只是臀下，而且連一點表皮安坐的地位都沒有，他的行政的「趦且」不前，正是因爲西太后的嚴厲而未有引之使前的緣故。據清鑑所載光緒十一年乙酉六月，皇太后諭明年舉行皇帝親政典禮，不果行，至光緒十五年己丑二月，帝始親政——光緒帝雖然親政，凡事仍禀白慈宮，不敢自主，慈禧太后亦嘗令皇后及權監李蓮英暗中監察與姤卦九三爻之：「臀無膚，其行次且，厲，无大咎」和「其行次且，行未牽也」相符惟此際光緒帝的政績，全賴慈宮和一班舊德老成，國之宗臣，如曾國藩、左宗棠、李鴻章等的輔佐，食舊德之驗。至於西太后監察的嚴厲，貞厲之驗。光緒帝亦只有恭敬謹慎的隨從着母后的意旨行事而已。或從王事，无成，及食舊德，從上吉也。

讚曰：德宗在位誠如贅，政令兩宮代其行，
庸受之評非己已，次且威厲任權衡；
或從王事无成見，舊德食而辨吉貞；
皇極推排能不訛；易經百世細分明。

公元一八九四年甲午，至一九〇三年癸卯，即光緒二十年至二十九年，值卦訟之渙卦六四爻，

辭曰：「渙其羣，元吉，渙有丘，匪夷所思，」

象曰：「渙其羣，元吉，光大也。」

訟之本卦九四爻，辭曰：「不克訟，復卽命，渝安貞，吉。」

象曰：「復卽命，渝安貞，不失也。」

【註一】渙，卦名，坎下巽上，離也、見易誌卦，按說文：「渙，流散也。」流散與離義同。

【註二】羣，羣衆也，羣生也，合羣之人也。

【註三】丘，阜也，山也，說文：「丘，土之高也；一曰四方高中央下為丘。」

【註四】匪夷所思，匪字有數種解說，（一）非也，不也，詩衛風木瓜「匪報也。」詩周頌忌文「莫匪爾極。」又彼也，詩小雅小旻「如匪行邁謀。」（二）通斐，文章貌，詩衛風淇奧，「有匪君子。」夷，通彝，常也，孟子告子「民之秉夷。」匪夷所思，謂「非常人所及料也。」（三）賊寇也，如會匪土匪是。夷字亦有數種解說（一）平也，易也，詩召南草虫「我心則夷，」（二）平之亦曰夷，左傳成十六年：「將塞井夷竈而為行也。」匪夷所思，謂「羣匪的平定，不出所料也。」（三）東方之種族也，禮王制「東方曰夷。」匪夷所思，指東方民族之非為，與所思也。——所忌，所，指示事物之詞，論語為政：「觀其所以，察其所由。」又通可，史記淮陰侯傳「非信無所與計事者。」思，計慮也，禮曲禮「儼若思。」按毛詩指說引梁簡文說：「發慮在心，謂之思●所思，即指所意料或思念之事也。」

【註五】元，長也，首也，善也，左傳襄九年「元者，善之長也。」易乾卦：「元者，善之長也。」孟子滕文公：「勇士不亡喪其元。」按古稱君爲元首，臣爲股肱，即喻君臣如一身，以君擬人之首也。

【註六】光大，光，廣也，榮也；大，尊也，盛也，易坤卦：『含弘光大，品物咸亨。』疏：「包含弘厚，光著盛大。」

【註七】復即命，復，屋韻，音福，反覆也，詩小雅蓼莪「顧我復我」疏「復，謂就所養之處，廻轉反覆之也。」

即，就也，謂就而近之也，詩衛風氓：「來即我謀。」又更也，史記高祖紀：「高祖即自疑亡匿。」古通則，史記項羽紀「公徐行即免死，疾行則及禍。」命，爵命也。論語先進：「賜不受命。」又道也，易无妄「大亨以正，天之命也。」按古人每謂人道本乎天道，人之禍福窮通夭壽，皆天所支配，故有生命、性命、命運等說。復即命，即反覆天命，換言之，即革命也。

【註八】渝，變也，見爾雅釋言：註：「謂變易。」詩鄭風羔裘「舍命不渝。」傳「變也」。

【註九】安，靜也，見說文按說文繫傳「作止也。」玉篇訓安：「定也。」大學：「知止而後有定，定而後能靜，靜而後能安。」蓋安、靜、定、止、四字義幷通。又善也，適也，國語晉語「君父之所安也。」

【註十】 失，凡喪其所得或其所應得曰失。

此段預言，由上面字義的註釋，可以列出（一）甲午中日戰爭，東夷侵犯國土。（二）國父孫中山的革命運動，（渙有丘之丘字，卽含中山之義，見詳注，又匪夷所思之匪字作文章貌解，亦詳見註釋。）（三）義和團拳匪之亂，（匪夷所思的匪字，一作賊寇解。）所謂物以類聚，人以羣分，易曰：「渙其羣，」便是分別種類的意思。以上三事，是光緒甲午年至癸卯年間的犖犖大事，可以說是誰都知道的事情，蓋此際，正是清廷晚朝多事之秋，忽而有中日之戰，忽而有革命之發動，忽而有拳匪之亂，（不克訟之驗）而國父孫中山先生的革命（復卽命）反覆清朝，以致政治的變化（渝），有計劃而且始終不渝的奮鬥精神，卒至不失所望，皆是值卦，辭曰：「不克訟，復卽命，渝安貞，吉。」和象曰：「復卽命，渝安貞，不失也。」「渙其羣，元吉，光大也。」的事情，是全無訛錯的呢！

讚曰：甲午匪夷侵國土，馬關條約失三台；
義和團竟召巨患；八國聯軍勢若雷。
羣心渙散看清朝，元首重逢出野樵；
君子匪文丘意義，中華變化翠薇潮。

公元一九〇四年甲辰至一九一三年癸丑卽光緒三十年至光緒三十四年，宣統元年至三年，民國元年至二年，值卦訟之未濟卦五爻，辭曰：「貞吉，无咎，君子之光有孚，吉。」
象曰：「君子之光，其暉吉也。」
訟之本卦九五爻，辭曰：「訟元吉。」
象曰：「訟，元吉，以中正也。」

【註一】君子，有才德者之稱，禮曲禮「博聞彊識而讓，敦善行而不怠，謂之君子。」論語學而「不亦君子乎？」又異賢也，國語吳語「越以其私卒君子六千人爲中軍。」注「私卒君子，王所親近有志行者。」後漢書鄭玄傳「昔齊置士鄉，越有君子軍，皆異賢之意也。」

【註二】光，光復也，史可法覆多爾袞書：「亦未嘗不許其行權，幸其光復舊物也」。

【註三】孚，信也。

【註四】暉，光也，見說文，又日色也，見廣韻。又革命軍旗以青天白日爲標幟，即日色光暉之義也。

【註五】中正，中，方位也，四方之中爲中，左右之間亦爲中。又內也，易坤卦：「文在中也。」又中和之氣曰中，左傳成十三年：「民受天地之中以生。」又國名也，人名也。如中華民國，孫中山等是。正，定也，周禮天官宰夫「歲終則令正歲會，月終則令正月要，旬終則令正日成。」註：「正猶定也。」又正其不正也，論語子路：「必亦正名乎。」又同政，漢書陸賈傳：「夫秦失其正。」中正二字，內有文在中，而指中山，民受於天地而生，而暗定有民國之義，圓機見智，讀者宜善悟。

又中正，人名也，詳正文。

此段預言，有關於光緒末年辛亥革命，光復武昌而締造中華民國的事，所謂「君子之光，有孚，吉。」「君子之光。其暉光也。」「訟元吉，以中正也。」皆是與國父孫中山提倡革命的史實有關，現在先把孫中山先生生平史略，轉錄如下，以便參考。

孫中山先生廣東香山人，名文字逸仙，在日本時，曾自號中山樵，世因稱爲中山先生，生於公元一八六六年，十一月十二日。（卽清同治五年，陰曆十月初六日）家世業農，少有大志，初學醫於廣州及香港，會中法之戰，清軍敗績，先生憤清政不綱，國事日非，決心傾覆清廷，（訟卦九四爻：「復卽命。」之謂），創建民國，乃託名行醫，往來廣州、澳門等處，聯絡會黨，共圖革命，甲午中日戰起，先生赴檀香山，及美洲各地，與同志創立興中會，旋清軍戰敗，遂乘機回國起義，攻廣州，事敗，走日本，自此歷遊東西各國，隨地號召同志，組織革命團體，嘗在倫敦被華使館誘捕，幸得其師英人康德理之救，始得出險。一九〇五年，在日本東京以興中會合國內及歐、美、日等處革命團體，組織中國革命同盟會，擬定政體，爲民主共和，（易曰以中正也之義）并揭櫫三民主義，及五權憲法，尋分派同志回國舉義，而屢次起事，俱未成功，黃花崗之役，其最著者也。

按宣統三年辛亥三月廿九日，革命黨人黃興、陳炯明等，謀取廣州，事敗；同黨死者七十二人，粵人叢葬於番禺城北之黃花崗，號爲七十二烈士。在黨人密謀起事前，因受温生才狙擊廣州將軍孚琦自首受戮之事所影響，清吏戒備森嚴，紛紛調兵入城，黃興等急開會討論，黨人有提倡暫時解散，再作後圖者，獨黃興主張先期起事，提出三理由，其一是說密謀大舉，不應存畏縮心。其二是說大軍入城，有進無退，若半途而廢，將失信用，後來難以作事。其三，是蓄謀數年，惹起各國觀瞻，若不戰而退，恐被外人笑駡。因此三大理由，恰屬事實之事，隨決進行，而引致廿九日之難，但因此舉壯烈之犧牲後，益令清廷驚慌，革命聲威，震盪全國，各省與各國亦起重視，八月十九日武昌民軍起義後，九月湖南、江西、江蘇、安徽、陝西、山西、山東、浙江、福建、雲南、貴州、廣西、四川、新疆、甘肅、外蒙古、河南、直隸、以及東三省等之民軍紛紛起義，宣佈獨立，而海軍各艦隊亦歸附民軍。清廷至此，知大勢已去，乃遣派袁世凱議和；中山先生由各省代表聯合會選舉爲臨時大總統，組織臨時政府，而裕隆太后率宣統帝退位。與此際值卦未濟上六爻所云的「貞吉无咎，君子之光，有孚，吉。」象曰：「君子之光，其暉吉也。」與訟卦上九爻所云的「訟元吉。」象曰：「訟元吉，以中正也。」的預言是絲毫無錯的事呢！

又本段預言，值訟卦之六五，辭曰：「訟元吉。」象曰：「訟元吉，以中正也。」乃是直示孫氏革命成功後，隱伏另一民族英雄蔣氏中正之繼承大業，爲國民黨之元首也，此際蔣氏僅是廿五歲左右，已是成爲國民黨之幹才矣，夫子觀卦象而發此言，眞是天命早有先定的事呢！

讚曰：君子之光奔革命，有孚貞吉果如何？

黃花崗上英雄血；中正堂前唱國歌！

有匪君子文章貌，丘阜中山復命渝，

先後相承機內奧，預言扣合且三隅。

公元一九一四年甲寅，至一九二三年癸亥，即民國三年至十二年，

值卦訟之困卦，六五爻，

辭曰：「困於葛藟，于臲卼，曰動悔，有悔，征吉。」

象曰：「困于葛藟，未當也，動悔有悔，吉行也。」

訟之本卦上九爻，辭曰：「或錫之鞶帶，終朝三褫之。」

象曰：「以訟受服，亦不足敬也。」

【註一】困，卦名，坎下兌上，困者，窮厄委頓之名，道窮力竭不能自濟，故謂之困，見易困疏，又逃也，見方言說文通訓定聲「猶隱居也。」注「逃叛」失之。

【註二】葛藟，詩周南樛木「南有樛木，葛藟纍之，」鄭箋：「葛也，藟也，得纍而蔓之，而上下俱盛。」釋文「藟，似葛之草。」草木疏云：「一名巨荒，似燕薁，亦連蔓葉，似艾，白色，其子赤可食。」按葛與藟，皆蔓生，故詩類舉之。」詩王風篇名，世衰民散，有去其鄉里家屬，而流離失所者，作此詩以自嘆。

【註三】臲卼，動搖不安也，韓愈祭馬僕射文「適彼甌閩，臲卼跋躓。」亦作臬兀，杜甫詩：「生涯臨臬兀，死地說斯須。」

【註四】動，轉變也，呂氏春秋論威「物莫之能動。」又惑亂也。淮南子精神「不隨物而動。」

【註五】悔，恨也。詩大雅雲漢「宜無悔怒。」淮南子氾論「悔不殺湯於夏。」俗云懊悔，即此義。又咎也，公羊傳襄二十九年「尙速有悔於予身。」

【註六】征，行也，詩小雅小宛：「而月斯征。」又上伐下也，見孟子盡心。

【註七】錫，賜也，公羊傳慶元年：「王使榮叔來錫，恒公命錫者何，賜也。」

【註八】鞶帶，以皮革所製之風紀帶也，按帶，大帶也，古之仕者插笏於紳帶間，帶圍於腰，其下垂者曰紳，禮玉藻：「大夫大帶四寸。」註：「大夫以上，以素皆廣四寸，士以練二寸。」民國軍服，以鞶革爲帶束於腰。亦稱曰風紀帶。

【註九】終朝，詩小雅采綠「終朝采綠。」傳：「自旦及食時爲終朝。」又終，告終也，結局也，易繫辭「原始反終。」朝，朝代也，如宋朝，明朝，清朝等是，終朝，即結束一朝之意也。

【註十】褫，音馳，支韻，褫奪也，褫職也。

【註十一】服，事也，職也，詩大雅蕩：「曾是在服。」傳：「服政事也。」各朝官制，皆制有製服以分尊卑。民國官服亦有法定也。

此段預言有關於（一）民國肇創後之動蕩不安，國民黨被解散，發生二次革命失敗，（二）袁世凱稱帝，受國民黨及各省之反對，而取銷帝制，不久壽終。（三）南北之分裂，政治之逐鹿等事。茲申敘如下：

民國二年，袁世凱暗殺宋教仁，罷免國民黨四都督，圖謀顛覆民國，易困卦困于葛藟於臲卼之驗。國民黨起而聲討，於是發生二次革命，失敗，以致革命軍所植之勢力，蕩滌無餘。動悔有悔之驗。而袁世凱竟威迫國會，選舉為大總統，旋又解散國會及國民黨，叛國日著，孫中山先生，乃再回日本，改組國民黨為中華革命黨，并就任總理兼大元帥，負監督指揮全國軍事之責，從事討袁工作，征吉之驗。是年十一月，陳其美發動肇和兵艦起義不成。困於葛藟未當也。四年六月，袁世凱購買國民代表開會投票，贊成帝制，參議院復推袁世凱為皇帝，易訟卦或錫之鞶帶之驗。改民國五年為洪憲元年。及蔡諤在雲南起義，各省獨立，滇桂軍東下，設都司令部于肇慶，以岑春萱爲都司令，爲討袁軍總指揮，易曰動悔有悔行也之驗袁世凱見大勢已去，乃於三月廿七日取銷帝制，五月六日復暴卒於新華宮，與「終朝三褫之」「以訟受服，亦不足敬也」之驗。由黎元洪繼任總統。

黎元洪復職後，以段祺瑞爲國務總理，主張對德參戰，中山先生通電反對，嗣府院不和，段祺瑞辭職，四月十五日，督軍團迫黎元洪，解散國會，七月一日，張勳復擁宣統復辟，段祺瑞在馬廠誓師討平之，由副總統馮國璋代任總統，段祺瑞復總理職，至十一月，段復辭職皆或錫之鞶帶終朝三褫之之象。又孫中山先生就大元帥後，因桂軍多不聽命，粵督莫榮新尤抗令，遂於七年五月廿一日，通電辭大元帥職，由國會非常會議，改組元帥府選舉七總裁執行職務，以岑春萱爲主席，中山先生爲政務總裁，力辭不克。民國十年四月，又爲參衆兩院聯合會議選爲非常總統，十月率師北伐，又爲粵軍所阻，十一年六月，黎元洪在北京復職，陳炯明叛變，請中山先生下野，時直皖軍閥暗爭甚烈，直系尤張，曹崑賄國會議員選爲總統，中山先生通電討之……凡此一起一沉，一沉一起的政治鬭爭史實，正和此際値卦，訟之未濟卦上六爻，與訟之本卦上九爻所云辭文相符，讀者細加觀玩，自覺津津有味呢！

讚曰：困於葛藟非當也，動悔臲卼看國社；
民散世衰反復多，義師興起采樵者。
或錫之鞶稱命吏，終朝三褫又更移；
訟而受服違民意，不足敬焉有易辭！

統觀訟卦六爻所歷六十年，由公元一八六四年甲子，至一九二三年癸亥，即同治三年至民國十二年的吉凶休咎，不外此一個「訟」字的作祟。因爲訟字的解釋是「辨論是非」「相爭不定。」所以此際的歷史沿革，如同治時中外互市後，敎民與華民之齟齬爭訟。（初爻小有言之驗）朝日交惡，大院君仇殺日本使館官吏，引致中國署直隸總督派員逋拿幷捉獲黨首百餘人（二爻自下訟上之驗）光緒帝之受制於西太后不能振作（三爻從上吉也之驗）國父之倔起革命，（四爻復即命之驗）武昌之起義，南京之光復，建立民國，國父之被選爲臨時總統（五爻訟元吉之驗）及後袁世凱稱帝，張勳復辟，國父、黎元洪、段祺瑞等之忽任總統忽又解職，辨訟紛起，起落不安等事（或錫之鞶帶，終朝三褫之驗。）不特先後次序相符，而且意義亦顯然無訛，卽以每十年所主値卦，如訟之履卦，以「素履」二字，暗示同治帝之有王者之名，而無王者之實。訟之否卦，以「包承」二字，而預言同治乏嗣由咸豐帝胞侄承繼爲光緒帝。訟之姤卦，以「臀無膚」而明示其政權之由二宮行走，而光緒帝等於臀位，徒有膚受之愬而已。※訟之渙卦，以「匪夷所思」四字而分羣別類，暗示與東夷戰爭，拳匪滋禍，國父革命等事。訟之未濟卦，以「君子之光。」四字而明示國父革命成功重光漢族之事。訟之困卦「以終朝三褫」四字，而斷言此際國事之臲卼不安，與各元首起落不定之事，凡此種種史實，誠有建之天地而不謬，質之鬼神而无疑，百世以俟聖人而不惑，的眞實不虛，明確無訛的政治哲學預言呢！

䷅ 坎下乾上

訟。有孚窒。惕中吉。終凶。利見大人。不利涉大川。窒張栗反。○訟爭辯也。上乾下坎。乾剛坎險。上剛以制其下。下險以伺其上。又為內險而外健。又為巳險而彼健。皆訟之道也。九二中實。上无應與。又為加憂。且於卦變自遯而來。為剛來居二。而當下卦之中。有有孚而見窒。能懼而得中之象。上九過剛。居訟之極。有終極其訟之象。九五剛健中正。以居尊位。有大人之象。以剛乘險。以實履陷。有不利涉大川之象。故戒占者必有爭辯之事。而隨其所處為吉凶也。○象曰。訟。上剛下險。險而健訟。以卦德釋卦名義。訟有孚窒惕中吉。剛來而得中也。終凶。訟不可成也。利見大人。尚中正也。不利涉大川。入于淵也。以卦變卦體卦象釋卦辭。○象曰。天與水違行。訟。君子以作事謀始。天上水下。其行相違。作事謀始。訟端絕矣。○初六。不永所事。小有言。終吉。陰柔居下。不能終訟。故其象占如此。象曰。不永所事。訟不可長也。雖小有言。其辯明也。○九二。不克訟。歸而逋其邑人三百戶无眚。逋補吳反。眚生領反。○九二陽剛。為險之主。本欲訟者也。然以剛居柔。得下之中。而上應九五。陽剛居尊。勢不可敵。故其象占如此。邑人三百戶。邑之小者。言自處卑約。以免災患。占者如是。則无眚矣。象曰。不克訟。歸逋竄也。自下訟上。患至掇也。竄七亂反。掇都活反。○掇自取也。○六三。食舊德。貞厲終吉。或從王事。无成。食猶食邑之食。言所享也。六三陰柔。非能訟者。故守舊居正。則雖危而終吉。然或出而從上之事。則亦必无成功。占者守常而不出則善也。象曰。食舊德。從上吉也。從上吉。謂隨人則吉。明自主事。則无成功也。○九四。不克訟。復即命。渝安貞吉。渝以朱反。○即就也。命正理也。渝變也。九四剛而不中。故有訟象。以其居柔。故又為不克而復就正理。渝變其心。安處於正之象。占者如是則吉也。象曰。復即命渝安貞。不失也。○九五。訟元吉。陽剛中正以居尊位。聽訟而得其平者也。占者遇之。訟而有理。必獲伸矣。象曰。訟元吉。以中正也。中則聽不偏。正則斷合理。○上九。或錫之鞶帶。終朝三褫之。褫敕紙反。○鞶帶。命服之飾。褫奪也。以剛居訟極。終訟而能勝之。故有錫命受服之象。然以訟得之。豈能安久。故又有終朝三褫之象。其占為終訟无理。而或取勝。然其所得。終必失之。聖人為戒之意深矣。象曰。以訟受服。亦不足敬也。

# 易元會運 卷七

## 易元會運

自公元一九二四年起
至公元一九八三年止

公元一九二四年甲子，至一九三三年癸酉，即民國十三年至二十二年，值卦巽之小畜初九爻。

辭曰：「復自道，何其咎，吉。」

象曰：「復自道，其義吉也。」

巽之本卦初六爻辭曰：「進退，利武人之貞。」

象曰：「進退，志疑也。利武人之貞，志治也。」

【註一】復自道，復，卦名，震下坤上，反也，見雜卦，復者，反本之謂也，見易復註，按爾雅釋言：「復，返也。」反與返通用。又報也，左傳定四年：「我必復楚國。」讀屋韻：「反復也，詩小雅蓼莪：「顧我復我。」疏：「復，謂就所養之處，廻轉反復之也。」後以回復，克復，恢復，等義本之，而有：「復政」，「復邑」「復國」「復古」等之說。

自，從也，率也，用也，由也，已也。

道，路也，前漢董仲舒傳：「道者所由適於治之路也。」又理也，廣韻：「衆好皆道也，合三才萬物共由者也。」易繫辭：「一陰一陽之謂道。」又云：「立天之道曰陰與陽，立地之道曰柔與剛，立人之道，曰仁與義。」合釋之，復自道者，乃統言天地人事自然反復所由之道理與途徑焉。讀者觸類而旁通之，宜活用之。

【註二】 進退，猶言進止也，晉書呂光載記「鳩摩羅什勸之東還，光于是大饗文武，博議進止，衆咸請還，光從之。」通鑑唐德宗貞元元年注：「自唐以來，率以奉聖旨爲奉進止，蓋言聖旨，使之進則進，使之止則止也。」

進退，謂有時進，有時退，而進退无定也。

【註三】 武人，武，勇也，武人卽操武之人也，詩周南兎罝：「糾糾武夫，公侯干城。」，引申之，凡軍人，軍閥，以及握軍權之人，皆屬武人之義。

【註四】 貞，正也，禮文王世子：「萬國以貞。」

【註五】 疑，惑也，是非不決也。

此段預言，有關於中國政治上與軍事上之不安定事件，其中如民國十三年外蒙古宣告自主，成立蒙古人民共和國。奉直交戰，直軍敗，曹錕去職，黃郛宣告攝政，張作霖等提段祺瑞爲臨時執政；孫文入京，主張召集國民會議。民國十四年段祺瑞召集善後會議，國民黨通電反對；孫文逝世，國民政府成立。民國十五年北京政變，段祺瑞出走，蔣中正就革命總司令，并被選爲政治會議主席。應訟卦九五爻象曰：訟元吉中正也之預言。民國十六年國民政府定都南京；日本出兵山東，旋卽撤退；中蘇絕交。民國十七年日本再出兵山東，濟南發生五三慘案，國民革命軍北伐完成，民國十八年中日濟南事件解決，山東日軍撤退。民國二十年瀋陽發生九一八事件，日軍侵佔東三省。民國二十一年上海發生一二八事件，國軍抵抗日軍侵入；滿州國成立；中蘇復交。民國二十二年，日軍侵熱河，國民政府下令動員剿共，中日塘沽協定。與易巽之小畜初九爻所云：「復自道，何其咎，吉。」及「進退，利武人之貞。」相符，惟此際國民革命軍雖然北伐順利成功，但是國民黨與共產黨之鬬爭，反見變本加厲，成爲仇敵，這便是同志互相疑忌和互相立志爭取政治政權的緣故。易曰：「進退，志疑也。利武人之貞，志治也。」的原因了。

按上卷訟卦彖辭云：「訟上剛下險，險而健訟。訟，有孚，惕中吉，剛來而得中也，終凶，訟不可成也。」乃有關國父實行革命，推翻滿清，建立中國之事，但訟卦終了時亦即國父壽終之際，有革命尚未成功之憾也。又「利見大人，尚中正也。」等語，即暗示當軸之追崇中山先生爲國父，及國父之革命事業由中軸之繼承也，讀者宜深會之。

周易經傳集解小畜初九爻云：初九、乾也，以陽居剛而在一卦之下，應乎六四之巽，故曰：復自道。乾之九三，終日乾乾，其象曰：反復道也。今初九之乾，方受六四之畜，未可以進復自道而已，故曰何其咎之有哉？既免於咎斯爲吉矣，方畜之時，一陰在上，牽制群動，初九之君子，雖在下位，與之爲應，但能反復其道无所迎，將吉，孰如之？故子曰：復之道，其義吉也。

又釋巽初六爻云：巽也，以陰居剛而在下卦之下，上无其應，而承於九二之兌，故曰進退者，巽之性也。而又雜乎柔剛，剛爲進，柔爲退，二非其應而近之，此其所以進退也。然重卦諸爻，皆不相應，初六之於九二，彼无外應，此無他與，能勿從乎？故曰武人之貞。夫需，事之賊也，疑行之惑也，一進一退，於何而利乎？惟武人之貞，斯惟利矣。武人之患，在于躁妄，武人而貞固，則量敵而後進，慮勝而後會者也。以初六之進退，宜若不足與有爲，能用武人之貞，見可而進，知難而退，何不利之有哉？故夫子曰：「進退，志疑也。利武人之貞，志治也。」治也者，言不亂也，其志不亂，則審於彼己之勢，明於利害之情，或進或退，無時而不可矣，巽爲入，爲伏，爲不果，而其究，躁卦，武人之貞，其取諸此與？周易經傳集解一書，係宋儒林栗所著。

公元一九三四年甲戌，至一九四三年癸未，卽民國二十三年至三十二年，値卦巽之漸六二爻。

辭曰：「鴻漸于磐，飲食衎衎，吉。」

象曰；「飲食衎衎，不素飽也。」

巽之本卦九二爻辭曰：「巽在牀下，用史巫紛若，吉，无咎。」

象曰：「紛若之吉，得中也。」

【註一】鴻，黃鵠也，詩幽風九罭：「鴻飛遵渚。」箋：「鴻，大鳥也。」又鴻，大也，楚辭九歎逢紛：「鴻永路有嘉名。」强也，盛也，考工記矢人「橈之以眡，其鴻殺之稱也。」疏：「此言鴻，卽上文强是也，此言殺，卽上文弱是也。」呂氏春秋執一：「神農以鴻。」註：「盛也。」

按鴻爲大鳥，喻飛機也，黃鵠，黃族之飛機也，喻中日之飛機也，鴻，强也，盛也，此卽涵日本以盛大野心之事也。

【註二】漸，卦名，艮下巽上，易漸「山上有木，漸，君子以居賢德善俗。」漸，徐進也，凡由淺入深，由近及遠，皆謂之漸。易坤：「其所由來者漸矣。」又讀鹽韻，入也，書禹貢：「東漸於海。」

按此漸字，即暗示日本之侵畧中國，由淺而深，由近而遠之事也。日本爲東方國家，而東方屬木德也。

【註三】磐，大石也；又通盤，盤據之義也；又磐桓不去也，後漢書宋意傳「久磐京也。」

按此磐字即有暗示日本之侵佔中國，磐桓不去之義。

【註四】飲，咽湯水曰飲，孟子告子：「冬日則飲湯，夏日則飲水。」凡可飲者謂之飲，周禮天官酒正：「辨四飲之物。」又沒也，漢書朱家傳「然終不伐其能，飲其德。」註「飲，沒也，謂不稱顯。」又有含忍之意，如云飲恨是。

按此飲字即有暗示日日所需不能忘之者，然日本之侵畧中國，終不能稱顯，祇使中國之含忍與飲恨而已耳。

【註五】食，謂裏服養生之食品也，周禮天官膳夫：「掌王之食飲。」注：「飯也」又地官廩人：「治其糧與其食。」，又蝕也，易豐：「月盈則食。」春秋隱三年：「日有食之，」又僞也，見爾雅釋詁，國語晉語「言不可食。」按朱駿聲謂假借爲飾。

按此食字即暗示日蝕不能顯其光，而僞政權徒見其飾耳。

【註六】衎，樂也，詩小雅南有嘉魚：「嘉賓式燕以衎。」後漢書：「每燕食則論難衎衎。」

注「衎衎，和樂貌也。」和樂，便是親善的意思。

按此衎衎二字卽是親善和樂之意，亦接上文「食」字之僞飾而云也。

【註七】不素飽也，不，非也，弗也，無也。素，空也；飽，不飢也。論語「君子食無求飽。」又滿足也，詩大雅既醉：「既飽以德。」不素飽也，喻言治政之失德，而人民有飢餓之色，有不滿意其處施之謂。

【註八】巽，卦名，巽下巽上，其象爲木，爲風，爲長女，爲繩直，爲工，爲白，爲長，爲高，爲進退，爲不果，爲臭，其於人也，爲寡髮，爲廣顙，爲多白眼，爲近利市三倍，其究爲躁卦，見易說卦。又入也，見易序卦，伏也，見易雜卦。

巽字從巳，從共。巳，起也，又躬也，自巳也，自主之義也；共，共和之義也。又共，向也，論語爲政：「居其所而衆星共之。」朱註：「言衆星四面旋繞而歸向之也。」巽字二巳一共，其象徵爲兩巳相共，未得統一。而民主共和之民字，一爲巳而一爲人，人與巳合之，始成爲民也。民元之後，南北未能統一，而有南北兩政府之紛爭。自北伐成功後，因日本之侵署領土，而有南京之僞國民政府之組織，日本投降後，共產黨因得風雲之時會，又有北京人民政府之興起，而國民政府之搬遷於重慶，復員後又搬遷台灣等史實，形成國家分裂，而有兩個自己中國政府之象，此豈此際值卦，承訟上爻之後，入於巽卦，兩巳相共之故歟？

又巽，通遜，遜，讓也，遁也，亦此際氣數使然之表現也。

【註九】牀，臥具也，古坐具亦曰牀，乃休息生養之工具也，詩小雅斯干：「載寢之牀。」此謂臥具，商君書：「八君處匡牀之上而天下治。」此謂坐具。

按牀字，從爿從木。爿，讀如牆，陽韻，判木也；木，東方也，其義又有暗示東隣之日本之事也。

【註十】史，古之卜職也，又史，記事者也，見說文，又國家記事書也，始於尚書春秋。

又史，姓也，周大夫史佚之後，一說倉頡後，又名也，如蕭史，史太林等是。

【註十一】巫，古之祝職也，又巫，祝也，女能事無形以舞降神者也，見說文巫部。

按巫字从工，特示從工之義也。巽之象也。易說卦：「巽爲工。」

【註十二】紛，旗旒也，文選揚雄羽臘賦：「青雲爲紛。」又盛多之貌，離騷：「紛我既有此內美兮。」又亂貌，莊子應帝王：「紛而封哉。」

按紛紛，紛云，紛紜，紛擾，……等，皆有一則以盛，一則以亂之釋義。

【註十三】得，獲也，得意也。

【註十四】中，方位也，左右之間爲中，如中央是，又內也，易坤：「文在中也。」半也，列子力命「得亦中，亡亦中。」今言中途，中夜皆此義。

又正道也，論語堯曰：「允執其中。」

又姓也，人名也，國名也，如中京（漢八），中正，中國是。

此段預言，不特與日本侵略中國，汪氏組府之事有關，抑且與日本侵略時，共產黨逐漸興起有關，蓋取西山之石以塡東海，此精衛含冤之故事也。山海經北山經：「發鳩之山，有鳥焉，名曰精衛，其鳴自詨，常含西山之木石，以堙於東海。」——鴻，水鳥也，汪字從水，其音諧冤；而漸卦象曰：「山上有木」；磐，石也；以「鴻漸于磐」一辭，而預言此際汪氏之組織政權，有如冤禽含木石以塡海之恨，則千秋之後，對汪氏負不貞之事，比之後世之交結異國以組府者，當亦有同一之可惜也。

又「鴻漸于磐」四字，直示汪氏與當軸磐，石也。之事；鴻漸于磐之另一意義，亦如註解各字中涵蓄而有關日本之侵略情形寫眞，讀者一隅三反，乃可分繹有徵矣。至於易辭所謂：「飲食衎衎，不素飽也。」「巽在牀下，用史巫紛若，吉，无咎。」何以與日本之侵略，及中共之坐大各種徵信之事有關呢？玆分敘如下：

一、日本之侵略事項——自民國二十一年公元一九三二年。日本策動滿洲國政權後，繼而再侵熱河，以至發動蘆溝橋事件，公元一九三六年七月七日。以飛機繼續濫炸及侵佔中國各省腹地，而有鴻漸於磐之象。

當時，日本之侵略中國各領土也，以中日親善與大東亞光榮圈，組織中國新政權，而以汪氏精衛充任主席，以爲僞飾和平氣象，但結果終因窮兵黷武，深陷泥足之憾，不特中國受其侵略，民生陷於痛苦之境況，而日本本國亦發生經濟困難，人民與兵士皆有不素飽也之嘆。

二、共產黨之逐漸盛大與國民黨之鬭爭——中國國民黨與共產黨之不能相容及互相鬭爭，成爲仇敵之事，已如本卦初爻所云，但兄弟鬩於牆，而隣人侮之。日本因中國內亂之機而大舉侵略，至此，政府乃終止剿共，民國二十五年西安事變之後。全國一致對外，而共產黨乃得乘此機會而在牀下休息，養精蓄銳，用史氏政策，暴動方法，以求取中國之政權矣。易云：巽在牀下，用史巫紛若，吉，无咎。蓋亦時勢造英雄之謂也。

周易經傳集解釋漸卦六二爻云：六二坎也，以陰居柔，而在下卦之中，應乎九五而承於九三，二爻皆離體，而三爻又震也，離爲日，震爲東方，應此際日本之事。故曰：「鴻漸于磐。」磐，大石也，初體艮，艮爲石易豫卦云：介於石，以中正也。

故二有漸磐之象焉。然二體坎居中，坎爲水，汪然大水也。則所謂磐者，水中之石也，其爻靜，其位晦，處而遠乎人，是以有漸磐之象也漸字從水，汪氏之義也，磐字从石，蔣氏之意也。故曰：飲食衎衎吉。坎爲飲，離爲食，六二中正而有應在上，是以飲食衎衎然也。鴻在水湄精衛鳥爲汪氏之義也。則有辟害之畏，在水中，謂汪氏時之中國也。則有謀食之難，亦不素飽之謂也。然君子愛身而樂其道，雖簞食瓢飲，朝夕不給，而有衎衎自得之貌焉，斯之謂吉也。或曰：六二居中而有九五之應，是得時而遇主也，取諸漸磐，毋乃非君子之志歟？時遇使然也。天下有道，賢不家食。所謂飲食衎衎者，豈非君臣宴樂之象？而吾子以爲簞食瓢飲，何其戾哉？曰：漸之言進也，有漸進之義，而未可以遽行也。二應在五而近乎三，三亦離也，而有震焉。震指東方日本也。急於進，則爲三之從矣。漸至於五，君臣乃遇，而六二之時，以有宴樂之象，烏在其三歲而不孕乎？所爲潔身，振羽志，在雲霄而不離乎？磐石者，以三之非其配也，爲其體坎而在中，離人而立，獨網羅繒繳之患，不至是以知其吉矣，故子曰：「飲食衎衎，不素飽也。」素猶常也，言君子雖不常飽，而不改其衎衎之樂也，伐檀之詩曰：「彼君子兮，不素餐兮。」與此同義，蓋言小人无功受祿，而君子朝不謀夕也。釋者以素餐爲空餐，失其訓詁矣，或曰：「子以艮爲磐石，而屯之初六謂震爲磐石何也？」曰：艮爲石而在坎水之中，是以謂之磐矣。若夫屯之初六，雖非體乎震而在三陰之下，猶未離乎艮也，取諸磐桓不亦宜乎。

又釋巽九二爻云：九二兑也，以陽居柔，而在下卦之中，上无其應，而乘於初六之巽，故曰巽在牀下，巽之初爻有牀之下象焉牀字从爿从木，爿讀牆，陽韻，判木也，木、東方也，喻日本也，巽，从巳从共，共字之所伏也，巽卦初爻已有牀之下象，牀之下象者言日本之侵畧中國與反復出兵東三省之事也，巽之二爻乃演變爲汪氏之鴻漸于磐之史跡，其本卦亦爲共字之乘伏，換言之，卽牀下之後爲共，繼汪氏與日本之事後，當爲共產紛若之時也。方巽之時，剛柔上下，莫不皆伏，九二不從初六，則伏在牀下矣，夫伏於牀下者，豈有求於人，卑辱而至於此哉？中心有疑，將以決神明也，故曰用史巫紜若，吉，无咎。史職卜筮者也，巫職禱祠者也，兌爲巫爲口舌，巽爲進退，故有史巫紛若之象焉，卜筮禱祠至於紛若，則有疑志而未定者也。二十世紀文明之時，卜筮之道固已不重，但以自己之精神與經驗而考慮測度之，亦卽窮理盡性以至於命之道也，當軸此際之著作「中國之命運」一書，蓋亦此義之謂歟？然而吉且无咎何哉？猶初六武人之貞也，上无其應，而下與初六有相配之情，是以去就從違，不敢自擇，而決之神明也神而明之，存乎其人也。去就從違，不敢自擇而決之于神明，則其合也不苟矣，此聖人之所以與之也，故子曰：紛若之吉，得中也。爲其得中，故巽在牀下，而不爲辱，用史巫紛若而不爲愚矣，洪範之稽疑曰：擇建立卜筮人，乃命卜筮，凡七卜五占，用二，則用史巫紛若，聖人之所不廢也。

公元一九四四年甲申，至一九五三年癸巳，即民國三十三年至四十二年，值卦巽之渙卦六三爻。

辭曰：「渙其躬，无悔。」

象曰：「渙其躬，志在外也。」

巽本卦之九三爻辭曰：「頻巽，吝。」

象曰：「頻巽之吝，志窮也。」

【註一】渙，卦名，坎下巽上，離也，見易雜卦，按說文：「渙，流散也，」流散與離義同。

【註二】躬，身也，詩衞風氓：「躬自悼矣，」已也，親也，禮樂記「不能反躬」注：「躬已也。」儀禮士昏禮：「已躬命之。」注：「猶親也。」

【註三】志，心之所之，謂之志，又私意也，見前註。

【註四】外，對內而言，易家人：「男正位乎外。」按妻稱夫為外或外子以此。又疏遠之也。易否：「內君子而外小人。」漢書霍光傳：「盡外我家。」猶除也，淮南子精神：「外此，其餘無足利矣。」又外表也，法言脩身：「其為外也肅括。」注：「外者，威儀也。」按外卽謂外表，故注訓威誼。

【註五】頻，急也，詩大雅桑柔：「國步斯頻。」又同顰，如顰蹙，亦云頻蹙，易巽，「頻巽」王弼注：「頻，顰蹙不樂，而窮不得已之謂也。」疏：「頻蹙，憂戚之容也。」頻顣，心有不悅而攢眉蹙額也，亦作頻蹙，顰蹙，嚬蹙，嚬戚，孟子滕文公：「已頻顣曰。」趙注：「頻蹙不悅。」

【註六】吝，悔恨也。

【註七】窮，極也，盡也，易說卦「窮理盡性以至於命。」又窮困也，論語衛靈公：「君子亦有窮乎？」孟子盡心：「窮則獨善其身。」又貧乏曰窮。

此段預言，有關於中國與日本之戰後情形，日本於公元一九四四年雖受美國原子彈之制服，無條件投降，但中日兩國，原是同文同種，兩國戰後，反有唇亡齒寒之感；而國際共產主義之得時興起，南京政治之陷於不良，致使人民之流散外方；以及國民政府政要之離散，不得已東遷台灣，及北京人民政府之成立，人民受二方政權之困擾，而頻感不安，直令意志亦陷於窮蹙境遇。易云：「渙其躬，志在外也。」又曰：「頻巽之吝，志窮也。」誠然！誠然！（巽者遜也，讓也，遁也，遜之太過，是有頻巽之吝矣。）

周易經傳集解釋巽九三爻云：九三上體爲離，下體爲兌，以陽居剛而在下卦之上，上无其應，而連於初六，承于六四爻，皆巽也，故曰頻巽，頻猶屢也，屢巽者，非重巽之謂也，言既巽又違，既違又巽也，上下敵應無相與之情，則九三之所宜，巽者初六而已，然三之於初，隔乎九二，巽而無所入，近於六四，去而從之，四不相與，則又反而巽於初，是以謂之頻巽也。所以然者，離爲火，兌爲澤，火動而上，澤動而下，故其往復之無常。而巽之不一矣。復之六三，將復於初九，而隔於六二，不得其復，則反求于上六，上不之應，則又復於初，故謂之頻，復言其屢失而屢復也。今巽之九三，亦猶是矣，然頻復之厲，而卒於无咎，頻巽之吝，而遂終焉何也？曰：巽者從人者也，依違之不定，而叛服之無常，天下其誰納之矣！故子曰：頻巽之吝，志窮也。夫以九三巽而無所入，近於六四，去而從之，烏知其復巽於初乎？爲其上下二卦無相與之義，窮於上，必反於下，是知三之頻巽矣，終於羞吝宜哉！以巽字而刻劃此際中國之政黨與政治情形，可謂詳盡矣。

又釋渙卦六三爻云：六三上體爲艮，下體爲坎，以陰居剛而在下卦之上，應乎上九之兌，故曰渙其躬，躬者身也，渙者離也，坎爲陷，艮爲止，兌爲毀折，故有渙其躬之象，夫所取於渙者，謂其血氣周流於身，而所壅滞也，居下體之上，在一卦之中，是血氣之海也，而渙之何哉？有所止者，有所陷者，有所毀折，是將離去其身矣。筋攣而不隨，肌痺而不仁，氣脫而不收，血止而不復，皆渙其身者也，故曰无悔。離其身矣，雖復悔之，其能有救哉？故子曰：渙其躬，志在外也。夫一身之政，聽命於心，一家之政，聽命於長，一國之政，聽命於君，天下之政，聽命於王，是故血氣渙而不離於身，臣命渙而不離於國者，其志在內而无外交者也。當渙之時，上有九五爲渙之主，而六三之志，獨應於上，艮兌相與，有陷上毀折之象焉，是將志於外，而離其君者也，離其君者，離其國也，離其國者，離其身也，係之無悔宜哉。艮爲石，兌爲八兒，此非國共之事乎，讀者宜細玩之。

公元一九五四年甲午，至一九六三年癸卯，即民國四十三年至五十三年，值卦巽之姤卦九四爻。

辭曰：「包无魚，起凶。」

象曰：「无魚之凶，遠民也。」

巽本卦之六四爻辭曰：「悔亡，田獲三品。」

象曰：「田獲三品，有功也。」

【註一】包，包裹也，凡包裹之物皆謂之包，又通胞，同胞也，張載西銘：「民吾同胞，物吾同與也。」按宋元學案引張橫浦九成曰「旣爲天地生成，則凡與吾同生於天地皆同胞也，旣同處於天地間，則凡林林而生，蠢蠢而植者，皆我黨與也。」又庖也，庖厨也。

【註二】无魚，无，無也，魚，食品也，魚與肉均爲人類之滋養料，包无魚，則是庖中缺乏有魚也。國策齊策「長鋏歸來乎，食无魚。」

【註三】凶，惡也，禍也，又喪亡之謂也。

【註四】悔，懊悔也，又恨也，咎也。

【註五】　田獲，田，陳也。樹穀曰田。家四口十阡陌之制也。又田臘也，獲，得也，行臘所獲得曰獲，田獲即言田獵而有所獲也。又田，姓氏也，敬仲奔齊，以陳田二字聲相近，遂爲田氏。見乾卦二爻註。

【註八】　三品，三，多數之稱，如易「利市三倍，」論語，「焉往而不三黜」左傳：「三折肱爲良醫，（楚辭作九折肱。）皆不必限以三者，蓋一二之所不能盡，則約之以三耳。

品，衆庶也，見說文品部，繫傳引國語：「天子千品萬官。」庶也，易乾：「品物流形。」，又品秩也，官階也，國語：「外官不過九品。」周代卿，大夫，士，有九等之命；漢爲十六等；東漢爲十三等；自魏以來，始制爲九品；後魏九品，各分正從，凡十八品，宋元明清仍之。三品，亦即九品，謂三公九卿之傳也，引申之即官府之稱也，漢代以尙書，御史，謁者，統稱三臺，尙書爲中臺，御史爲憲台，謁者爲外台，後漢書袁紹傳：「坐召三台，專制朝政。」三品，即三台也，換言之即指台灣也。

台灣，在福建省東南海中，有山脈縱貫南北，山以東地峻材密，大半爲生番所居，山以西，地勢平坦，宜於稼穡，古稱夷洲，明季爲荷蘭人所召，清初，鄭成功又逐荷人而據之，鄭氏亡，屬清，隸福建省，後又改建行省，光緒甲午中日戰後，割讓與日本，至公元一九四五年，即民國三十四年，世界第二次大戰結束，日本投降時再歸還中國。易云，曰獵三品，有功也。其義，正以台灣若田獵之勝利品而獲得之者，并以三品之義扣合三台，有功也，扣合昔日鄭成功之名，爲暗示台灣之特徵，可以無疑義了。

按魏文帝定九品官人之法，其法郡邑設小中正，州設大中正，品第人才，小中正以九等第其高下，上諸大中正，大中正核實上諸司徒，司徒再核，然後付尚書選用，晉，南北朝皆仍之，隋開皇中始廢。

又清制，稱總督曰制台，巡撫曰撫台，布政使曰藩台，按察使曰臬台。

上敘九品中正之義，與各官台之稱，皆此此段預言有關，故特錄出之，以資參考。

此段預言，有關於此際同胞生活之儉樸與困窮，而庖廚中有缺乏魚肉之事。又政府之遠離人民遠民也。當有悔恨逃亡之憾，但幸獲得台灣之利悔亡，田獲三品。有如鄭成功之義。有功也。而陳氏之獲副元統，蓋亦與此田獲三品之說扣合也。田氏原出陳氏見前註。

按悔，咎也，尤也，論語爲政：「言寡尤，行寡悔。」疏：「悔，恨也。」朱註引程子曰：「尤，罪自外至者也，悔自內出者也。」

亡，逃也，漢書韓信傳：「蕭何聞信亡，追之。」

月有陰沉圓缺，人有吉凶禍福，當悔而亡，當貞而利，此識時務者所以爲俊傑也。中庸云：「是故君子戒慎乎其所不覩，恐懼乎其所不聞，莫見乎隱，莫顯乎微，故君子慎其獨焉。」君子知所悔而遯退之，則悔亡之占，正是趨吉避凶，以待有爲之義也。

田，臘也，亦作畋，書無逸：「文王不敢盤于遊田。」傳：「文王不敢樂於遊逸田臘。」

獲，臘所獲也，又得也。

三，讀勘韻，再三之謂也。

品，物品也。

又三品，官階也，指三公九卿也，亦卽臺官名也，見註解。灣灣字從三點從彎，水曲也，曲字從六口，從十，與田字相似也；又灣、曲也；品、格也有品字及田字組合而成之象，換言之田字加三口便成曲字也。之義也，見前註，致曲而解之，暗示台灣也。

台灣昔爲荷蘭人所占，清初爲鄭成功所得，鄭成功亡後，又爲滿清所獲，甲午中日戰爭，中國失敗，轉手於日本，第二次大戰結束，日本投降，割歸中國，由國民政府收復而獲得之，「台灣」，固戰爭中之勝利品與逐鹿地也。

古者天子適諸侯之國曰巡幸，曰巡狩，狩，卽田臘之事也，夫子曰：「田獲三品，有功也。」其義固涵有鄭成功史實之證明，抑亦重申巽命之事也，巽象曰：「重巽以申命，剛巽平中正而志行。」之謂也。

功，功用也，功效也，勞獲也，成功也。國語晉語：「無庸功者，不敢居高位。」國語齊語：「相陳以功。」史記蕭相國世家：「漢高祖定天下，論功行封，以蕭何功最盛，封鄼侯，位在群臣上，功臣皆曰：「臣等被堅執銳，攻城略地，今蕭何未嘗有汗馬之勞，顧反居臣上，何也？」高祖曰：「夫獵，追殺獸兎者，狗也，而發蹤指示獸處者人也，今諸君徒能得走獸耳，功狗也；至如蕭何，發蹤指示，功人也。」

綜上所述，「悔亡田獲三品」與「田獲三品，有功也。」之說，可以思過半矣！

至於民以食爲天，魚肉乃滋養料不可或缺之物，易云：「包无魚，起凶。」直示此際同胞生活困窮之情形，欲求國泰民安而免凶，誠非易易也。夫子云：「无魚之凶，遠民也。」以此責於遠民之政府，蓋亦期望之深也。

周易經傳集解釋姤卦之九四爻云：九四，上體爲乾，下體亦爲乾，以陽居柔而在上卦之下，應乎初六之巽，故曰包无魚。九四志於遇者也，初既與二遇矣，四又隔於九三，遠不相及，是臨淵而羨魚者也，故曰起凶。包而无魚，則亦已矣，何咎之有？起而爭之，斯爲凶矣！（謂二黨之爭政權也。）或曰：四失其配，起而爭之，何遽凶乎？曰：姤者遇合之女，未嘗擇配而從也，夫既遇之，而我以爲配，是一民而二君矣，又能保其不往也哉？五陽固志，以決一陰，猶不能決而反爲姤矣！四遠于初二，與之遇而四復爭之，是衆君子內自相敵，幾何而不爲小人之所乘哉？此其所以凶也，故子曰：无魚之凶，遠民也。

又釋巽六四爻云：六四上體爲巽，下體爲巽，以險居柔而在上卦之下，下无其應，而承於九五，乘乎九三，二爻皆離而三爻兑也，故曰悔亡，居二陽之間，而上下皆巽，宜有悔矣，爲其上下二卦，無相與之情，六四上承九五，既已利見大人矣，所爲巽乎？九三者，非巽而從之，巽而取之也，此其所以悔亡與？故曰田獲三品。離爲田爲弧矢，而巽在羣陽之中，故有田獲三品之象。三品、三爻也，九二、九三、上九是也。解卦名之九四曰：田獲三狐者，初六、六三，六五也。四體離而三爻皆坎，坎爲狐，狐陰類也。今巽之六四，非有離象，而亦謂之田者，取諸九五也，五非四無以成其功，四非五無以施其巧，五爲君，四爲臣，則其所獲者，豈非前所謂三爻者乎？是三爻者，其畫皆剛其體，皆兑也，取諸兑則非剛，取諸剛則非兑，是以不言其物而以品計之也，易之言象，精微如此；而學者望其皮膚，遂以爲得之矣，豈不惜哉？故子曰：田獲三品，有功也。四之於五，可謂有功矣。舊說，謂三品，一爲乾豆，二爲賓客，三爲充君之庖夫，謂田獲三品，言其獲之多也，借使所獲不富，而三者之用，固不可闕，何以明其功乎？三，象也，品，類也。田，陳也，田之爲義大矣哉！

公元一九六四年甲辰，至一九七三年癸丑，即民國五十三年至六十二年，值卦巽之蠱六五爻。

辭曰：「幹父之蠱，用譽。」

象曰：「幹父用譽，承以德也。」

巽之本卦九五爻辭曰：「貞吉，悔亡无不利，无初有終，先庚三日，後庚三日，吉。」

象曰：「九五之吉，正中也。」

【註一】幹，木之莖柯正出者曰幹，如枝幹是。又堪任其事也，後漢書伏湛傳：「光武卽位，知湛名儒舊臣，欲令幹任內職。」

【註二】父，生我之人，男曰父，女曰母；親屬等長之稱，如父之父曰祖父，父之兄曰伯父，母之父曰外祖父，又尊老之稱，方言「凡尊老，南楚謂之父。」又國父，孫中山先生之尊稱也。

【註三】蠱，事也。幹父之蠱，王弼注：「幹父之事，能承先軌，堪其任者也。」

【註四】用，可以也，又可以施行也，見說文易乾：「潛龍勿用，」疏：「潛龍勿可施用。」又任使也，左傳襄二十六年「雖楚有材，晉實用之。」又財政也，書大禹謨：「正德利用厚生。」

【註五】譽，稱揚也，論語衞靈公：「誰毀誰譽，又美稱也，孟子告子：「令聞廣譽施於身。

【註六】承，奉也，書多方：「不克靈承於旅。」傳「不能善奉於人。」受也，禮禮運，「是謂承天之祜。」

【註七】德，脩養而有得於心也，易乾：「君子進德受業。」

猶福也，禮哀公問：「百姓之德。」

【註八】貞，正也，禮文王世子，「萬國以貞。」

【註九】吉，善也，福也。

此段預言，有關於此際乃是：「貞吉，悔亡无不利。」和「先庚三日，後庚三日」的應驗的事。

貞吉悔亡无不利，是說當軸者的悔氣已消止，而得天時、地利，人和之助，可以繼承國父之事業，且不違背百姓之德，不負父老所望。無所不利的意思。

本書第二卷之首，即列示中國明朝開元時的值卦，正是這個卦。明太祖是郭子興的義女婿，而有幹父用譽之稱，郭子興是朱國瑞的外父，而有知人善任之德，然則此際，正是國父眞正信徒之當軸，以國父之志願爲志願，而達成民主共和統一事業之時也。
日，光明之際也，易曰：先庚三日，後庚三日，揆度丁寧之義也。
孟子云：「雖有鎡基，不如待時，雖有智慧，不如乘勢。」易云：
「時之爲義大矣哉！」

周易經傳集解釋巽卦之九五爻云：九五離也，以陽居剛而在上，卦之中下无其應，而乘於六四之巽，故曰貞吉悔亡。巽之所以亨者，剛居乎中正而志行也。以九居五，其體爲離，剛健而文明，大中而志正，以此爲貞，斯爲吉矣。夫柔巽者，豈大人君子之行哉？惟剛中正者，爲能以行權，是故貞乎九五，然後吉而悔亡矣，故曰无不利。剛巽乎中正而柔順乎剛，何往而不利哉？故曰无初有終，先庚三日後庚三日吉。此三言者，總一卦之義，而繫於斯爻也。陽爲治，陰爲亂，凡巽之畫，先陰而後陽，是先亂而後治之象也。上下皆巽，而莫或正之，將浸淫委靡，入於蠱壞之域。惟九五剛健中正，無反無側，而巽以行之，則變危爲安，易亂爲治，初悔而終吉矣。震爲甲，兌爲庚，先庚三日者，下卦三爻，九三爲兌也，後庚三日者，上卦三爻，上九爲兌也。先庚三日起午而盡於甲，後庚三日起酉而盡於亥，然後陰極而陽生，陽爲君子，陰爲小人，君子爲治，小人爲亂，陰極而陽生，庚終而甲始，是小人變而爲君子，危亂易而爲治安也，故先之以无初有終，又係之以吉，斯其旨與？或曰，然則不係於象，而係於九五何也？曰：九五離也，離爲午，先庚之所從起也，蠱之與巽，九五一爻之變耳，以六居五則爲先甲後甲，以九居五，則爲先庚後庚，此其所以貞吉悔亡无不利者也。甲者東方之氣，舒緩之象，庚者西方之氣，擊歛之象。當巽之時，上下皆巽，有以擊歛之，則无初而有終。當蠱之下，巽而止止，又從而舒緩之，故極其終而後有始也。巽之爻象，隱伏如此，學者可不深究之哉！

公元一九七四年甲寅，至一九八三年癸亥，即民國六十三年至七十二年，值卦巽之井上六爻，

辭曰：「井收勿幕，有孚，元吉。」

象曰：「元吉在上，大成也。」

巽之本卦上九爻辭曰：「巽在牀下，喪其資斧，貞凶。」

象曰：「巽在牀下，上窮也，喪其資斧，正乎凶也。」

本卦辭文各字義，本書各段已先後加以解釋，讀者玩讀至此，當可以望文生義，明白時事情形了。

周易經傳集解釋井卦上六爻云：上六坎也，以陰居柔而在上卦之上，應乎九三而乘于九五，二爻皆離，而三又兌也，故曰井收勿幕。幕，覆也，本或作羃，非也；收，轆轤也，舊說爲綆非也；坎爲輪，故有收象，又爲隱伏，故有羃象；井道上行，在一卦之上，井之大成矣，收與羃，皆在井上，欲其致收，而患其施羃也，收則一取而有餘，不羃，則象汲而无窮。所以然者，以其遠應九三，近乘九五，泉源之富，足以養而不窮故也，故曰有孚，元吉。坎爲有孚，離下坎上，既濟之象，是以謂之元吉也。故子曰：元吉在上，大成也。其言元吉之辭，不於五而於上者，井雖見食、有羃而无收，則所施不廣，未得爲元吉矣，夫以孔子用於一邑而一邑治，用於一國而一國治，可謂井洌寒泉食矣，然而不得施之，而天下於止於國邑，豈得爲元吉也哉？

又釋巽卦上爻云：上九兌也，以陽居柔而在上卦之上，下无其應，而連於六四之巽，乘九五之離，故曰：巽在牀下。巽之初爻，有牀下之象焉，然六四在諸爻之中，則不應其象矣，巽之牀下其惟初六乎？上九之于初六，遠而非其應，曷爲巽而從之哉？爲其居一卦之上，而乘九五之剛，巽於六四而不見納，窮於上必反於下，疑初六之爲配也，是以巽之而无難矣。然上下二卦，本无相與之情，上之巽於牀下，非止若九三頻巽之吝也，故曰：喪其資斧，旅（卦名）之九四，以離兌爲資斧，至剛之物也，上九資斧，不巽乎九，而九五乘之，則得其資斧矣，窮於上而反於下，是喪其資斧也。喪其資斧者，倒持利器，以柄授人也，欲无凶得乎？故曰：貞凶。子曰：巽在牀下，上窮也，喪其資斧，正乎凶也。以此爲正，正乎凶而已矣。或曰：九二，上九，其爲巽在牀下一也，而凶吉之巽何哉？曰：九二近於初六，而又得乎中行所爲，巽在牀下者，非忘己以求人也，中心有疑，將以決于神明也。上九，窮於上，而反於下所爲，巽在牀下者，非有疑而未決也，卑辱而志於此矣。

總觀巽卦六十年，由民國十三年至七十二年，即公元一九二四年至一九八三年易義，巽字從己從共，己者起也，又身也，人之對稱，孟子離婁篇云：「禹思天下有溺者，由己溺之也，稷思天下有飢者，由己飢之也，是以如是其急也。」共上二己，其有己飢己溺之意思乎？古「己」字通「以」，巽字從己從共，乃有民主共和之象，故訟卦以漢滿二族之訟，以天下爲公言，而有孫氏革命之提倡五族共和，至於訟卦之完畢，亦即清廷退朝，訟事完結之際，但巽卦係于民國十三年交運，故孫氏亦應命而入北京，并於翌年逝世，訟則終凶之謂歟？終謂終了，凶爲喪亡也。

而國民黨與共產黨之不和，亦於此時開幕矣，巽卦二巳一共也。初爻之所謂「進退，志疑也；利武人之貞，志治也。」與變卦小畜所云：「復自道，何其咎。吉。」等辭，正與民國十三年國民黨在粵開會容納共產黨員。與民國十四年國民黨西山會議開除共產份子黨籍，暨民國十五年國民黨清黨運動相符，他方面則國民革命軍北伐之成功，克復北京，及民國十六年日本之出兵山東，既撤退之後，復於十七年再出兵該地，繼而於二十年發生瀋陽九一八事件，侵佔東三省，二十一年成立滿洲國；又中蘇邦交，於十三年恢復後，於十六年絕交，於二十一年再復交，凡此各種事實，皆是「進退」、「反復」的事。二爻所謂「巽在牀下，用史巫紛若，吉，无咎。」「紛若之吉，得中也。」與變卦漸六二爻所云：「鴻漸于磐，飲食衎衎，吉。」「飲食衎衎，不素飽也。」等辭，與民國廿五年西安事變後，政府終止剿共，而共產黨在獲得安息之下（巽在牀下之義。）使用史太林氏政策，積極與國民黨鬭爭，更承日本侵略中國機會，而養成盛大之力量。而此際日本之以飛機濫炸中國腹地及侵佔各省市而磐據不去，與汪氏精衛之組府南京，提倡親善，患了失貞之禍，各種事實相符。三爻所謂：「頻巽、吝。」「頻巽之吝，志窮也。」與變卦渙之六三爻所云：「渙其躬，志在外也。」等辭，而此際日本雖然受美國原子彈之征服與投降，但中國國民黨之渙散，政要之存志外洋，與民衆受到政局轉變及共產政策，財產國有，生活變化而感到顰蹙不安，志窮途絕之狀況相符。四爻所謂：「悔亡，田獲三品。」「田獲三品，有功也。」與變卦姤之九五爻所云：「包无魚。」「无魚之凶，遠民也。」

等辭，正與此際政府之遠離民衆，有如鄭成功在台灣建立政治情形，而人民因時局的變亂，交通斷絕，謀生困難，而見有食无魚之嘆了。五爻所謂「貞吉，悔亡无不利，无初有終，先庚三日，後庚三日，吉。」「九五之吉，正中也。」變蠱卦之六五爻所云：「幹父之蠱，用譽。」「幹父用譽，承以德也。」等辭，此時已在民國五十三年至六十二年，亦卽公元一九六四年至一九七三年。依照易義，應是反陰爲陽，天下光明之際，而國家之晦氣已消亡，可以安定政治，亦卽是正中的時候。上爻所謂：「巽在牀下，上窮也，喪其資斧，正乎凶也。」變井卦之上六爻所云：「井收勿幕，有孚，元吉。」等辭，此時已是民國六十三年至七十二年，卽公元一九七四年至一九八三年，一班老前輩的黨國人物，已是逝亡殆盡，或耆耄無能爲矣，而民主共和的眞正實現，井收勿幕（收，聚斂也；幕，竹幕也。）自由流通，元吉在上，四方安樂，又是中國易元會運之際，亦足稱盛矣！易云：「一陰一陽之謂道。」西哲云：「競爭是進化之母。」孟子云：「桀紂之失天下也，失其民也，失其民者，失其心也。得天下有道，得其民，斯得天下矣，得其民有道，得其心，斯得民矣。得其心有道，所欲與之聚之，所惡勿施爾也。民之歸仁也，猶水之就下，獸之走壙也。故爲淵敺魚者，獺也，爲叢敺爵者，鸇也，爲湯武敺民者，桀與紂也。今天下之君，有好仁者，則諸侯皆爲之敺矣，雖欲無王不可得已。今之欲王者，猶七年之病，求三年之艾也，苟爲不畜，終身不得，苟不志於仁，終身憂辱，以陷於死亡。詩云：「其何能淑，載胥及溺。」此之謂也。

巽字從已溺已飢，從民主共和，而兩已皆共同站立於一處，必須知其向從也。共，向乃得其正，彖曰：「重巽以申命，剛巽乎中正而志行，柔皆順乎剛，是以小亨，利有攸往，利見大人。」象曰：「隨風、巽、君子以申命行事。」關心中國的命運的人士們，對於巽卦值運的時世，所發生的事情，是不可不深信確有天命的存在的！

是書以易元會運爲名，由公元一六二四年值卦大過初爻清朝皇太極建元事起，至公元一九八三年止，值卦巽之上九爻止，中間歷：夬、咸、困、井、恒、姤、大有、旅、未濟、蠱、姤、恒、姤、同人、履、小畜、大有、夬、同人、姤、否、漸、旅、咸、履、否、姤、渙、未濟、困、小畜、漸、渙、姤、蠱、井，共三十六卦，每卦十年，共三百六十年，當一運之數。茲爲利便讀者玩賞起見，特將續後之運程三百六十年，卽自公元一九八四年至二三四三年中間之值卦與變卦之吉凶休咎情形，在第八卷中依序推列之。至公元二三四四年後之事，當俟後賢之接續伸敘之。夫人生不過百歲光陰，瞬眼卽過，邵子去子房氏九百年，三十世之數，而我亦距邵子三十世，九百年之期，然則昔之思漢，猶今之思宋，將來之百世，返思民元之時，亦不外如今日之追思周代而已。我生有涯，我識無涯，以有涯而極无涯，蓋亦留存其跡象，以待後來讀易元會運之人士之質疑耳，用賦七言一首，以誌斯感。

易元會運窮眞理，三百六年道可觀，
明往彰來堪借鏡，尋因悟果足披肝；
後庚三日屯蒙記，直卦六爻巽井看；
康節梅花呈國瑞，和平氣象任盤桓。

䷸ 巽下巽上

巽。小亨。利有攸往。利見大人。巽。入也。一陰伏於二陽之下。其性能巽以入也。其象為風。亦取入義。陰為主。故其占為小亨。以陰從陽。故又利有所往。然必知所從。乃得其正。故又曰利見大人也。○彖曰。重巽以申命。釋卦義也。巽順而入。必究乎下。命令之象。重巽。故為申命也。剛巽乎中正而志行。柔皆順乎剛。是以小亨。利有攸往。利見大人。以卦體釋卦辭。剛巽乎中正而志行。指九五。柔謂初四。○象曰。隨風。巽。君子以申命行事。隨。相繼之義。○初六。進退。利武人之貞。初以陰居下。為巽之主。卑巽之過。故為進退不果之象。若以武人之貞處之。則有以濟其所不及。而得所宜矣。象曰。進退。志疑也。利武人之貞。志治也。○九二。巽在牀下。用史巫紛若。吉无咎。二以陽處陰而居下。有不安之意。然當巽之時。不厭其卑。而二又居中。不至已甚。故其占為能過於巽。而丁寧煩悉其辭以自道達。則可以吉而无咎。亦竭誠意以祭祀之吉占也。象曰。紛若之吉。得中也。○九三。頻巽。吝。過剛不中。居下之上。非能巽者。勉為屢失。吝之道也。故其象古如此。象曰。頻巽之吝。志窮也。○六四。悔亡。田獲三品。陰柔无應。承乘皆剛。宜有悔也。而以陰居陰。處上之下。故得悔亡。而又為卜田之吉占也。三品者。一為乾豆。一為賓客。一以充庖。象曰。田獲三品。有功也。○九五。貞吉。悔亡。无不利。无初有終。先庚三日。後庚三日。吉。先。西薦反。後。胡豆反。○九五剛健中正。而居巽體。故有悔。以有貞而吉也。故得亡其悔而无不利。有悔。是无初也。亡之。是有終也。庚。更也。事之變也。先庚三日。丁也。後庚三日。癸也。丁。所以丁寧於其變之前。癸。所以揆度於其變之後。有所變更而得此占者。如是則吉也。象曰。九五之吉。位正中也。○上九。巽在牀下。喪其資斧。貞凶。喪。息浪反。下同。○巽在牀下。過於巽者也。喪其資斧。失所以斷也。如是。則雖貞亦凶矣。居巽之極。失其陽剛之德。故其象占如此。象曰。巽在牀下。上窮也。喪其資斧。正乎凶也。正乎凶。言必凶。

# 易元會運卷八

## 易元會運

自公元一九八四年起至公元二三四三年止

公元一九八四年至一九九三年 甲子至癸酉

值卦鼎之初爻。

辭曰：「鼎顛趾，利出否，得妾以其子，无咎。」

象曰：「鼎顛趾，未悖也，利出否，以從貴也。」

變卦大有之初爻。辭曰：「无交害，匪咎，艱則无咎。」

象曰：「大有，初九，无交害也。」

公元一九九四年至二〇〇三年 甲戌至癸未

值卦鼎之二爻。

辭曰：「鼎有實，我仇有疾，不我能卽，吉。」
象曰：「鼎有實，愼所之也，我仇有疾，終无尤也。」
變卦旅之二爻。辭曰：「旅卽次，懷其資，得童僕貞。」
象曰：「得童僕貞，終无尤也。」
公元二〇〇四年至二〇一三年 甲申至癸巳
　值卦鼎之三爻。
辭曰：「鼎耳革，其行塞，雉膏不食，方雨虧悔，終吉。」
象曰：「鼎耳革，失其義也。」
變未濟卦之三爻。辭曰：「未濟，征凶，利涉大川。」
象曰：「未濟，征凶，位不當也。」
公元二〇一四年至二〇二三年 甲午至癸卯

値卦鼎之四爻。

辭曰：「鼎折足，覆公餗，其形渥，凶。」

象曰：「覆公餗，信如何也！」

變蠱卦之四爻。辭曰：「裕父之蠱，往見吝。」

象曰：「裕父之蠱，往未得也。」

公元二〇二四年至二〇三三年（甲辰至癸丑）

値卦鼎之五爻。

辭曰：「鼎黃耳，金鉉，利貞。」

象曰：「鼎黃耳，中以爲實也。」

變姤之五爻，辭曰：「以杞包瓜，含章，有隕自天。」

象曰：「九五含章，中正也，有隕自天，志不舍命也。」

公元二〇三四年至二〇四三年 甲寅至癸亥

值卦鼎之上爻。

辭曰：「鼎玉鉉，大吉，无不利。」

象曰：「玉鉉在上，剛柔節也。」

變恒卦之上爻，辭曰：「振恒，凶。」

象曰：「振恒在上，大无功也。」

公元二〇四四年至二〇五三年 甲子至癸酉

值卦大過之初爻。

辭曰：「藉用白茅，无咎也。」

象曰：「藉用白茅，柔在下也。」

變夬卦之初爻。辭曰：「壯於前趾，往不勝爲咎。」

象曰：「不勝而往，咎也。」

公元二〇五四年至二〇六三年 甲戌至癸未

值卦大過之二爻。

辭曰：「枯楊生梯，老夫得其女妻，无不利。」

象曰：「老夫女妻，過以相與也。」

變咸卦之二爻，辭曰：「咸其腓，凶，居吉。」

象曰：「雖凶，居吉，順不害也。」

公元二〇六四年至二〇七三年 甲甲至癸巳

值卦大過之三爻。

辭曰：「棟橈凶。」

象曰：「棟橈之凶，不可以有輔也。」

變困卦之三爻，辭曰：「困於石，據于蒺藜，入於其宮，不見其妻，凶。」

象曰：「據於蒺藜，乘剛也，入于其宮，不見其妻，不祥也。」

公元二〇七四年至二〇八三年 甲午至癸卯

值卦大過之四爻。

辭曰：「棟隆，吉，有它吝。」

象曰：「棟隆之吉，不橈乎下也。」

變井卦之四爻。辭曰：「井甃，无咎。」

象曰：「井甃，无咎，脩井也。」

公元二〇八四年至二〇九三年 甲辰至癸丑

值卦大過之五爻。

辭曰：「枯楊生華，老婦得其士夫，无咎无譽。」
象曰：「枯楊生華，何可久也，老婦士夫，亦可醜也。」
變恒卦之五爻，辭曰：「恒其德，貞，婦人吉，夫子凶。」
象曰：「婦人貞吉，從一而終也，夫子制義，從婦凶也。」
公元二〇九四年至二一〇三年 甲寅至癸亥
值卦大過之上爻。
辭曰：「過涉，滅頂，凶，无咎。」
象曰：「過涉之凶，不可咎也。」
變姤卦之上爻。辭曰：「姤其角，吝，无咎。」
象曰：「姤其角，上窮吝也。」
公元二一〇四年至二一一三年 甲子至癸酉

值卦鼎之初爻。

辭曰：「鼎顛趾，利出否，得妾以其子，无咎。」

象曰：「鼎顛趾，未悖也，利出否，以從貴也。

變卦大有之初爻，辭曰：「无交害，匪咎，艱則无咎。」

象曰：「大有，初九，无交害也。」

公元二一一四年至二一二三年 甲戌至癸未

值卦鼎之二爻。

辭曰：「鼎有實，我仇有疾，不我能卽，吉。」

象曰：「鼎有實，慎所之也，我仇有疾，終无尤也。」

變卦旅之二爻。辭曰：「旅卽次，懷其資，得童僕貞。」

象曰：「得童僕貞，終无尤也。」

公元二一二四年至二一三三年（甲申至癸巳）
值卦鼎之三爻。
辭曰：「鼎耳革，其行塞，雉膏不食，方雨虧悔，終吉。」
象曰：「鼎耳革，失其義也。」
變未濟卦之三爻。辭曰：「未濟，征凶，利涉大川。」
象曰：「未濟，征凶，位不當也。」
公元二一三四年至二一四三年（甲午至癸卯）
值卦鼎之四爻。
辭曰：「鼎折足，覆公餗，其形渥，凶。」
象曰：「覆公餗，信如何也。」
變蠱卦之四爻，辭曰：「裕父之蠱，往見吝。」

象曰：「裕父之蠱，往未得也。」

公元二一四四年至二一五三年（甲辰至癸丑）

値卦鼎之五爻。

辭曰：「鼎黃耳，金鉉，利貞。」

象曰：「鼎黃耳，中以爲實也。」

變姤之五爻，辭曰：「以杞包瓜，含章，有隕自天。」

象曰：「九五含章，中正也，有隕自天，志不舍命也。」

公元二一五四年至二一六三年（甲寅至癸亥）

値卦鼎之上爻。

辭曰：「鼎玉鉉，大吉，无不利。」

象曰：「玉鉉在上，剛柔節也。」

變恒卦之上爻，辭曰：「振恒，凶。」
象曰：「振恒在上，大无功也。」
公元二一六四年至二一七三年甲子至癸酉
值卦離之初爻。
辭曰：「履錯然，敬之，无咎。」
象曰：「履錯之敬，以辟咎也。」
變旅卦之初爻，辭曰：「旅瑣瑣，斯其所取災。」
象曰：「旅瑣，志窮災也。」
公元二一七四年至二一八三年甲戌至癸未
值卦離之二爻。
辭曰：「黃離，元吉。」

象曰：「黃離，元吉，得中道也。」

變大有卦之二爻，辭曰：「大車以載，有攸往，无咎。」

象曰：「大車以載，積中不敗也。」

公元二一八四年至二一九三年甲申至癸巳

值卦離之三爻。

辭曰：「日昃之離，不鼓缶而歌，則大耋之嗟，凶。」

象曰：「日昃之離，何可久也。」

變噬嗑卦之三爻，辭曰：「噬腊肉，遇害，小吝，无咎。」

象曰：「遇毒，位不當也。」

公元二一九四年至二二〇三年甲午至癸卯

值卦離之四爻。

辭曰：「突如其來如，焚如，死如，棄如。」
象曰：「突如其來如，无所容也。」
變賁卦之四爻，辭曰：「賁如，皤如，白馬翰如，匪寇婚媾。」
象曰：「六四當位，疑也，匪寇婚媾，終无尤也。」
公元二二〇四年至二二一三年 甲辰至癸丑

值卦離之五爻。

辭曰：「出涕沱若，戚嗟若吉。」
象曰：「六五之吉，離王公也。」
變同人卦之五爻。辭曰：「同人先號咷而後笑，大師克相遇。」
象曰：「同人之先，以中直也，大師相遇，言相克也。」
公元二二一四年至二二二三年 甲寅至癸亥

值卦離之上爻。

辭曰：「王用出征，有嘉，折首，獲匪其醜，无咎。」

象曰：「王用出征，以正邦也。」

變豐卦之上爻。辭曰：「封其屋，蔀其家，闚其戶，闃其无人，三歲不覿，凶。」

象曰：「豐其屋，天際翔也，闚其戶，闃其无人，自藏也。」

公元二二二四年至二二三三年（甲子至癸酉）

值卦睽之初爻。

辭曰：「悔亡，喪馬勿逐自復，見惡人，无咎。」

象曰：「見惡人，以辟咎也。」

變未濟卦之初爻。辭曰：「濡其尾，吝。」

象曰：「濡其尾，亦不知極也。」

公元二二三四年至二二四三年 甲戌至癸未

值卦暌之二爻。

辭曰：「遇主於巷，无咎。」

象曰：「遇主於巷，未失道也。」

變噬嗑卦之二爻。辭曰：「噬膚滅鼻，无咎。」

象曰：「噬膚滅鼻，乘剛也。」

公元二二四四年至二二五三年 甲申至癸巳

值卦暌之三爻。

辭曰：「見輿曳，其牛掣，其人且劓，无初有終。」

象曰：「見輿曳，位不當也，无初有終，遇剛也。」

變大有卦之三爻。辭曰：「公用亨於天子，小人弗克。」
象曰：「公用亨于天子，小人害也。」
公元二二五四年至二二六三年 甲午至癸卯
值卦睽之四爻。
辭曰：「睽孤，遇元夫，交孚，厲无咎。」
象曰：「交孚无咎，志行也。」
變損卦之四爻，辭曰：「損其疾，使遄有喜，无咎。」
象曰：「損其疾，亦可喜也。」
公元二二六四年至二二七三年 甲辰至癸丑
值卦睽之五爻。
辭曰：「悔亡，厥宗噬膚，往何咎。」

象曰：「厥宗噬膚，往有慶也。」

變履卦之五爻。辭曰：「夬履，貞厲。」

象曰：「夬履貞厲，位正當也。」

公元二二七四年至二二八三年（甲寅至癸亥）

值卦睽之上爻。

辭曰：「睽孤，見豕負途，載鬼一車，先張之弧，後說之弧，匪寇婚媾，往，遇雨則吉。」

象曰：「遇雨之吉，群疑亡也。」

變歸妹卦之上爻。辭曰：「女承筐无實，士刲羊无血，无攸利。」

象曰：「上六无實，承虛筐也。」

公元二二八四年至二二九三年（甲子至癸酉）

值卦大畜初爻。

辭曰：「有厲，利已。」

象曰：「有厲利已，不患災也。」

變蠱卦之初爻，辭曰：「幹父之蠱，有子，考无咎，厲終吉。」

象曰：「幹父之蠱，意承考也。」

公元二二九四年至二三〇三年 甲戌至癸未

值卦大畜之二爻。

辭曰：「輿說輹。」

象曰：「輿說，輹，中无尤也。」

變賁卦之二爻。辭曰：「賁其須。」

象曰：「賁其須，與上興也。」

公元二三〇四年至二三一三年（甲申至癸巳）
值卦大畜之三爻。
辭曰：「良馬逐，利艱貞，曰閑輿衛，利有攸往。」
象曰：「利有攸往，上合志也。」
變損卦之三爻，辭曰：「三人行，則損一人，一人行，則得其友。」
象曰：「一人行，三則疑也。」
公元二三一四年至二三二三年（甲午至癸卯）
值卦大畜之四爻。
辭曰：「童牛之牿，元吉。」
象曰：「六四元吉，有喜也。」
變大有卦之四爻。辭曰：「匪其彭，无咎。」

象曰：「匪其彭，无咎，明辨晳也。」

公元二二三二四年至二二三三三年　甲辰至癸丑

值卦大畜之五爻。

辭曰：「豶豕之牙，吉。」

象曰：「六五之吉，有慶也。」

變卦小畜之五爻。辭曰：「有孚攣如，富以其鄰。」

象曰：「有孚攣如，不獨富也。」

公元二二三三四年至二二三四三年　甲寅至癸亥

值卦大畜之上爻。

辭曰：「何天之衢，亨。」

象曰：「何天之衢，道大行也。」

變卦泰之上爻。辭曰：「城復於隍，勿用師，自邑告命，貞吝。」

象曰：「城復於隍，其命亂也。」

上敘由公元一九八四年至二三四三年，共三百六十年，每六十年行一卦，每十年行一爻，中間變卦歷：大有、旅、未濟、蠱、姤、恒、夬、咸、困、井、恒、姤、大有、旅、未濟、蠱、姤、恒、旅、大有、噬嗑、賁、同人、豐、未濟、噬嗑、賁、同人、豐、未濟、噬嗑、大有、損、履、歸妹、蠱、賁、損、大有、小畜、泰。共三十六個。其中公元一九八四年至二〇四三年與公元二一〇四年至二一六三年，兩個六十年中，皆是鼎卦值爻，與公元一六八四年至一七四三年，即康熙廿三年至乾隆八年，值行鼎卦時之卦爻相同，而公元二〇四四年至二一〇三年之六十年間，亦與公元一六二四年至一六八三年之六十年間，所行的大過卦爻辭相同，換言之，即自公元一九八四年起至二一六三年，共一百八十年，半運之數，其所值爻辭，正與有清初葉時相同，而其治亂變化情形，乃可鑑往察來，互作參考了。至其涵義與解釋，當以配合事實而另有新的故事，此則非待事實之誌敘不可矣。

至於易離卦在皇極經世中，自已會大有之離卦，距離唐堯甲辰以前三千二百四十年有所經歷外，至午運再經離卦，已是七千九百三十年之久矣，換言之，則是自有文化歷史以來，尚未有離卦之事實可以記叙，將來公元二一六四年至二二二三年六十年間之離卦，適在甲午至癸卯十年中九四爻，有：「突如其來如，焚如，死如，棄如」之語，正是離火猖獗，火災成刼之時，國都非有戰火遼原，必有突然奇災爲可嘆息耳。而自公元二二二四年至二二八三年，又恐戰亂頻仍，人民不暌別分散者鮮矣，必至二二八四年後入大畜之卦，然後始見賢德者在位，而後天下平也，接公元二三四四年起至二四〇三年又行乾卦文明之時，中國文化之發揚光大，可以於此際再覩其大成矣。

# 午會姤卦值運圖

起公元前二二一七年甲子
至公元前五十七年癸亥止

乾　遯　訟　巽　鼎　大過

姤同人履小畜大有夬同人姤否漸旅咸履否姤渙未濟困小畜漸渙姤蠱井大有旅未濟蠱姤恒夬咸困井恒姤

| | |
|---|---|
| 初 | 乾遯訟巽鼎大過遯乾无妄家人離革訟无妄乾中孚睽兌巽家人中孚乾大畜需鼎離睽大畜乾大壯大過革兌需大壯乾 |
| 二 | 遯乾无妄家人離革乾遯訟巽鼎大過无妄訟遯觀晉萃家人巽觀遯艮蹇離鼎晉艮遯小過革大過萃蹇小過遯 |
| 三 | 訟无妄乾中孚睽兌无妄訟遯觀晉萃乾遯訟巽鼎大過中孚觀巽訟蒙坎睽晉鼎蒙訟解兌萃大過坎解訟 |
| 四 | 巽家人中孚乾大畜需家人巽觀遯艮蹇中孚觀巽訟蒙坎乾遯訟巽鼎大過大畜艮蒙鼎巽升需蹇坎大過升巽 |
| 五 | 鼎離睽大畜乾大壯離鼎晉艮遯小過睽晉鼎蒙訟解大畜艮蒙鼎巽升乾遯訟巽鼎大過大壯小過解升大過鼎 |
| 上 | 大過革兌需大壯乾革大過萃蹇小過遯兌萃大過坎解訟需蹇坎大過升巽大壯小過解升大過鼎乾遯訟巽鼎大過 |

# 午會大過卦值運圖

起公元前五十八年甲子至
公元二一〇三年癸亥止

| 爻卦 | 夬 | 咸 | 困 | 井 | 恒 | 姤 |
|---|---|---|---|---|---|---|
| | 大過 革 兌 需 大壯 乾 | 革 大過 萃 蹇 小過 遯 | 兌 萃 大過 坎 解 訟 | 需 蹇 坎 大過 升 巽 | 大壯 小過 解 升 大過 鼎 | 乾 遯 訟 巽 鼎 大過 |
| 初 | 夬 咸 困 井 恒 姤 | 咸 夬 隨 既濟 豐 同人 | 困 隨 夬 節 歸妹 履 | 井 既濟 節 夬 泰 小畜 | 恒 豐 歸妹 泰 夬 大有 | 姤 同人 履 小畜 大有 夬 |
| 二 | 咸 夬 隨 既濟 豐 同人 | 夬 咸 困 井 恒 姤 | 隨 困 咸 比 豫 否 | 既濟 井 比 咸 謙 漸 | 豐 恒 豫 謙 咸 旅 | 同人 姤 否 漸 旅 咸 |
| 三 | 困 隨 夬 節 歸妹 履 | 隨 困 咸 比 豫 否 | 夬 咸 困 井 恒 姤 | 節 比 井 困 師 渙 | 歸妹 豫 恒 師 困 未濟 | 履 否 姤 渙 未濟 困 |
| 四 | 井 既濟 節 夬 泰 小畜 | 既濟 井 比 咸 謙 漸 | 節 比 井 困 師 渙 | 夬 咸 困 井 恒 姤 | 泰 謙 師 恒 井 蠱 | 小畜 漸 渙 姤 蠱 井 |
| 五 | 恒 豐 歸妹 泰 夬 大有 | 豐 恒 豫 謙 咸 旅 | 歸妹 豫 恒 師 困 未濟 | 泰 謙 師 恒 井 蠱 | 夬 咸 困 井 恒 姤 | 大有 旅 未濟 蠱 姤 恒 |
| 上 | 姤 同人 履 小畜 大有 夬 | 同人 姤 否 漸 旅 咸 | 履 否 姤 渙 未濟 困 | 小畜 漸 渙 姤 蠱 井 | 大有 旅 未濟 蠱 姤 恒 | 夬 咸 困 井 恒 姤 |

# 午會鼎卦值運圖

起公元二一〇四年甲子至
公元四二六三年癸亥止

大有　旅　未濟　蠱　姤　恒

| 爻卦 | 鼎 離 睽 大畜 乾 大壯 離 鼎 晉 艮 遯 小過 睽 晉 鼎 蒙 訟 解 大畜 艮 蒙 鼎 巽 升 乾 遯 訟 巽 鼎 大過 大壯 小過 解 升 大過 鼎 |
| --- | --- |
| 初 | 大有 旅 未濟 蠱 姤 恒 旅 大有 噬嗑 賁 同人 豐 未濟 噬嗑 大有 損 困 歸妹 蠱 賁 損 大有 小畜 泰 姤 同人 履 小畜 大有 夬 恒 豐 歸妹 泰 夬 大有 |
| 二 | 旅 大有 噬嗑 賁 同人 豐 大有 旅 未濟 蠱 姤 恒 噬嗑 未濟 旅 剝 未濟 豫 賁 蠱 剝 旅 漸 謙 同人 姤 否 漸 旅 咸 豐 恒 豫 謙 咸 旅 |
| 三 | 未濟 噬嗑 大有 損 履 歸妹 噬嗑 未濟 旅 剝 否 豫 大有 旅 未濟 蠱 渙 恒 損 剝 蠱 未濟 渙 師 履 否 姤 渙 未濟 困 歸妹 豫 恒 師 困 未濟 |
| 四 | 蠱 賁 損 大有 小畜 泰 賁 蠱 剝 旅 漸 謙 損 剝 蠱 未濟 姤 師 大有 旅 未濟 蠱 姤 恒 小畜 漸 渙 姤 蠱 井 泰 謙 師 恒 井 蠱 |
| 五 | 姤 同人 履 小畜 大有 夬 同人 姤 否 漸 旅 咸 履 否 姤 渙 否 困 小畜 漸 渙 姤 蠱 井 大有 旅 未濟 蠱 姤 恒 夬 咸 困 井 恒 姤 |
| 上 | 恒 豐 歸妹 泰 夬 大有 豐 恒 豫 謙 咸 旅 歸妹 豫 恒 師 履 未濟 泰 謙 師 恒 井 蠱 夬 咸 困 井 恒 姤 大有 旅 未濟 蠱 姤 恒 |

# 午會恒卦值運圖

起公元四二六四年甲子至公元六四二三年癸亥止

| 爻卦 | 大壯 小過 解 升 大過 鼎 |
| --- | --- |
| | 恒 豐 歸妹 泰 夬 大有 豐 恒 豫 謙 咸 旅 歸妹 豫 恒 師 困 未濟 泰 謙 師 恒 井 蠱 夬 咸 困 井 恒 姤 大有 旅 未濟 蠱 姤 恒 |
| 初 | 大壯 小過 解 升 大過 鼎 小過 大壯 震 明夷 革 離 解 震 大壯 臨 兌 睽 升 明夷 臨 大壯 需 大畜 大過 革 兌 需 大壯 乾 鼎 離 睽 大畜 乾 大壯 |
| 二 | 小過 大壯 震 明夷 革 離 大壯 小過 解 升 大過 鼎 震 解 小過 坤 萃 晉 明夷 升 坤 小過 蹇 艮 革 大過 萃 蹇 小過 遯 離 鼎 晉 艮 遯 小過 |
| 三 | 解 震 大壯 臨 兌 睽 震 解 小過 坤 萃 晉 大壯 小過 解 升 大過 鼎 臨 坤 升 解 坎 蒙 兌 萃 大過 坎 解 訟 睽 晉 鼎 蒙 訟 解 |
| 四 | 升 明夷 臨 大壯 需 大畜 明夷 升 坤 小過 蹇 艮 臨 坤 升 解 坎 蒙 大壯 小過 解 升 大過 鼎 需 蹇 坎 大過 升 巽 大畜 艮 蒙 鼎 巽 升 |
| 五 | 大過 革 兌 需 大壯 乾 革 大過 萃 蹇 小過 遯 兌 萃 大過 坎 解 訟 需 蹇 坎 大過 升 巽 大壯 小過 解 升 大過 鼎 乾 遯 訟 巽 鼎 大過 |
| 六 | 鼎 離 睽 大畜 乾 大壯 離 鼎 晉 艮 遯 小過 睽 晉 鼎 蒙 訟 解 大畜 艮 蒙 鼎 巽 升 乾 遯 訟 巽 鼎 大過 大壯 小過 解 升 大過 鼎 |

# 午會巽卦值運圖

起公元六四二四年甲子至公元八五八三年癸亥止

小畜　漸　渙　姤　蠱　井

| 爻 | 卦 |
| --- | --- |
| 爻卦 | 巽 家人 中孚 乾 大畜 需 家人 巽 觀 遯 艮 蹇 中孚 觀 巽 訟 蒙 坎 乾 遯 訟 巽 鼎 大過 大畜 艮 蒙 鼎 巽 升 需 蹇 坎 大過 升 巽 |
| 初 | 小畜 漸 渙 姤 蠱 井 漸 小畜 益 同人 賁 既濟 渙 益 小畜 履 損 節 姤 同人 履 小畜 大有 夬 蠱 賁 損 大畜 小畜 泰 井 既濟 節 夬 泰 小畜 |
| 二 | 漸 小畜 益 同人 賁 既濟 小畜 漸 渙 姤 蠱 井 益 渙 漸 否 剝 比 同人 姤 否 漸 旅 咸 賁 蠱 剝 旅 漸 謙 既濟 井 比 咸 謙 漸 |
| 三 | 渙 益 小畜 履 損 節 益 渙 漸 否 剝 比 小畜 漸 渙 姤 蠱 井 履 否 姤 渙 未濟 困 損 剝 蠱 未濟 渙 師 節 比 井 困 師 渙 |
| 四 | 姤 同人 履 小畜 大有 夬 同人 姤 否 漸 旅 咸 履 否 姤 渙 未濟 困 小畜 漸 渙 姤 蠱 井 大有 旅 未濟 蠱 姤 恒 夬 咸 困 井 恒 姤 |
| 五 | 蠱 賁 損 大有 小畜 泰 賁 蠱 剝 旅 漸 謙 損 剝 蠱 未濟 渙 師 大有 旅 未濟 蠱 姤 恒 小畜 漸 渙 姤 蠱 井 泰 謙 師 恒 井 蠱 |
| 六 | 井 既濟 節 夬 泰 小畜 既濟 井 比 咸 謙 漸 節 比 井 困 師 渙 夬 咸 困 井 恒 姤 泰 謙 師 恒 井 蠱 小畜 漸 渙 姤 蠱 井 |

按午會計姤，大過，鼎，恒，巽五卦共三十運，每運三百六十年，合一萬零八百年，由公元前二千二百一十七年起，至公元八千五百八十三年止，此後乃入未會之運矣。

# 午會姤恒卦

以會經運之十三值大過鼎卦一百二十年
以會經運之十四值乾遯卦一百二十年
共二百四十年

## 流年值卦圖

起公元一六二四年甲子至公元一八六三年癸亥止

甲子、一六二四　大過、鼎、恒、巽、井、蠱、升、訟、困、未濟、解、渙、蒙、師、遯、咸、旅、小過、漸、蹇、艮、謙、否、萃、晉、豫、觀、比、剝、復、頤、屯、益、震、噬嗑、隨、无妄、明夷、賁、既濟、家人、豐、萃、同人、臨、損、節、中孚、歸妹、睽、兌、履、泰、大畜、需、小畜、大壯、大有、夬、姤、

甲子、一六八四　鼎、恒、巽、井、蠱、升、訟、困、未濟、解、渙、蒙、師、遯、咸、旅、小過、漸、蹇、艮、謙、否、萃、晉、豫、觀、比、剝、復、頤、屯、益、震、噬嗑、隨、无妄、明夷、賁、既濟、家人、豐、革、同人

、臨、損、節、中孚、歸妹、睽、兌、履、泰、大畜、需、小畜、大壯
、大有、夬、姤、大過、

甲子、一七四四　姤、大過、鼎、恒、巽、井、蠱、升、訟、困、未濟、解、渙、蒙、師
、遯、咸、旅、小過、漸、蹇、艮、謙、否、萃、晉、豫、觀、比、剝
、復、頤、屯、益、震、噬嗑、隨、无妄、明夷、賁、既濟、家人、豐
、萃、同人、臨、損、節、中孚、歸妹、睽、兌、履、泰、大畜、需、
小畜、大壯、大有、夬、

甲子、一八〇四　遯、咸、旅、小過、漸、蹇、艮、謙、否、萃、晉、豫、觀、比、剝、
復、頤、屯、益、震、噬嗑、隨、无妄、明夷、賁、既濟、家人、豐、
萃、同人、臨、損、節、中孚、歸妹、睽、兌、履、泰、大畜、需、小
畜、大壯、大有、夬、姤、大過、鼎、恒、巽、井、蠱、升、訟、困、
未濟、解、渙、蒙、師、

# 午會姤卦以會經運之十四值（訟巽鼎大過）共二百四十年

## 流年值卦圖（起公元一八六四年甲子至公元二一〇三年癸亥止）

甲子、一八六四　訟、困、未濟、解、渙、蒙、師、遯、咸、旅、
一八七一　小過、漸、蹇、艮、謙、否、萃、晉、豫、觀、
一八八四　比、剝、復、頤、屯、益、震、噬嗑、隨、无妄、
一八九四　明夷、賁、既濟、家人、豐、革、同人、臨、損、節、
一九〇四　中孚、歸妹、睽、兌、履、泰、大畜、需、小畜、大壯、
一九一四　大有、夬、姤、大過、鼎、恒、巽、井、蠱、升、
甲子、一九二四　巽、井、蠱、升、訟、困、未濟、解、渙、蒙、
一九三四　師、遯、咸、旅、小過、漸、蹇、艮、謙、否、
一九四四　萃、晉、豫、觀、比、剝、復、頤、屯、益、

一九五四　震、噬嗑、隨、无妄、明夷、賁、既濟、家人、豐、萃、

一九六四　同人、臨、損、節、中孚、歸妹、睽、兌、履、泰、

一九七四　大畜、需、小畜、大壯、大有、夬、姤、大過、鼎、恒、

甲子、一九八四　鼎、恒、巽、井、蠱、升、訟、困、未濟、解、渙、蒙、師、遯、咸、旅、小過、漸、蹇、艮、謙、否、萃、晉、豫、觀、比、剝、復、頤、屯、益、震、噬嗑、隨、无妄、明夷、賁、既濟、家人、豐、革、同人、臨、損、節、中孚、歸妹、睽、兌、履、泰、大畜、需、小畜、大壯、大有、夬、姤、大過、

甲子、二〇四四　大過、鼎、恒、巽、井、蠱、升、訟、困、未濟、解、渙、蒙、師、遯、咸、旅、小過、漸、蹇、艮、謙、否、萃、晉、豫、觀、比、剝、復、頤、屯、益、震、噬嗑、隨、无妄、明夷、賁、既濟、家人、豐、萃、同人、臨、損、節、中孚、歸妹、睽、兌、履、泰、大畜、需、小畜、大壯、大有、夬、姤、

# 午會大有卦以會經運之十五値

鼎離睽大畜　共二百四十年

## 流年値卦圖

起公元二一〇四年甲子至公元二三四三年癸亥止

甲子、二一〇四　鼎、恒、巽、井、蠱、升、訟、困、未濟、解、渙、蒙、師、遯、咸、旅、小過、漸、蹇、艮、謙、否、萃、晉、豫、觀、比、剝、復、頤、屯、益、震、噬嗑、隨、无妄、明夷、賁、既濟、家人、豐、革、同人、臨、損、節、中孚、歸妹、睽、兌、履、泰、大畜、需、小畜、大壯、大有、夬、姤、大過、

甲子、二一六四　旅、小過、漸、蹇、艮、謙、否、萃、晉、豫、觀、比、剝、復、頤、屯、益、震、噬嗑、隨、无妄、明夷、賁、既濟、家人、豐、萃、同人、臨、損、節、中孚、歸妹、睽、兌、履、泰、大畜、需、小畜、大壯

、大有、夬、姤、大過、鼎、恒、巽、井、蠱、升、訟、困、未濟、解
、渙、蒙、師、遯、咸、

甲子、二三二二四　睽、兌、履、泰、大畜、需、小畜、大壯、大有、夬、姤、大過、鼎、
過、巽、井、蠱、升、訟、困、未濟、解、渙、蒙、師、遯、咸、旅、
小過、漸、蹇、艮、謙、否、革、晉、豫、觀、比、剝、復、頤、屯、
益、震、噬嗑、隨、无妄、明夷、賁、既濟、家人、豐、萃、同人、臨
、損、節、中孚、歸妹、

甲子、二三二八四　大畜、需、小畜、大壯、大有、夬、姤、大過、鼎、恒、巽、井、蠱、
升、訟、困、未濟、解、渙、蒙、師、遯、咸、旅、小過、漸、蹇、艮
、謙、否、革、晉、豫、觀、比、剝、復、頤、屯、益、震、噬嗑、隨
、无妄、明夷、賁、既濟、家人、豐、萃、同人、臨、損、節、中孚、
歸妹、睽、兌、履、泰。

# 小引

夫命之理微，謂空談者不可聽，則稽之實語，是必顯然有據矣，得其實語，斯不得視為空談矣，雖然，欲稽之古人之言，徵之今人之命，是殆有知幾其神者，豈易言哉？乃吾觀於今。始恍然於易之神而明之，存乎其人之說矣。立德齋主人，家學淵源，復得異師指授，擅長星平，精曉祿命，知於易而明於道者也，其對於哲理之深微，若皇極易數，鐵板神數，河洛理數，太乙神數等術之博通，實有可自信，而並可取信於人者。按皇極易數一書，為宋邵康節所著。康節之學，本於李之才挺之，挺之得之穆修伯長，伯長得之華山陳希夷，而希夷之學，原本文王，其數理，皆出於羲圖太極，其推測稽驗，雖有類於占覆，其法必從父母生年，本身八字，配合五音八卦，將陰陽順逆加減，每一時推八刻，每一刻推十五分，推到的準時刻，則人之富貴貧賤，吉凶壽殀，援命證書，全數不訛，進而至於士農工商，僧尼道釋，以及盜竊娼妓，百藝雜技之分別，凡人之賢否，運途之窮通，莫不悉合。是以知有眞刻，而後有眞命，否則，差之毫厘，謬以千里，其奧妙玄微之處，自非通常星命術所能比擬！世有重於斯道而得推斷者，自可明命而居易以俟，順受其正，以臻於君子之域，是卽立德齋主人學術問世之志歟？時

中華民國二十五年歲序丙子孟春　百粵八十老人鄭浩謹識

一九三六年

## 易元會運

按邵子皇極數正傳。推人命理。纖悉皆驗之事。了凡四訓。嘗有所記述。予因坊間僅有殘缺不全之鐵板神數。疑非眞本焉。十八歲時。偶遊山寺，遇一長老。其相貌一如了凡所誌之魁偉脩髯者。且鶴髮童顏。飄飄然若仙。令人一見肅然起敬。見予至。延予坐。自道其姓氏爲沙某。知予有志於易學。而邵子之皇極數正傳。數該傳授。以繼邵子立德之義云云。予驚喜而拜受之。依書研究。並得沙公盡將學理算法教道之。後七日。沙公乃他往矣。予嘗以是書爲友人推算之。莫不悉數符合。而三十年來應驗不爽者。亦殊不少。蓋其數。一本於河洛與子平之理。因理以生數。因數以生吉凶悔吝也。其義與易經所言之「窮理盡性以至於命。」恰合。蓋窮理則生智。智生則可以知陰陽變化。吉凶休咎。永言配命。自求多福之因。盡性則生誠。誠生則可以明是非得失。盈虧消長。命由我作。福自我求之果。然後加之于命運窮通禍福之推斷與趨避。乃可不期然而然。神而明之。存乎其人矣。中庸曰。「至誠之道。可以前知。國家將興。必有禎祥。國家將亡。必有妖孽。見乎蓍龜。動於四體。禍福將至。善必先知之。不善亦必先知之。故至誠如神。」夫國家之盛衰安危。且本於人事因果善惡所造成。而況於血肉之身軀。而不能以道德脩省之方趨避之耶？太甲曰：「天作孽。猶可違。自作孽。不可活。」孔子曰：「積善之家。必有餘慶。積不善之家。必有餘殃。」此君子之所以必須知命也。世之談命者。多未窮盡眞理。以爲立德勵俗之助。而江湖術士。祗知借爲糊口求潤之資。去道遠矣，因披露數則。以申其義焉。

父命　癸未
母命　乙酉
年　丁未
月　庚戌
日　乙卯
時　丁亥
命叶亥時一刻
離宮同人卦初
九爻推
流年乾之上九
爻起推

父先亡。母後喪。易數先知。試問父親何日逝。金木之年是歸期。若問母親何日逝。年逢金水是歸期。兄弟四人。易數先知。妻少五歲。姻緣註定，一妻一妻又一妻。三度見佳期。先花後果數當然。前妻不結子。後妻未開花。玉人有刑。再娶乙卯。生子偏宜先生女。二胎三胎亦相同。數有三子送終。爲人剛直。所爲詳審。心無私曲。性若風雷。只因立性不定。幾番進退趦趄。雙手作起家計。獨拳創起規模。不合政治生涯。偏利坐賈行商。輔佐商塲。生財有道。少分稼穡艱難苦。立見粃糠淘汰功。初年平平中年好。黃花晚節更堪誇。若是離鄉千里去。不精神處亦精神。運逢南方祿旺地。財利功名一齊來。借問一生身外事。八旬加三是終年。後列鴻運。己運。徒有表面春風景。不知內心煩惱多。只緣忘幼學。竟爾懶師承。酉運。臀无膚。其行次且。牽羊悔亡。聞言不信。園內花千朶。愁驚午夜風。戊運。一件惡煩惱。翻成大吉祥。是非擾人。無從逃脫。申運。野猴啼明月。衰草更逢春。星霜離別共。燈火夢魂長。丁運。梅子墜金風。不見釵頭鳳。夫妻難偕老中途不斷折離羣。未運。故園春色休回首。上苑秋光堪進程。左右逢源。利有攸歸。發財可喜。丙運。天德天厄并臨。難中有救。翻來復去幾多般。破盡千金又重來。午運。旅次停雲誼。平生舊雨懷。父亡生子。一憂一喜。乙運。需於沙。小有言。千方百計苦經營。財利不聚枉費力。巳運。旅於次。得其資斧。我心不快。萱花已謝。蘭階月寒。甲運。月幾望。馬匹亡。无咎。有祿有財過晚景。無憂無慮樂昇平。辰運。貞疾。恒不死。要行瀟洒清閑地。奈何身陷火坑中。癸運。困于酒食。朱紱方來。利用祭祀。征凶。无咎。陰盛陽衰。良賈待時。卯運。久坐塵埃心已灰。無端富貴又來催。知君有貴子。裕後克光前。惟識資財盈白首。功名却是晚來成。壬運。行滿功成須退步。不然禍患及臨身。問君何日是終程。年逢蛇時自分明。數終。

附流年值卦

四五 大有五、離二、同人五、萃上、咸初、大過二、困三、坎四、師五、乾三、

五五 小畜四、大畜五、泰上、升初、謙二、孚四、渙初、訟四、未濟五、解上、

六五 妹初、震二、豐三、夷四、睽五、噬二、妄五、隨上、咸初、困二、

七五 大過三、井四、升五、兌上、夬三、乾上、姤初、遯二、否三、觀四、

父命　辛巳
母命　甲申
年　癸丑
月　丁巳
日　癸巳
時　辛酉
命叶酉時壹刻
坎宮明夷之豐
卦
流年同人之三
爻起推

椿枝先落。萱花後凋。若問父親何日逝。年逢金火是歸期。若問母親何日死。年逢土水是歸期。兄弟二人。中斷折離。妻大一歲。姻緣巧合。玉人有刑。再娶甲子。先花後果數當然。前妻生二子。後妻產一兒。數有二子送老。一生恬淡名利足。到處優遊樂清虛。謹厚謙恭。處事公正。不合政治發展。宜從商業經營。淡妝濃抹樂調新色。頑綠癡紅發古凝香。早運饒幸福。中歲反奔波。須知老至精神壯。子秀孫賢家道昌。正身履道。卑以自居。承家多舊德。繼代有清風。借問一生身外事。六旬加七是終年。後列鴻運（丙運）。鳴謙貞吉。根深不怕風搖動。樹正無愁月影斜。（辰運）。貞疾。恒不死。花開向波心。天香施紅味。（乙運）雪憶門前立。春風座上迎。十年忘守壘。午夜懶挑燈。（卯運）詩句題鷓鴣。簫聲引鳳凰。本是經營客。財利有權衡。（甲運）雖有難星。幸有救星。有子當宜先抱女。（寅運）虎滙圖一雀。一悲還一喜。父亡生子。一憂一喜。（癸運）噬臘肉遇毒。小吝无咎。晝堂不見春風面。環珮聲潛月夜魂。（丑運）巧計無如求象堀。碧潭深處有驪珠。翠減紅粧醉倚惆。惆悵望歸求異緣。（壬運）二龍爭一珠。一得還一失。守節操心無過慮。須知樂處恐交爭。（子運）浮雲風掃盡。

明月正當空。輔佐商場。生財有道。（辛運）家人嗃嗃。悔厲吉。婦人嘻嘻終吝。意違事不違。事寬心不寬。晚年得子。人生之福。（亥運）經營阻滯。利益難求。居榮見辱。得失反復。征衣千里寄。旅夢五更拋。（庚運）寶劍試重磨。光芒須復現。待至年來纔及壯。不堪今日便成仙。仗劍登壇步罡踏斗。誠通三界表奏諸天。若行陰德。延壽一紀。數止。

附流年值卦

四五　解初、乾二、履三、孚四、損五、臨上、師初、有上、咸初、旅二、

五五　晉三、剝四、觀五、恒初、升四、奉初、夷二、復三、震四、隨五、

六五　妄上、否初、豐二、革五、夬二、兌三、節四、臨五、損上、蒙初、

父命　甲戌
母命　已卯
根　壬子
苗　辛亥
花　戊申
果　辛酉
命叶酉時二刻
離宮渙卦六三
爻推
流年井卦之二
爻起推

椿枝先落。萱花後凋。試問父親何日逝。年逢木金是歸期。若問母親何日逝。年逢水木是終程。當有二母之稱。數有嫡母。君生後娘。兄弟四人。先失其三。妻命壬子生。婚緣註定。玉人有刑。再娶庚申。前妻產一子。後妻產五兒。數有四子。送終。立志多愷悌。謀爲見謙沖。存心忠厚。仁慈好德。不合政治發展。宜從商業經營。有外方奔波緣。無家中安閑福。本是經營客。財利有權衡。少年已見榮華境。運到中年反復多。千山萬水爲活計。經歷風霜立規模。運到南方火旺地。興家創業不爲難。振先人之箕裘。得祖宗之餘蔭。須知老至精神壯。家肥屋潤子又昌。財源滾滾。福祿滔滔。惜問一生身外事。六十有三是終程。後列鴻運。以便清覽。（壬運）夜雨正逢春。宇宙生和氣。風暖蘭階花吐秀。雷鳴竹院筍抽芽。（子運）鼎黃耳。金鉉。利貞。草綠池邊夢。花濃筆底香。（癸運）夜月望青天。悠悠生意緒。學海搜珊富。文林味蔗甘。（丑運）花正開時遭雨打。月當明處被雲遮。妻亡子亦亡。悲哉悲哉。琴瑟重整。（甲運）巽在牀下。用史巫。紛若。吉。无咎。他鄉創業人欽敬。落得聲名到處聞。一子生年屬龍（長子）（寅運）顛頤吉。虎視耽耽。其欲逐逐。無咎。父亡生子。一憂一喜。（乙運）鵲巢鳩打破。有始却無終。火星入命。祝融之災。(卯運)鴉鳴鵲噪。吉凶互報。別恨深難訴。愁心碎不眠。弄璋之喜。(丙運)宜進不宜退。舊事一改遷。得失相仍。奔東走西。月落寒江。一榮一辱(辰運)千條水路逢貴客。萬里江山逞富豪。山前山後皆明月。江北江南盡是春。其中有刑尅。犬生兩口。(丁運)月邊自有人推轂。喜氣臨門。有子成家揚門閭。黃花晚節。金爐焚柏葉。玉露滴蓮花。(巳運)夕陽連雨足。空翠落庭陰。抱道自重。隱逸林泉。若問一生身外事。逢虎之年是終程。若行陰功。壽登古稀。數止矣。

附流年值卦

四〇　既濟二、屯三、隨四、震五、噬上、渙五、坎上、節初、屯二、既濟三、

五〇　革四、蒙上、蠱三、升上、泰初、夷二、復三、震四、隨五、妄上、

六〇　損初、頤二、賁三、離四、同人五、革上、蒙二、渙五、觀二、漸三、

父命　戊午
母命　庚申
根　壬寅
苗　丙午
花　戊子
果　癸丑
命叶丑時一刻
乾宮觀卦六二
爻推
流年離卦之二
爻起推

椿枝先折落。萱花後萎謝。若問父親何日逝。年逢土水是歸期。若問母親何日逝。年逢金水是歸期。兄弟二人。竟失其一。妻命甲辰生。姻緣定數。一妻二妾。數中既定。髮妻生三子。妾氏產一兒。先男後女數中然。數有四子。中有一貴。數有三子送終。作事公平。爲人穩重。謹厚謙恭。處事公正。經商師端木。營業邁陶朱。輔佐商塲。生財有道。爲有才華多蘊籍。郤從樸實見風流。初年平平中年好。黃花晚節更堪誇。運臨西方金旺地。否極泰來氣象新。風塵小住堪自得。萍水相逢緣亦奇。他鄉創業人欽敬。落得聲名遍地聞。富擅官山開利藪。名傳仙菓聚財源。有子克家振裘業。晚景安閑福滔滔。勇於進德。樂於行道。斥逐邪人，舉揚善類。風吹寶鐸聞天樂。花落閑窗看道書。借問一生身外事。六旬加七是終年。若有陰德。延壽一紀。後列鴻運：（丁運）混混沌沌常如夢。昏昏沉沉病臥床。風暖蘭階花吐秀。雷驚竹院筍抽芽。（未運）貞吉悔亡。藩決不羸。壯於大輿之輹。古婁瑯環室。奇香翰墨林。（戊運）晉如推如。貞吉。罔孚。裕。无咎。似共春風笑。時來好鳥啼。（申運）錦綉輝金屋。笙歌送玉麟。數該納寵（廿一二）有市廛財帛之利。無國家俸祿之緣。（已運）無咎弗過遇之往厲必戒勿用永貞。父亡生子。一憂一喜。（廿七歲）大耗小耗。破財之災。（酉運）比月生奇特。爲雲潤槁枯。留客鷄豚足。祈年稻酒香。桃命入命。沉迷花酒。（庚運）需于郊。利用恒。天南地北成佳偶。婚緣巧合恩愛濃。（戊運）花落萱幃春去早。光寒婺宿夜未沉。半窗明月仙機靜。一枕松風午夢清。更防暗箭兩相射。密着機謀免自煩。（辛運）寶劍藏深匣。光芒不等閑。榮華富貴誰能及。積玉堆金滿儲倉（亥運）若然得了金獅子。却怕失去玉麒麟。家中防盜賊。門外恐傷財。有妻生別離。緣薄不相宜。（壬運）誰家波浪生。梅花開雪下。知君有貴子。裕後克光前。征衣千里寄。旅夢五更拋。（子運）有有無無。時來時去。園裏花千朶。愁驚午夜風。白虎入鼠年。速解免災纏。（癸運）枯魚時得水。喜躍自無窮。已達平安地。前途好進程。表通天庭。音傳仙曲。畫堂不見春風面。環珮聲潛月夜魂。鏡面破當中。行人過斷橋。神丹思九轉。仙藥補三關。如行好事。可保延年。數止。

附流年值卦

五〇　旅初、鼎二、未濟三、蒙四、渙五、豐初、夷四、謙初、升二、師三、

六〇　解四、困五、訟上、履初、大壯二、妹三、臨四、節五、孚上、渙初、

父命　乙酉
母命　丁亥
年　丙辰
月　辛卯
日　乙卯
時　癸未
命叶未時二刻
乾宮否卦大二
爻推
流年否卦二爻
起推

父先亡。母後喪。借問父親何日死。年逢金火是歸程。借問母親何日亡。年逢水火是歸程。姊妹五人。竟失其三。姊妹二人。姻緣奇配。夫大一歲。姻緣注定。先女後男。數中既定。數有四子送終。賦性明敏。行止嫻靜。知書識字。女中俊秀。克勤克儉從婦道。三從四德兩兼全。早年未得榮華境。中運享通福綿綿。持家有方。旺夫益子。祥光擁護錦堂盛。瑞氣融和海屋新。有子成人增門楣。晚來享福樂無邊。若問一生身外事。六旬加六是終程。後列鴻運。以便清覽。庚運。浮雲蔽日病符照命。樹木根基淺。幾爲風所拔。寅運。骨肉有刑。傷及姊妹。朦朧皎月。雲來雲去。巳運。花蕊初紅。不榮自榮。雖有浮雲掩月。俄然風捲雲收。丑運。乘馬班如。求婚媾。往吉。无不利。有子虛花。一場悲傷。戊運。有子偏宜先抱女。二胎三胎亦復然。一步高來一步低。高低之處有憂疑。子運。運逢刑合憂喜地。父亡母傷又弄璋。丁運。表面風光似得意。內心不足煩惱多。妾氏喜生子。門庭氣象新。亥運。出轉迴溪便連津。夾岸綠楊色更欣。弄璋并弄瓦。千里寄佳音。丙運。无平不陂。无往不復。艱貞。无咎。先憂後喜。否後返泰。戌運。晴天忽有暗雲生。平地雷鳴有虛驚。先憂後喜。否後返泰。乙運。將安將樂好光陰。不用求謀福自臻。夫榮子秀般般遂。潤身潤屋事事昌。酉運。黃花逢美景。猶有晚節香。家業財源生瑞氣。綺羅席上日融融。甲運。菊花霜威重。蒼天雨露隆。在家念佛不出家。晨鐘暮鼓樂神仙。犬生兩口。爲君西去。數止。

附流年值卦

四〇　妄初、履二、乾三、小畜四、大畜五、泰上、需五、既濟二、夷五、賁上、

五〇　艮初、蠱二、蒙三、未濟四、訟五、小畜上、巽初、漸二、觀三、否四、

六〇　晉五、需初、夬四、大過初、咸二、萃三、比四、坤五、剝上、頤初、

一九五九年十一月初版

易元會運

每册定價港幣　元

著作者　馬翰如

出版兼發行者　中華文化學社
香港文咸西街六十一號三樓

印刷者　嘉華印刷有限公司
香港英皇道一四一號

# 勘誤表

| 卷目 | 頁數 | 行數 | 訛 | 正 |
|---|---|---|---|---|
| 自序 | 八 | 五 | 卽分元一八四年。 | 卽公元一八四年。 |
| 仝 | 八 | 六 | 至五八八爲南朝。 | 至五八八年爲南朝。 |
| 仝 | 九 | 十一 | 公元前三〇〇年。 | 公元前三〇〇〇年。 |
| 例言 | 一 | 四 | 萬慶， | 嘉慶， |
| 關於邵康節 | 七 | 四 | 愛新覺羅氐， | 愛新覺羅氏， |
| 仝 | 七 | 五 | 章皇帝二氐， | 章皇帝二氏， |
| 詩辭篇（上） | 五 | 一 | 爪當 | 瓜當 |
| 仝（下） | 一五 | 九 | 新覺羅氐。 | 新覺羅氏。 |
| 仝 | 一七 | 六 | 誓祜葉氐 | 誓祜葉氏 |
| 仝 | 一九 | 九 | 月恨也綿。 | 月恨綿綿。 |
| 卷二 | 一九 | 五 | 日本稻葉君山氐 | 日本稻葉君山氏 |
| 仝 | 一九 | 八 | 春妻瞿氐， | 春妻瞿氏， |
| 仝 | 二〇 | 三 | 春聞瞿氐死， | 春聞瞿氏死， |
| 仝 | 二四 | 三 | 吉特氐， | 吉特氏， |
| 仝 | 四六 | 十 | 先帝陵寡， | 先帝陵寢， |
| 仝 | 四七 | 一 | 布拜 | 鰲拜 |
| 仝 | 五三 | 十一 | 順復； | 順服； |
| 卷三 | 一二 | 三 | 賞州、 | 貴州、 |

| | | | | |
|---|---|---|---|---|
| 卷三 | 二一 | 六 | 太祖恰是， | 太祖，恰是…… |
| 仝 | 一四 | 八 | 堅也。 | 利也。 |
| 仝 | 二〇 | 六 | 復封為復太子妃， | 復封為太子妃， |
| 仝 | 二〇 | 九 | 新近幸佞， | 親近幸佞， |
| 卷四 | 三四 | 十一 | 从孚內， | 从孚同， |
| 仝 | 四九 | 六 | 各國入貢轄免天下錢糧及， | 各國入貢及豁免天下錢 |
| 卷四 | 四九 | 八 | 暹羅國王，鄭華 | 暹羅國王鄭華， |
| 仝 | 五七 | 十一 | 喜塔臘氏 | 喜塔臘氏 |
| 仝 | 五八 | 四 | 鹿邑陳氏子 | 鹿邑陳氏子 |
| 仝 | 五八 | 四 | 明裔朱氏 | 明裔朱氏 |
| 卷五 | 二一 | 三 | 竟一欽而盡， | 竟一飲而盡， |
| 仝 | 二八 | 六 | 隱隱 | 穩穩 |
| 卷六 | 九 | 五 | 一面調潮 | 一面調湖 |
| 仝 | 一三 | 八 | 膠輵 | 轇輵 |
| 仝 | 三三 | 九 | 末當也。 | 未當也。 |
| 卷七 | 二二——二六 | | 各「臘」字係「獵」之訛 | |
| 仝 | 二三 | 一 | 田臘三品， | 田獲三品， |
| 仝 | 二四 | 六、七 | 恐懼乎其所，不聞 | 恐懼其所不聞， |
| 附錄 | 四 | 五 | 表秦諸天 | 表奏諸天 |

此外尚有些少標點方面之錯誤，容再版時更為更正，希讀者原諒之。

| | | | |
|---|---|---|---|
| **占筮類** | | | |
| 1 | 擲地金聲搜精秘訣 | 心一堂編 | 沈氏研易樓藏稀見易占秘鈔本 |
| 2 | 卜易拆字秘傳百日通 | 心一堂編 | |
| 3 | 易占陽宅六十四卦秘斷 | 心一堂編 | 火珠林占陽宅風水秘鈔本 |
| **星命類** | | | |
| 4 | 斗數宣微 | 【民國】王裁珊 | 民初最重要斗數著述之一；未刪改本 |
| 5 | 斗數觀測錄 | 【民國】王裁珊 | 失傳民初斗數重要著作 |
| 6 | 《地星會源》《斗數綱要》合刊 | 心一堂編 | 失傳的第三種飛星斗數 |
| 7 | 《斗數秘鈔》《紫微斗數之捷徑》合刊 | 心一堂編 | 珍稀「紫微斗數」舊鈔秘本 |
| 8 | 斗數演例 | 心一堂編 | |
| 9 | 紫微斗數全書（清初刻原本） | 題【宋】陳希夷 | 斗數全書本來面目；有別於錯誤極多的坊本 |
| 10－12 | 鐵板神數（清刻足本）——附秘鈔密碼表 | 題【宋】邵雍 | 無錯漏原版秘鈔密碼表　首次公開！ |
| 13－15 | 蠢子數纏度 | 題【宋】邵雍 | 蠢子數連密碼表　打破數百年秘傳　首次公開！ |
| 16－19 | 皇極數 | 題【宋】邵雍 | 清鈔孤本附起例及完整密碼表　研究神數必讀！ |
| 20－21 | 邵夫子先天神數 | 題【宋】邵雍 | 附手鈔密碼表　研究神數必讀！ |
| 22 | 八刻分經定數（密碼表） | 題【宋】邵雍 | 皇極數另一版本；附手鈔密碼表 |
| 23 | 新命理探原 | 【民國】袁樹珊 | 子平命理必讀教科書！ |
| 24－25 | 袁氏命譜 | 【民國】袁樹珊 | |
| 26 | 韋氏命學講義 | 【民國】韋千里 | 民初二大命理家南袁北韋　北韋之命理經典 |
| 27 | 千里命稿 | 【民國】韋千里 | |
| 28 | 精選命理約言 | 【民國】韋千里 | |
| 29 | 滴天髓闡微——附李雨田命理初學捷徑 | 【民國】袁樹珊、李雨田 | 命理經典未刪改足本 |
| 30 | 段氏白話命學綱要 | 【民國】段方 | 民初命理經典最淺白易懂 |
| 31 | 命理用神精華 | 【民國】王心田 | 學命理者之寶鏡 |

| | | | |
|---|---|---|---|
| 32 | 命學探驪集 | 【民國】張巢雲 | |
| 33 | 澹園命談 | 【民國】高澹園 | 發前人所未發<br>稀見民初子平命理著作 |
| 34 | 算命一讀通——鴻福齊天 | 【民國】不空居士、覺先居士合纂 | |
| 35 | 子平玄理 | 【民國】施惕君 | |
| 36 | 星命風水秘傳百日通 | 心一堂編 | |
| 37 | 命理大四字金前定 | 題【晉】鬼谷子王詡 | 源自元代算命術 |
| 38 | 命理斷語義理源深 | 心一堂編 | 稀見清代批命斷語及活套 |
| 39－40 | 文武星案 | 【明】陸位 | 失傳四百年《張果星宗》姊妹篇　千多星盤命例　研究命學必備 |
| **相術類** | | | |
| 41 | 新相人學講義 | 【民國】楊叔和 | 失傳民初白話文相術書 |
| 42 | 手相學淺說 | 【民國】黃龍 | 民初中西結合手相學經典 |
| 43 | 大清相法 | 心一堂編 | 重現失傳經典相書 |
| 44 | 相法易知 | 心一堂編 | |
| 45 | 相法秘傳百日通 | 心一堂編 | |
| **堪輿類** | | | |
| 46 | 靈城精義箋 | 【清】沈竹礽 | 沈氏玄空遺珍 |
| 47 | 地理辨正抉要 | 【清】沈竹礽 | |
| 48 | 《玄空古義四種通釋》《地理疑義答問》合刊 | 沈瓞民 | 玄空風水必讀 |
| 49 | 《沈氏玄空吹虀室雜存》《玄空捷訣》合刊 | 【民國】申聽禪 | |
| 50 | 漢鏡齋堪輿小識 | 【民國】查國珍、沈瓞民 | |
| 51 | 堪輿一覽 | 【清】孫竹田 | 失傳已久的無常派玄空經典 |
| 52 | 章仲山挨星秘訣（修定版） | 【清】章仲山 | 章仲山無常派玄空珍秘<br>門內秘本首次公開 |
| 53 | 臨穴指南 | 【清】章仲山 | 沈竹礽等大師尋覓一生末得之珍本！ |
| 54 | 章仲山宅案附無常派玄空秘要 | 心一堂編 | |
| 55 | 地理辨正補 | 【清】朱小鶴 | 玄空六派蘇州派代表作 |
| 56 | 陽宅覺元氏新書 | 【清】元祝垚 | 簡易・有效・神驗之玄空陽宅法 |
| 57 | 地學鐵骨秘　附　吳師青藏命理大易數 | 【民國】吳師青 | 釋玄空廣東派地學之秘 |
| 58－61 | 四秘全書十二種（清刻原本） | 【清】尹一勺 | 玄空湘楚派經典本來面目<br>有別於錯誤極多的坊本 |

| | | | |
|---|---|---|---|
| 62 | 地理辨正補註　附　元空秘旨　天元五歌　玄空精髓　心法秘訣等數種合刊 | 【民國】胡仲言 | 貫通易理、巒頭、三元、三合、天星、中醫 |
| 63 | 地理辨正自解 | 【清】李思白 | 公開玄空家「分率尺、工部尺、量天尺」之秘 |
| 64 | 許氏地理辨正釋義 | 【民國】許錦灝 | 民國易學名家黃元炳力薦 |
| 65 | 地理辨正天玉經內傳要訣圖解 | 【清】程懷榮 | 秘訣一語道破，圖文并茂 |
| 66 | 謝氏地理書 | 【民國】謝復 | 玄空體用兼備、深入淺出 |
| 67 | 論山水元運易理斷驗、三元氣運說附紫白訣等五種合刊 | 【宋】吳景鸞等 | 失傳古本《玄空秘旨》《紫白訣》 |
| 68 | 星卦奧義圖訣 | 【清】施安仁 | |
| 69 | 三元地學秘傳 | 【清】何文源 | |
| 70 | 三元玄空挨星四十八局圖說 | 心一堂編 | 三元玄空門內秘笈　清鈔孤本 |
| 71 | 三元挨星秘訣仙傳 | 心一堂編 | 過去均為必須守秘不能 |
| 72 | 三元地理正傳 | 心一堂編 | 公開秘密 |
| 73 | 三元天心正運 | 心一堂編 | 與今天流行飛星法不同 |
| 74 | 元空紫白陽宅秘旨 | 心一堂編 | |
| 75 | 玄空挨星秘圖　附　堪輿指迷 | 心一堂編 | |
| 76 | 姚氏地理辨正圖說　附　地理九星并挨星真訣全圖　秘傳河圖精義等數種合刊 | 【清】姚文田等 | |
| 77 | 元空法鑑批點本——附　法鑑口授訣要、秘傳玄空三鑑奧義匯鈔　合刊 | 【清】曾懷玉等 | 蓮池心法　玄空六法 |
| 78 | 元空法鑑心法 | 【清】曾懷玉等 | 門內秘鈔本首次公開 |
| 79 | 曾懷玉增批蔣徒傳天玉經補註【新修訂版原（彩）色本】 | 【清】項木林、曾懷玉 | |
| 80 | 地理學新義 | 【民國】俞仁宇撰 | |
| 81 | 地理辨正揭隱（足本）　附連城派秘鈔口訣 | 【民國】王邈達 | |
| 82 | 趙連城傳地理秘訣附雪庵和尚字字金 | 【明】趙連城 | 揭開連城派風水之秘 |
| 83 | 趙連城秘傳楊公地理真訣 | 【明】趙連城 | |
| 84 | 地理法門全書 | 仗溪子、芝罘子 | 巒頭風水，內容簡核、深入淺出 |
| 85 | 地理方外別傳 | 【清】熙齋上人 | 巒頭形勢、「望氣」「鑑神」 |
| 86 | 地理輯要 | 【清】余鵬 | 集地理經典之精要 |
| 87 | 地理秘珍 | 【清】錫九氏 | 巒頭、三合天星，圖文並茂 |
| 88 | 《羅經舉要》附《附三合天機秘訣》 | 【清】賈長吉 | 清鈔孤本羅經、三合訣法圖解 |
| 89－90 | 嚴陵張九儀增釋地理琢玉斧巒 | 【清】張九儀 | 清初三合風水名家張九儀經典清刻原本！ |